Stephen Green

Dear Germany

Stephen Green

Dear Germany

Liebeserklärung
an ein Land
mit Vergangenheit

Aus dem Englischen
von Michael Haupt

Für Jay und unsere Töchter Suzannah und Ruth
und für unsere Enkelkinder Heather, James, William, Andrew,
Samuel, Hannah und Phoebe

Die Originalausgabe erschien unter dem Titel
„Reluctant Meister. Germany and the New Europe“
im Verlag *Haus Publishing Ltd* 2016
Copyright © Stephen Green 2016

Die Deutsche Nationalbibliothek verzeichnet diese Publikation
in der Deutschen Nationalbibliografie;
detaillierte bibliografische Daten sind im Internet über
http://dnb.d-nb.de abrufbar.

Der Theiss Verlag ist ein Imprint der WBG
(Wissenschaftliche Buchgesellschaft), Darmstadt

© 2017 by WBG (Wissenschaftliche Buchgesellschaft), Darmstadt
Die Herausgabe des Werkes wurde durch die Vereinsmitglieder
der WBG ermöglicht.
Covergestaltung: ZERO Werbeagentur, München
Bildnachweis: FinePic/shutterstock
Bild Titelei: Berlin plant den Wiederaufbau des Berliner Schlosses. Straßenszene
von 2009, © akg-images / Thomas Bartilla
Redaktion: Kristine Althöhn, Mainz
Satz: SatzWeise GmbH, Trier
Gedruckt auf säurefreiem und alterungsbeständigem Papier
Printed in Germany

Besuchen Sie uns im Internet: www.wbg-wissenverbindet.de

ISBN 978-3-8062-3633-0

Elektronisch sind folgende Ausgaben erhältlich:
eBook (PDF): 978-3-8062-3634-7
eBook (epub): 978-3-8062-3635-4

Inhalt

Vorwort

Seit meiner Schulzeit bin ich von allem Deutschen fasziniert – zuallererst von der deutschen Sprache, die mir als kräftiger Blutsbruder des Englischen erschien. All diese angelsächsischen Wörter, die das Englische erden, haben einen leicht erkennbaren Vetter in der deutschen Sprache. Und das Deutsche hat zudem diese wundervoll ellenlangen, aus den Grundwörtern aufgebauten Mundhöhlenfüller. Man kann im Deutschen sprachliche Zusammensetzspiele wie mit Legobausteinen betreiben.

Das klassische Beispiel, mit dem sich bei den Schülern garantiert Heiterkeit erzeugen ließ, war der legendäre *Donaudampfschifffahrtsgesellschaftskapitän**. Und es war nicht schwer, noch längere Wörter zu bilden. Doch auch in kürzerer Form sind deutsche Komposita häufig so ausdrucksvoll – oder schwer zu übersetzen –, dass das Englische, das sich aus allen Sprachen nimmt, was es brauchen kann, sie einfach unverändert übernommen hat: Apfelstrudel, Bildungsroman, Blitzkrieg, Dachshund, Doppelgänger, Edelweiß, Einsatzgruppe, Glühwein, Götterdämmerung, Kristallnacht, Lebensraum, Leitmotiv, Poltergeist, Realpolitik, Schadenfreude, Singspiel, Übermensch, Untermensch, Volkswagen, Wanderlust, Weltanschauung, Wirtschaftswunder, Zeitgeist. (Und noch viele andere.) Die Mischung aus dem Guten, dem Tiefen, dem Harmlosen und dem Bedrohlichen in dieser Sprache, die das Englische sich borgte, schlug mich in ihren Bann. Ich spürte, dass darin viel von der Kultur zum Vorschein kam, aus der die Wörter stammten.

---

* Es ist erstaunlich und aussagekräftig, wie viele Wörter in der englischen Originalausgabe deutsch geschrieben sind. Sie sind hier im Folgenden durch Asterisken kenntlich gemacht.

Im Ringen mit der und um die Sprache öffnete sich der Zugang zur Literatur, vor allem zu Goethes *Faust*, den ich (wenngleich nicht gründlich genug) an der Universität studierte. Sodann die Philosophie (dito). Und die Musik – ja, die Musik. Ernsthaft von ihr berührt wurde ich zuerst in der Schule. Es war klassische Musik – die herbstlichen Töne von Brahms. Zuerst die „Variationen über ein Thema von Joseph Haydn", gespielt (ich weiß es noch genau) vom Concertgebouw-Orchester unter Eugene Ormandy. Vor allem die siebte Variation, die sich himmelwärts erhob, war für mich etwas vollkommen Neues. Dann hörte ich die Dritte Sinfonie auf einer LP, deren Hülle das Foto eines herbstlaubgeschmückten Waldes zierte. Brahms wurde meine erste wirkliche musikalische Liebe. Jetzt höre ich seine Musik auf dem iPad, während ich dieses Vorwort schreibe.

Mit den Jahren hat sich meine Liebe zur klassischen Musik verbreitert und vertieft: Später – in manchen Fällen viel später – lernte ich einiges über die raffinierte Geometrie in Bachs Werken und die Riesenpanoramen Wagners, ganz zu schweigen von der Beweglichkeit Mozarts, der Leidenschaftlichkeit Beethovens, dem Melodienreichtum von Schubert und der Klangpracht von Richard Strauss – um nur einige zu nennen. Auch andere musikalische Traditionen haben mich bewegt, vor allem Werke italienischer und russischer Komponisten. Doch meine erste Liebe bleibt die deutsche Musik mit ihrer unübertroffenen Weite, Tiefe und Intensität.

Während meines ersten Aufenthalts in Deutschland wohnte ich bei einer Familie in Bayern. Ich war dort in den Schulferien und sollte mein Deutsch verbessern. Wahrscheinlich machte ich in den drei Wochen keine großen Fortschritte, lernte aber das kennen, was die Mutter dort als „richtige Bergwanderungen"* bezeichnete. Auch das wurde mir zur dauerhaften Liebe.

Ich bin dann im Lauf der Jahre häufig in Deutschland gewesen – als Student, später geschäftlich und als Urlauber. De facto dürfte ich mehr vom Land gesehen haben als mancher Deutsche. Eine Erfahrung von vielen sticht besonders heraus: der Tag, an dem ich am Checkpoint Charlie die Grenze überquerte. Wir waren zwei junge

Firmenberater, die einen Kunden in Westberlin besuchten. Am späten Nachmittag hatten wir etwas freie Zeit und beschlossen, den Osten zu erkunden. Es war kurz vor Weihnachten; in winterkalter Luft strahlte die Sonne auf den am Vortag gefallenen Schnee, der in den Straßen schon zu schmutzigem Matsch geworden war, auf dem Todesstreifen an der Mauer aber in reinem, unberührtem Weiß erglänzte. Wir kamen mit einem ostdeutschen Grenzsoldaten etwa unseres Alters ins Gespräch, das sich um ein demnächst stattfindendes europäisches Fußballspiel drehte – das Gewöhnliche inmitten des Außergewöhnlichen.

Wir alle wissen viel zu wenig über dieses Land mit seiner außerordentlichen Kultur und Geschichte. Man suche in einer Buchhandlung die Abteilung „Geschichte“: Dort findet man ganze Regale mit Werken über das „Dritte Reich“ und die Judenvernichtung, vielleicht noch ein paar Titel über das Kaiserreich und Friedrich den Großen. Und natürlich, aus gegebenem Anlass, eine Flut von Büchern zum Ersten Weltkrieg. Kaum jedoch wird man etwas über die weiter zurückliegende Geschichte der deutschen Territorien oder über das gegenwärtige Deutschland und seine Rolle im neuen Europa finden. Es scheint, als gäbe es außer den zwölf Jahren von 1933 bis 1945 nichts, was an Deutschland interessant sein könnte.

Natürlich aber reicht das nicht aus. Keine Kultur auf unserem Planeten ist umfassender als die deutsche. Kein Land hat mehr zur Geschichte der Ideen und der menschlichen Schöpferkraft beigetragen. Kein Land ist tiefer in den Abgrund gestürzt. Und kein Land hat eine bemerkenswertere Vergebung erlangt und Erneuerung erlebt. All dies macht die Geschichte Deutschlands so faszinierend und verleiht ihr eine tiefgreifende und universelle Bedeutung. Und eben darum habe ich – lange nach der mit der Beherrschung der langen Komposita verbrachten Schulzeit – nicht aufgehört, das Land, seine Eigenarten, seine Literatur, seine Musik zu lieben.

Nur durch Schreiben lassen sich Gedanken entwickeln und herauskristallisieren. Zwar liegt das Ergebnis – wie immer es ausfällt – allein in meiner Verantwortung (dies ist eine sehr persönliche Reaktion auf das deutsche Phänomen), doch konnte ich enormen Gewinn aus den überaus freundlichen und geduldigen Hinweisen ziehen, die ich von anderen Personen erhielt. Insbesondere war es mir möglich, von dem Wissen zu profitieren, über das Helen Watanabe O'Kelly, Professorin für deutsche Literatur an der Universität Oxford und Emeritus Fellow meiner Alma Mater, dem Exeter College, verfügt. Gleiches gilt für Georg Boomgarden, den ehemaligen deutschen Botschafter in London; Sir Michael Arthur, den ehemaligen britischen Botschafter in Berlin; Neil McGregor, den ehemaligen Direktor des British Museum und jetzigen Gründungsintendanten des Berliner Humboldt-Forums; Martin Roth, den Direktor des Victoria and Albert Museum (und ehemaligen Generaldirektor der Staatlichen Kunstsammlungen Dresden); Baroness Ruth Henig, die ehemalige Dekanin der Faculty of Arts and Humanities an der Universität Lancaster; Alan Sharp, Professor emeritus (Internationale Geschichte und Diplomatie) an der Universität Ulster; sowie Hans Kundnani, Forschungsdirektor am Rat für Auswärtige Angelegenheiten. Die Hilfe all dieser Menschen hat dazu geführt, dass schon das Schreiben selbst für mich äußerst lohnend und erfreulich war.

Und schließlich gilt mein von Herzen kommender Dank Jay, die mir weiterhin zur Seite steht …

Einführung

Deutschland ist ein Land mit einer Vergangenheit. Aber es ist auch ein Land mit einer Zukunft, in der es – ob es nun will oder nicht – die führende Rolle in der Weiterentwicklung des europäischen Projekts wird spielen müssen.

Gegen Ende des 20. Jahrhunderts haben in Europa gleich zwei Wiedervereinigungen stattgefunden: zum einen die deutsche, zum anderen die europäische, in der Ost- und Mitteleuropa Anschluss an den politischen und kulturellen Mainstream fanden. Somit ist Deutschland wieder das, was es jahrhundertelang war: das geografische Zentrum Europas.

Zugleich verschiebt sich das Gravitationszentrum des europäischen Projekts. In den ersten zwei Jahrzehnten nach Gründung der Bundesrepublik Deutschland 1949 spielte sie die Rolle des Wirtschaftsgiganten und politischen Biedermanns*. Durch Deutschland verlief auch die Frontlinie des Kalten Krieges zwischen den beiden außereuropäischen Mächten, die das „Dritte Reich" besiegt hatten. Aus strategischen und historischen Gründen begnügte Deutschland sich gern mit der Rolle im Maschinenraum des europäischen Projekts, während Frankreich auf der Kommandobrücke stand, die Briten aber noch nicht einmal an Bord gegangen waren.

Dann änderten sich die Dinge. 1969 ließen die Wahlen zum Bundestag das innenpolitische Pendel nach der anderen Seite ausschwingen, und außenpolitisch begann die Bundesrepublik, sich mit ihren Nachbarn im Osten zu arrangieren. Die Briten wiederum schlossen sich, nachdem sie ihre Fehler auf der Weltbühne der 1950er-Jahre bereut hatten, in den 1960er-Jahren von Charles de Gaulle gedemütigt worden waren und nun angesichts der westdeutschen Wirtschaftsmacht zunehmend nervös wurden, in den 1970er-Jahren dem europäischen Projekt mit einiger Verspätung an.

Am Ende des 20. Jahrhunderts hätte man gern den Schluss gezogen, dass die umfassenden europäischen Probleme endlich Aussicht darauf hatten, gelöst zu werden. Zum ersten Mal seit dem Zweiten Weltkrieg war Großbritannien dabei, eine konstruktive Rolle zu spielen. Deutschland war wiedervereinigt und hatte sich auf einen außergewöhnlichen Weg begeben, dessen Stationen Erneuerung, Vergebung und Versöhnung hießen. Das deutsche Wirtschaftswunder hatte überall Anerkennung gefunden, doch war der politische Erfolg der Bundesrepublik ebenso bemerkenswert. In nur wenigen Jahrzehnten war sie zu einer der sichersten und stabilsten Demokratien weltweit geworden – eine erstaunliche Leistung, wenn man die jüngere Geschichte mit Kaiserreich, Weimarer Republik und „Drittem Reich" bedenkt. Noch erstaunlicher war die schmerzhafte Auseinandersetzung mit der Vergangenheit, die so gründlich ausfiel, dass sie der übrigen Welt als Vorbild dienen kann (und das nicht nur für die üblichen Verdächtigen wie Japan, Russland und die Türkei, sondern auch für andere europäische Länder, die sich mit den Sünden ihrer Vergangenheit beschäftigen müssten, allen voran Großbritannien und Frankreich).

In den letzten zwei Jahrzehnten lag die Führerschaft Europas in den Händen der drei größten Mitgliedstaaten der EU: Deutschland, Großbritannien und Frankreich. Das heißt nicht, dass zwischen ihnen immer Einigkeit herrschte – wie sollte es auch? Ihre jeweilige Perspektive auf die Geschichte, auf ihren Platz in der Welt und auf die Beschaffenheit des europäischen Projekts war durch scharfe Gegensätze gekennzeichnet – die Folge von in jahrhundertelanger Entwicklung unterschiedlich geprägten Kulturen. Bis heute ist die deutsche Identität durchtränkt von ihrem metaphysischen Idealismus, während die Briten den Pragmatismus pflegen und die Franzosen cartesianische Rationalisten sind. Das aber bedeutete, dass die Aussichten auf echten Fortschritt im europäischen Projekt dann am günstigsten waren, wenn die drei Länder kooperierten.

Von diesen führenden Mitgliedstaaten sind nun nur noch zwei übrig. Großbritannien hat sich dazu entschieden, die Union zu verlassen, und damit ist das Gleichgewicht der drei dahin. Das Dreieck ist durch eine Achse ersetzt worden, deren eines Ende indes schwächer ist als das andere. Alle politischen Wege in Europa führen jetzt zunehmend nach Berlin statt nach Paris, und London hat sich selbst marginalisiert. Mithin gibt es nur noch eine wirkliche Führungskraft für das europäische Projekt: Jetzt steht Deutschland auf der Kommandobrücke – eine Rolle, in der es sich häufig alleingelassen fühlen und sich über den Ärger, den andere empfinden, ärgern wird.

Denn am Horizont ballen sich die Gewitterwolken. Auf das europäische Anhängsel der eurasischen Landmasse kommen viele Herausforderungen zu: Das Gravitationszentrum der Weltwirtschaft hat sich nach Asien verlagert; Europa ist nicht mehr Austragungsort des Kalten Krieges und darum für die USA nicht mehr von höchster strategischer Priorität; um Europa herum herrscht Aufruhr, und die daraus resultierenden Flüchtlingsströme sind zum Nährboden für populistische Politiker geworden; die so ungleichgewichtigen nationalen Wirtschaften verweisen auf die Dringlichkeit von Reformen in kleineren wie größeren Mitgliedsstaaten, und das zweitgrößte Mitglied der EU ist nun tatsächlich dabei, sie zu verlassen.

Dem zugrunde liegt eine Identitätskrise – was heißt es, in einem zunehmend vernetzten 21. Jahrhundert europäisch zu sein? Was hat Europa der Welt zu bieten? Bei der Suche nach einer Antwort auf diese Fragen ist Deutschland gefordert, denn es ist das Land, das – gemäß geografischer und ökonomischer Logik – die europäische Reaktion auf diese vielen miteinander vernetzten Herausforderungen koordinieren muss. In der Tat ist diese Rolle – europäische Führungskraft zu sein – Deutschlands neue historische Bestimmung.

Dabei hat Deutschland an seiner Geschichte schwer zu tragen. Auch heute – in einem Jahrhundert, in dem weniger als zehn Prozent der Deutschen noch persönliche Erinnerungen an das „Dritte Reich" haben – ruft die Vorstellung einer deutschen Bestimmung als Führungskraft neuralgische Reaktionen hervor. Viele sind schlicht der Ansicht, dass Deutschland diese Rolle nicht übernehmen kann oder soll. Beim amerikanischen Autor William Faulkner lesen wir, die Vergangenheit sei nicht tot, sie sei nicht einmal vergangen. Das gilt für kein Land so sehr wie für Deutschland. Die Vergangenheit verurteilt es dazu, die unvermeidliche Rolle als Führungsmacht des europäischen Projekts mit offenkundigem Zögern zu übernehmen.

Doch trotz dieses Zögerns hält das deutsche Establishment im Großen und Ganzen das europäische Projekt für Deutschlands Bestimmung; der Ausbau dieses Projekts sei das Risiko und den Kampf wert. Deshalb lautet die daraus sich ergebende Frage: Inwieweit versteht die Bevölkerung die Bedeutung des Projekts und unterstützt es? Die deutsche Öffentlichkeit ist nicht begeistert von Deutschlands Rolle als Zahlmeister der Union, und die Flüchtlingskrise hat ziemliche Unruhe hervorgerufen. Doch eines ist klar: Europa braucht Deutschland auf der Kommandobrücke – und jetzt mehr als zuvor.

Und auch die Welt braucht Deutschland in dieser Rolle. Denn Europas Identität ist geprägt durch jene Geschichte, die es dem Kontinent ermöglichte, zu einem Bund wohlhabender Völker zu werden. Diese Geschichte ist erhaben und tragisch und von tiefer und fortwährender Bedeutung für die gegenwärtige *conditio humana*. Und kein Land hat in diesem großen Schauspiel der europäischen Selbstentdeckung eine zentralere Rolle gespielt als Deutschland.

In letzter Hinsicht ist Europa mehr als nur eine Regierungs- und Verwaltungsstruktur. Und es ist sicherlich mehr als die augenblickliche Beschäftigung mit den Schwierigkeiten der Eurozone, dem Verlust an geopolitischem Einfluss und der britischen Ambivalenz. Denn Europas spirituelle, philosophische und ästhetische Erkundungen sind in ihrer Gesamtheit die reichsten, vielfältigsten, lebendigsten und forschungsträchtigsten weltweit. Dadurch hat Europa sich Werte erschaffen, die aus harten historischen Erfahrungen resultieren. Diese gemeinsamen Werte sind das Erbe einer europäischen Gedankenwelt, die durch Persönlichkeiten wie Thomas von Aquin, Luther, Erasmus von Rotterdam, Galilei, Descartes, Locke, Hume, Rousseau, Kant, Hegel, Darwin und noch viele andere geprägt wurde.

Aus den unterschiedlichen Perspektiven dieser Denker und aus den vielen und schmerzlichen Sünden, die wir Europäer in den ver-

gangenen Jahrhunderten begangen haben, ist etwas entstanden, was
für die ganze Welt des 21. Jahrhunderts von Bedeutung ist: ein Engagement für Vernunft, Demokratie, Rechte und Pflichten des Individuums, Gesetzesherrschaft, wirtschaftliche Effektivität und Fairness,
soziales Mitgefühl und Sorge für den Planeten. Auch das Bewusstsein
davon, dass die Treue zu Europa nicht der letzte Schritt, nicht die
höchste Stufe der Identität sein kann – dass wir, wie uns allmählich
deutlich wird, alle Weltbürger sind –, auch dieses Bewusstsein resultiert aus jenen europäischen Werten und ist mithin Bestandteil dessen, was Europas Projekt der Welt zu bieten hat.

Bringt Deutschlands Führungsrolle im zukünftigen Europa eine
besondere Verantwortung und ein bedeutsames Risiko mit sich? Ja, in
der Tat. Wird die Weiterentwicklung Europas Deutschland verändern? Zweifellos. Doch trotz aller *German angst* vor der Zukunft
hat kein Land – keine Kultur – ein Identitätsbewusstsein, das besser
dazu geeignet wäre, dieses „Haus Europa" aufzubauen und zu be-
wohnen. Kein Mitgliedsstaat der EU steht mehr im Einklang mit der
Vision dessen, was Europa für die Welt bedeuten kann. Dieses Buch
will erklären, warum das so ist.

1. *Springtime* in Berlin

Es ist Ostern. Berlin, eine Weltstadt in voller Blüte, in lebendiger Entwicklung.

Die Spatzen hier sind berühmt-berüchtigt für ihre Angriffslust. Sie sind bereit, sich auf das Stück Kuchen zu stürzen, das man in der Hand hält, wenn man in einem der zahllosen Straßencafés sitzt.

Der Tiergarten glänzt in frischem Grün. Es ist jener 200 Hektar große, dicht mit Bäumen bestandene Park im Herzen der Stadt, der vormals das Jagdreservat der Königsfamilie war (daher auch der Name). Später dann, in den scheinbar so selbstbewussten Jahren vor dem Ersten Weltkrieg, machten die Bürger dort ihren Sonntagnachmittagsspaziergang, um zu sehen und gesehen zu werden, und nach dem Zweiten Weltkrieg plünderten die Berliner den Baumbestand, damit sie etwas zum Anheizen für ihre Öfen hatten. Jetzt kann man dort unter Bäumen flanieren und an Kanälen entlangwandern und vergessen, dass man sich in Europas drittgrößter Stadt befindet.

Die Sonne bringt den schlanken Fernsehturm auf dem Alexanderplatz zum Glitzern (er ist eines der wenigen attraktiven Bauwerke aus der DDR-Zeit). Die silbergraue Turmkugel unter dem Sendemast, die hoch über der Stadt die Besucherebenen beherbergt, spiegelt das Licht in Gestalt eines gleißenden Kreuzes – das war zu Zeiten der alten Atheisten, die vor mehr als einem Vierteljahrhundert die DDR regierten, eine Quelle für manch trockenen Kommentar.

Und jenseits der durch die Stadt mäandernden Spree, im Zentrum, stand einst das Berliner Schloss, der Palast der Hohenzollern, der Herrscher von Brandenburg-Preußen und der Kaiser des Zweiten Reichs von der Vereinigung 1871 bis zu seinem Zusammenbruch 1918. Das alte Schloss war nicht schön, aber imposant. Es beherrscht die Fotografien aus der Zeit vor dem Zweiten Weltkrieg. Dann wurde es durch Bomben schwer beschädigt und 1950 von der neuen ostdeutschen Regierung in einem Akt symbolisch-ideologischer Bedeutung gesprengt: Die preußische Vergangenheit musste zerstört werden. An ihre Stelle trat der Palast der Republik, eine Konstruktion aus Glas und Beton, die nach der Wiedervereinigung jedoch abgerissen wurde. Es war ein mit Mängeln behafteter und asbestversuchter Protzbau – aber nicht auch ein grässliches und peinlich berührendes Erinnerungsmal an die 40 Jahre während schmerzhafte Teilung, brutal erzwungen von einer Regierung, die nur der verlängerte Arm der Sowjetunion war?

Wie dem auch sei – jetzt herrscht dort wieder Leben und Treiben. Das alte Schloss entsteht in neuer Form – eine eng am Original orientierte Nachbildung, die nach ihrer Fertigstellung die Mitte von Berlin beherrschen und den jetzt schon augenfälligen Eindruck der Kontinuität zwischen Alt und Neu an diesem Ende der Straße Unter den Linden verstärken wird. Steht man auf dem benachbarten Bebelplatz (wo 1933 die Bücherverbrennung stattfand), mit dem Rücken zur St. Hedwigs-Kathedrale, rechts die Staatsoper Unter den Linden und gegenüber, auf der anderen Straßenseite, das Hauptgebäude der Humboldt-Universität, scheint sich gegenüber der Vorkriegszeit nichts verändert zu haben.

In der Nähe steht die solide wirkende Friedrichswerdersche Kirche, ein neogotischer Backsteinbau, der bis 2012 als Museum für Karl Friedrich Schinkel diente, den Architekten, der sie und viele andere glanzvolle Gebäude in unmittelbarer Nähe errichtete. Im Innern befinden sich an den Wänden noch immer alte Gedenktafeln für längst vergessene Würdenträger aus dem 19. Jahrhundert. Auch steht dort noch ein Kriegerdenkmal für die im Ersten Weltkrieg „gegen eine Welt von Feinden" gefallenen deutschen Soldaten. Nach dem Ersten Weltkrieg – nach dem Trauma der unerwarteten Niederlage, dem Zusammenbruch des wilhelminischen Reichs und den bürgerkriegsähnlichen Zuständen in der Stadt – war das Gefühl, die Welt sei gegen Deutschland, lebendiger als zuvor. So drängen sich das Neue, das Alte und das Unvollendete aneinander und gegeneinander.

Weil Ostern ist, hört man überall das Dröhnen der großen Glocke vom Turm des protestantischen Doms (er hat kein Glockenspiel und muss daher selbst zum Osterfest mit feierlicher Tiefe tönen). Allgegenwärtig sind auch Bachs *Matthäuspassion* und Brahms' *Deutsches Requiem*. Touristen flanieren die Prachtstraße Unter den Linden auf und ab. Man hört europäische und asiatische Sprachen.

Das neue Leben vermischt sich mit Geisterhaftem. Nahe den Hackeschen Höfen steht die Sophienkirche, die einzige Kirche in Berlin-Mitte, die den Krieg unbeschädigt überstanden hat. Gleich daneben liegt ein alter jüdischer Friedhof, der ein paar Besucher anzieht. Auf ihm findet man den Grabstein von Moses Mendelssohn, dem Großvater des Komponisten Felix Mendelssohn-Bartholdy. Moses Mendelssohn war einer der glänzendsten Geister der deutschen Aufklärung im 18. Jahrhundert. Nur wenige Hundert Meter entfernt erhebt sich in der Oranienburger Straße die jüdische Synagoge, die die Zerstörungen und Brandstiftungen der „Kristallnacht" überstanden hat, weil ein so mutiger wie mitfühlsamer Polizeichef ihr Schutz gab. Doch fiel sie später den Bombardements der Alliierten zum Opfer. Nun aber ist sie von Grund auf restauriert und das Herzstück einer Straße, die seit der Wiedervereinigung die Nachtschwärmer anzieht wie ein Magnet. Hier finden auch Prostituierte ihren Strich. Man erkennt sie an ihrem fast uniformen Outfit: schulterlanges schwarzes oder blondgefärbtes Haar, dazu Stiefel, die bis übers Knie reichen. Auch das erinnert stark an das Berlin der 1920er-Jahre.

Inmitten all der Kontinuität verweist das Neue auf die Brüche in der Geschichte. Im Herzen von Berlin, benachbart dem Brandenburger Tor, stehen die unregelmäßigen Steinblöcke des *Denkmals für die ermordeten Juden Europas*. Es scheint leer zu sein und sich zugleich immer tiefer in die Seele hineinzusenken. Es zieht einen in seine Dunkelheit. An einem warmen Frühlingstag wirkt es indes nicht so düster: Kinder turnen auf den Steinen herum, asiatische Touristen fotografieren einander, wie sie auf den Blöcken sitzen oder stehen. Aber nachts wirkt der Ort so bedrohlich, wie er gedacht ist.

Und es gibt noch andere schmerzliche Erinnerungen. Im Zentrum des einstigen Westberlin steht die Kaiser-Wilhelm-Gedächtniskirche – eine auffallende Kombination aus dem zerbombten Turm und einem neuen achteckigen Gebäude, das 1962 fertiggestellt wurde (im selben Jahr wie der dritte Neubau der von den Deutschen zerbombten Kathedrale von Coventry und wie diese eine der bemerkenswertesten Konstruktionen der Nachkriegsarchitektur). Betritt man die Kirche, lässt man den Glitzerprunk des Kurfürstendamms hinter sich. Man ist umgeben von ätherischer Stille, und Tausende blau gefärbter Glasscheiben tauchen den Raum in ein überirdisch wirkendes Licht.

Hier findet man auch die *Stalingradmadonna:* ein Stück weißes Tuch, auf das der Lazarett-Oberarzt Kurt Reuber in einem Feldlazarett in Stalingrad im Dezember 1942 als Trost für seine Patienten eine Madonna mit Kind gezeichnet hatte. Rechts neben der Figur stehen die Worte „*Licht, Leben, Liebe*"*. Als er das schrieb, muss er gewusst haben, dass für ihn wie für die Verwundeten kaum Hoffnung auf ein glückliches Ende bestand. Als die Sechste Armee ein paar Wochen später kapitulierte, geriet Reuber in Gefangenschaft. Ein Jahr später zeichnete er eine weitere Madonna mit Kind (das Werk befindet sich im Besitz der Familie und wird nicht öffentlich gezeigt). Hier ist der Gesichtsausdruck der Mutter ganz anders als in der ersten Ausführung – verzerrt auf eine Weise, die fast an Edvard Munchs Gemälde *Der Schrei* gemahnt. Aber die Worte sind dieselben: Licht, Leben, Liebe. Reuber starb kurz darauf. Von seinen Kameraden gelang nur wenigen die Heimkehr.

Wenn man die Kirche verlässt, hat einen das Stadtleben wieder: ein Straßenmarkt, gläserne Türme, Verkehr, Menschen von überall her, die umherschlendern oder geschäftig vorübereilen. Als der britische Journalist Richard Dimbleby 1945 nach Berlin kam, hielt er es nicht für möglich, dass jemals wieder Menschen hier wohnen würden. So weit sein Auge reichte, erstreckten sich Ruinen und Schutt. Das scheint jetzt sehr lange zurückzuliegen.

Ist man in Berlin, stellt man sich unweigerlich Fragen: Überall gibt es Zeichen einer großen und lebendigen Kultur, Zeichen vibrierenden neuen Lebens, gibt es Beispiele kühner neuer Kunst und

Architektur, aber auch Zeichen einer tragischen Vergangenheit; Orte voller Schönheit wie auch Orte der Leere, Hässlichkeit, Trostlosigkeit. Fragen zu Geschichte, Kultur und Identität – Fragen, die für alle Menschen jederzeit und allerorts von Bedeutung sind – stellen sich hier mit besonderer Intensität. Schauen wir rückwärts, fragen wir: Woher kam der nationale Minderwertigkeitskomplex, der doch so aussah wie ein nationaler Überlegenheitskomplex und der zu so unsäglicher Zerstörung führte? Schauen wir nach vorn in ein neues Jahrhundert, so fragen wir: Wie ist die nationale Identität auf dieser immer stärker befahrenen und bevölkerten Kreuzung der Welten beschaffen? Die Suche nach Antworten ist wichtig – nicht nur für die Deutschen, nicht nur für die Europäer, sondern für die Menschen allgemein. Die Suche ist eine Reise, bei der Höhen und Tiefen durchmessen werden, die uns allen vertraut sind.

2. Tränen des Vaterlands

Im Jahre 1636 schrieb der Dichter Andreas Gryphius ein Sonett, in dessen Versen er die fürchterlichen Erfahrungen der deutschen Lande in Europas schlimmstem Krieg vor dem 20. Jahrhundert – der damals größten von Menschen herbeigeführten Katastrophe – zusammenfasst. *Tränen des Vaterlandes, anno 1636* heißt der bis heute tief bewegende Klagegesang über den Dreißigjährigen Krieg, der Deutschland so traumatisierte, dass die Erinnerung an seine Schrecken seitdem im Gedächtnis der Bevölkerung tief verwurzelt ist:

> Wir sind doch nunmehr ganz, ja mehr denn ganz verheeret,
> Der frechen Völker Schar, die rasende Posaun,
> Das vom Blut fette Schwert, die donnernde Kartaun
> Hat aller Schweiß und Fleiß und Vorrat aufgezehret.
>
> Die Türme stehn in Glut, die Kirch ist umgekehret,
> Das Rathaus liegt im Graus, die Starken sind zerhaun,
> Die Jungfern sind geschändt, und wo wir hin nur schaun,
> Ist Feuer, Pest und Tod, der Herz und Geist durchfähret.

Doch war dieser Krieg mit all seinen Schrecken nur *ein* Kapitel in einer rund drei Jahrhunderte umfassenden Geschichte, die sich im Laufe des 19. Jahrhunderts zu dem starken Gefühl verdichtete, Opfer zu sein – und das wiederum trug seinen Teil zur Katastrophe des 20. Jahrhunderts bei.

Das Opfer schlägt zurück; der Gepeinigte wird zum Peiniger. Bei Menschen als Individuen ist uns dieses Muster vertraut: Wir wissen genug über den kindlichen Reifungsprozess, um sehen zu können, wann sich eine „normale" moralische und soziale Entwicklung vollzieht – von der ersten Stufe, auf der das Kind anhand direkter Belohnungen und Strafen Gut und Böse zu unterscheiden lernt, über die zweite Stufe, wo es um diese Werte im Kontext familiärer Erwartun-

gen geht, bis hin zum Stadium des Erwachsenen, der seine Werturteile unter Berücksichtigung des gemeinschaftlichen Wohlergehens
ausbildet. Wir wissen auch, dass viele Individuen nicht über die zweite Stufe hinausgelangen (wobei die Familie oftmals zu einer umfassenderen Gemeinschaft oder Zugehörigkeit ausgeweitet, wenn
nicht durch diese ersetzt wird). Einige verharren sogar auf der ersten
Stufe. Häufig genug führen Misshandlungen und Missbrauch zu Stö-
rungen oder gar schwerwiegenden Behinderungen der Entwicklung.
Damit soll keinem Determinismus das Wort geredet werden, der alles
erklärt und die Schuldfähigkeit negiert. Doch wissen wir um die Zäh-
lebigkeit dieser Verhaltensmuster.

Und sie lassen sich auch auf der Ebene von Gemeinschaften und
Gesellschaften beobachten. Zwar wäre es falsch, soziale mit individuellen Entwicklungslinien gleichzusetzen, doch gibt es Parallelen,
wenngleich auch hier keinen Determinismus, der Schuldzuschrei-
bung außer Kraft setzt. *Tout comprendre, c'est tout pardonner?* Nein,
die mysteriöse Komplexität menschlichen Verhaltens werden wir nie
ganz begreifen. Und wir verzeihen nicht so leicht. Im Übrigen ist es
nicht an uns, zu verzeihen, es sei denn, wir selbst sind die Opfer. Und
der Versuch, zu verstehen, läuft eher darauf hinaus, das uns alle
einende, uns allen gemeinsame Menschsein zu erkennen, anhand
dessen wir – auch und gerade im Blick auf uns selbst – wissen, wozu
wir als Menschen fähig sind. Auf diese Weise zu verstehen, heißt,
offen zu sein für eine uns einende Haltung der Demut und des gemeinsamen Lernens.

Für all dies ist Deutschland das eindrucksvollste Beispiel, wenn
auch keineswegs das einzige. Eben deshalb ist seine Tragödie von universeller Bedeutsamkeit. Und wie bei allen den Menschen betreffen-
den Tragödien spielt der Hintergrund – die Geschichte – eine gewichtige Rolle.

Volksstämme, die in den deutschen Landen lebten, betraten zum ersten Mal die europäische Bühne, als Arminius (oder Hermann, wie
sein deutscher Name lautet) mit seinen Stammesgenossen im Jahre

9 n. Chr. im Teutoburger Wald drei römische Legionen hinmetzelte und damit der Ausdehnung des Römischen Reichs nach Norden und Osten Einhalt gebot. Archäologen und Historiker haben darum gestritten, wo genau die schreckliche Schlacht stattgefunden hat. Unbeschadet dessen wurde im 19. Jahrhundert an ihrem vermuteten Ort eine riesige Statue – damals die größte in Europa – errichtet, um an diese Gestalt zu erinnern, die für die Deutschen der damaligen Zeit eine ähnlich mystische Bedeutung erlangte wie Vercingetorix für die Franzosen und Boadicea (oder Boudicca) für die Engländer. Allerdings gab es, wie wir noch sehen werden, in Bezug auf Hermann einen so entscheidenden wie aufschlussreichen Unterschied.

Wie sich herausstellte, konnte Arminius seinen militärischen Erfolg nicht nutzen (was übrigens auch Boudicca und Vercingetorix versagt blieb). Zwar war die Schlacht im Teutoburger Wald für die römische Armee eine der Niederlage gegen Hannibal vergleichbare Katastrophe, doch blieb sie im Kampf mit Arminius ein Einzelfall. Wie so häufig stellten die Römer neue Armeen zusammen, die während des folgenden Jahrzehnts Arminius zweimal besiegten. Bald danach wurde er von Stammesgenossen, denen er zu mächtig geworden war, umgebracht. Doch *ein* dauerhafter Sieg blieb ihm: Die meisten Stammesgebiete mit ihren undurchdringlichen Wäldern, die später zu deutschen Landen werden sollten, konnten von den Römern nicht unterworfen werden – im Unterschied zu Gallien und Britannien.

Später, als das Römische Reich durch die Völkerwanderung und die damit verbundenen Invasionen aus Mitteleuropa und Asien geschwächt wurde, breiteten sich germanische Stämme aus den deutschen Landen über weite Gebiete Westeuropas (inklusive Englands) aus. Zu eben dieser Zeit bildeten Angehörige germanischer Stämme das Rückgrat einer römischen Armee, die ihre Soldaten zunehmend aus den verschiedenen Regionen des Reichs rekrutieren musste. Gegen Ende des fünften nachchristlichen Jahrhunderts, als der Todeskampf des römischen Italiens begann, waren Germanen an der Verteidigung wie auch der Eroberung des Reichs beteiligt.

Dem Zusammenbruch des Römischen Reichs folgte ein Machtvakuum in Westeuropa; diverse germanische Königreiche entstanden, kämpften um die Vorherrschaft und verschwanden wieder. Am erfolgreichsten war dabei das Königreich der Franken, das in seiner Ausdehnung neben Norditalien einen Großteil jener Gebiete umfasste, aus denen später Frankreich, die Niederlande sowie West- und Süddeutschland entstehen sollten. Am Weihnachtstag (25. Dezember) des Jahres 800 wurde Karl der Große in Rom vom Papst zum Kaiser gekrönt: Das Römische Reich erlebte eine Art Wiedergeburt. Der Mittelpunkt von Karls Reich war die Königspfalz in Aachen, deren Kapelle, das unter Karl errichtete Oktogon, heute noch als Denkmal der außergewöhnlichen Errungenschaften seiner Herrschaft steht. Stilistisch orientiert sich die Marienkirche, die im 19. Jahrhundert zum Dom erhoben wurde, an San Vitale in Ravenna (ohne die Mosaiken). Sie sollte den Prachtbauten des byzantinischen Kaiserreichs Konkurrenz machen und war 200 Jahre lang das größte Gebäude nördlich der Alpen.

Aber das Reich war zu groß, als dass es sich hätte unter Kontrolle bringen lassen. Nach Karls Tod zerfiel es zunächst in drei Teile: ein westliches Königreich, das den größten Teil des heutigen Frankreichs umfasste, die Mitte (ungefähr die jetzigen Niederlande, Burgund und Norditalien) und ein östliches Königreich. Nur dieses, in etwa der heutige westliche Teil Deutschlands, blieb in den Händen der Karolinger.

Das westliche Reich entwickelte sich während der folgenden fünf Jahrhunderte zur französischen Nation, während die anderen Gebiete zu Beginn des Hochmittelalters durch eine Reihe von starken Königen zum Heiligen Römischen Reich zusammengefasst wurden, dessen Kern die deutschen Lande bildeten. Diese Herrscher dehnten ihren Machtbereich bis nach Rom aus, wo 962 einer ihrer Könige zum Kaiser gekrönt wurde – Otto I. Das war der Beginn eines Reichs, das zwar weite Regionen seines westlichen Territoriums verloren hatte (Burgund wurde schließlich von Frankreich einverleibt) und in Italien niemals wirklich festen Fuß fassen konnte, doch die Jahrhunderte überlebte, bis ihm Napoleon 1806 das Ende bescherte.

Aber die Krönung durch den Papst erwies sich als zweischneidiges Schwert, denn so geriet die Beziehung zwischen geistlicher Autorität und weltlicher Macht aus dem Gleichgewicht. Zudem waren deutsche Herrscher dadurch gezwungen, sich in die politischen Zwistigkeiten Italiens einzumischen, was häufig genug dazu führte, dass sie ihren eigenen Machtbereich aus den Augen verloren. Ein Ergebnis dieser Einmischung war der Beginn einer Liebesaffäre mit Italien. Es ist dies einer der bemerkenswertesten Charakterzüge der deutschen Kulturgeschichte, von dem später noch zu reden sein wird. Politisch aber führten die italienischen Verwicklungen zu einer Schwächung der Zentralmacht in den Heimatgebieten, was für die deutsche Geschichte auf lange Sicht tiefgreifende Folgen zeitigen sollte.

Frankreich wurde allmählich stärker und entwickelte eine immer deutlicher hervortretende nationale Identität, die auch durch den Hundertjährigen Krieg mit England gefördert wurde (der England übrigens das Gleiche bescherte). Deutschlands Geschichte verlief anders. Zwar gab es auch hier eine Empfindung für deutsche Identität: Ab Mitte des 15. Jahrhunderts wurde das Reich als „Heiliges Römisches Reich Deutscher Nation" bezeichnet.[1] Aber die politische Geografie des Reichs zwang deutsche Herrscher wiederholt zu langen Feldzügen in Italien, deren Erfolge sich allzu oft als kurzlebig erwiesen. Und der Streit mit den Päpsten um die moralische Autorität, der auch anderswo in Europa ausgetragen wurde (nicht zuletzt in England unter Heinrich II., wo er in der niederträchtigen Ermordung Thomas Beckets kulminierte), fand seine äußerste Zuspitzung im Heiligen Römischen Reich.

Der Streit zwischen geistlicher und weltlicher Macht erlangte (zumindest in der Erinnerung der Deutschen) seinen Höhepunkt 1077, als sich der deutsche König Heinrich IV. einem der mächtigsten mittelalterlichen Päpste, Gregor VII. (Hildebrand aus der Lombardei), in Canossa unterwarf. Dieses Ereignis nimmt für das deutsche Bewusstsein in etwa die Rolle ein, die die Schlacht von Hastings (1066) für die Engländer spielt. Jeder Deutsche weiß, was in Canossa geschah oder geschehen sein soll (wobei unklar ist, ob das heute noch für die jun-

gen Deutschen des 21. Jahrhundert gilt). Aus einer solchen Geschichte werden Legenden gewebt – Historiker haben nämlich nachgewie-
sen, dass die Überlieferung weitgehend eine Travestie dessen ist, was
tatsächlich geschah.[2] Aber das deutsche Bewusstsein ließ sich von der
Legende beeinflussen, nicht vom wirklichen Ereignis.

Die Geschichte ist voller lebendiger Dramatik. Der Grund für die
Auseinandersetzung war ein Kampf darum, wer in kirchlichen Angelegenheiten bestimmen konnte, wer also befugt war, die Bischöfe und
andere geistliche Führungspersönlichkeiten zu berufen. Durfte es der
Kaiser tun oder der Papst? Heinrich bestand darauf, das Recht zur
Betätigung dieses wichtigen Machthebels auf seiner Seite zu haben.
Gregor VII. schlug mit einer Waffe zurück, deren psychologische und
politische Wirksamkeit für uns Heutige nicht mehr so recht begreif-
bar ist – er exkommunizierte Heinrich. Der gab nach einigen Kraft-
gebärden klein bei und pilgerte mitten im Winter nach Canossa,
einer auf einem Berg in der heutigen Emilia-Romagna gelegenen
Burg (von der nur noch Ruinen erhalten sind). Heinrich wartet bar-
häuptig im Schnee kniend, bis der Papst ihm Einlass gewährt und ihn
angesichts seiner Bußfertigkeit vom Bann erlöst. Der Machtverlust ist
umfassend und schwächt Heinrich beträchtlich. In Deutschland wird
ein Gegenkönig gewählt.

Zwar kann Heinrich sich behaupten und Rache nehmen, indem
er Gregor aus Rom vertreibt, doch hat sich das Bild der Erniedrigung
des deutschen Kaisers durch den Papst tief ins nationale Gedächtnis
eingeprägt und entfaltete im 19. Jahrhundert, als das Verlangen nach
nationaler Identität immer stärker wurde, beträchtliche Wirkung.
Otto von Bismarck berief sich darauf, als er im neu gegründeten und
noch auf unsicheren Füßen stehenden Deutschen Reich mit erstaunlicher Aggressivität gegen die katholische Kirche vorging: „Nach
Canossa gehen wir nicht, weder körperlich noch geistig." Auch Adolf
Hitler bediente sich dieser Wendung, um zu beschreiben, wie er den
bayrischen Ministerpräsidenten dazu bringen wollte, nach dem fehl-
geschlagenen Münchener Putsch und seiner Inhaftierung das Verbot
der NSDAP aufzuheben. Zu jener Zeit war der „Gang nach Canossa"

eine Umschreibung für tätige Selbsterniedrigung geworden und hatte
so eine eindeutige Richtung gewonnen.

Im Hochmittelalter gab es auf der politischen Bühne nur zwei
bedeutende deutsche Protagonisten. Da war zum einen Kaiser Friedrich Barbarossa, ein Hohenstaufer, Zeitgenosse des englischen Königs Heinrich II. Alle Berichte lassen auf eine charismatische Persönlichkeit von beeindruckend hohem Wuchs und mit dem berühmten
roten Bart geschmückt schließen. Sein großes militärisches Können,
das sich in wiederholten Feldzügen gegen die Lombarden von Norditalien zeigte, machte ihn in ganz Europa gefürchtet und geachtet.
Wie andere europäische Herrscher seiner Zeit ließ auch er sich zum
Kreuzzug verführen und starb auf dem Weg ins Heilige Land. Vermutlich ertrank er in einem Fluss in der heutigen Türkei. Doch als
Legende lebte er fort – er sei, so hieß es, nicht gestorben, sondern
warte nur tief in einer Höhle im Kyffhäuser, um wieder zu erscheinen,
wenn Deutschland seiner bedürfe. Vielleicht wirft diese Legende ein
Licht auf jene lang währende und langwierige deutsche Tragödie, die
damals begann. Es sollte fast siebenhundert Jahre dauern, bis
Deutschland wieder zu einer Einheit unter starker Hand zurückfand.

Zum anderen gab es Barbarossas Enkel, Kaiser Friedrich II., berühmt für seine Streitigkeiten mit diversen Päpsten und einen energisch geführten Kreuzzug. Doch seine in Italien und dem Mittelmeerraum erfolgreich betriebene Machtpolitik ließ ihn in Deutschland die
Zügel schleifen. Gleichwohl war er ein in jeder Hinsicht bemerkenswerter Herrscher. Er sprach sechs Sprachen, darunter das Arabische.
Sein Hof erlangte Berühmtheit über die Grenzen Europas hinaus, war
er doch von kosmopolitischer Eleganz und zeigte des Kaisers Interesse für Wissenschaft und Kultur. Friedrich erhielt den Beinamen
stupor mundi: das Erstaunen der Welt. Er residierte jedoch in Palermo auf Sizilien – weit entfernt von Deutschland, räumlich wie atmosphärisch. Er konnte dem düsteren und harten Leben nördlich der
Alpen nichts abgewinnen. In Palermo lebte er im Überfluss und kommunizierte ohne Schwierigkeiten mit der gesamten Mittelmeerwelt,
die damals noch das Gravitationszentrum Europas war. Im Gegensatz

dazu war Deutschland eine eher trübe Alternative. Er reiste kaum einmal dorthin, und so konnten sich die zentrifugalen Kräfte ungehindert entfalten.

Allerdings förderte er eine Bewegung, die für sein Heimatland langfristig von großer Bedeutung sein sollte. Während seiner Regierungszeit begannen die Deutschordensritter damit, ihren Machtbereich an der Ostseeküste entlang weit nach Norden hin auszudehnen – ein Unternehmen, das zugleich missionarischen, kolonisatorischen und wirtschaftlichen Charakter besaß. Vom Gründungsgedanken her waren die Deutschordensritter ein religiös-militärischer Orden vergleichbar den Johannitern und Templern. Wie diese sollte der Deutsche Orden die Kreuzfahrer unterstützen. Als aber die christlichen Herrschaftsgebiete im Heiligen Land vor dem Zusammenbruch standen, suchte die Führerschaft des Deutschen Ordens neue Tätigkeitsfelder. Nach einigen Unternehmungen in Mitteleuropa entschied man sich dazu, die düsteren, unwirtlichen und gefährlichen Waldgebiete des Nordostens zu missionieren. 1226 unterzeichnete Friedrich II. die Goldene Bulle von Rimini, mit der dieser neue und so ganz anders geartete Kreuzzug begann. Er sollte erheblich erfolgreicher sein als alles, was je im Heiligen Land erreicht worden war.

Das erste Ziel waren die Stämme der Prußen. Sie waren noch Heiden, die Waldgötter verehrten, während das übrige Europa, Russland nicht ausgenommen, schon längst christlich geworden war. Die Prußen und ihre Sprache haben in der Geschichte keine weiteren Spuren hinterlassen bis auf den Namen der von ihnen bewohnten Region, mit dem später der mächtigste deutsche Staat benannt werden sollte. Aber das lag noch in weiter Ferne. Für die Ordensritter gab es einen sehr viel mächtigeren Feind als die Prußen: die weiter östlich lebenden litauischen Stämme. Auch sie waren Heiden.

Die geografischen Verhältnisse machten das Vorankommen nicht leicht, und das Klima war brutal. Ständig verschoben sich Einflusssphären und Machtgebiete. Der Expansion in Richtung Osten wurde durch eine russische Streitmacht unter Alexander Newski Einhalt geboten. In der Schlacht auf dem zugefrorenen Peipussee 1246 erlitten die Ordensritter eine empfindliche Niederlage; Sergei Eisenstein setzte dem Ereignis ein von der elektrisierenden Musik Prokofjews unterlegtes filmisches Denkmal. (Der See liegt heute im Grenzgebiet von Russland und Estland.) 1410 wurden die Ordensritter erneut vernichtend geschlagen. In der Schlacht von Tannenberg (auf Polnisch: Grunwald) errangen die verbündeten Polen und Litauer den Sieg. Diese zwei Schlachten spielen im Geschichtsbewusstsein Polens bzw. Russlands eine herausragende Rolle. Für die Deutschen war Tannenberg das entscheidende Desaster. Die Niederlage blieb unvergessen und war auch präsent, als es fünfhundert Jahre später, zu Beginn des Ersten Weltkriegs, erneut zu einer Schlacht bei Tannenberg kam – diesmal zwischen Deutschland und Russland (Polen war zu der Zeit politisch nicht existent). Nun trugen die Deutschen den Sieg davon, und er schmeckte ihnen besonders süß.

Zwar läutete die Niederlage von Tannenberg 1410 nicht das Ende der Ordensritter ein, doch war ihre Expansionskraft gebrochen und sie stellten in der Region keine Bedrohung mehr dar. Immerhin konnten sie das bislang Eroberte sichern, und die Grenzen, die ihnen in den Auseinandersetzungen mit Litauern, Polen und Russen aufgezeigt worden waren, bestimmten nach und nach das Territorium eines deutschen Ostpreußens, das in den kommenden Jahrhunderten unheilvollen Einfluss auf das deutsche Selbstverständnis erlangen sollte – einen Einfluss, der das demografische Gewicht und die wirtschaftliche Bedeutung dieses Gebiets weit überstieg.

Während sich der deutsche Einfluss im Osten innerhalb dieser Grenzen konsolidierte, bahnten sich in den Kerngebieten grundlegende Veränderungen an. Die unterschiedlichen Fürstentümer gewannen stärkeres Profil, ihre Macht verfestigte sich und wurde institutionalisiert. Diese Vorgänge bildeten die Grundlage für die Entwicklung mächtiger Dynastien, die einige Jahrhunderte lang die Geschicke der deutschen Geschichte bestimmen sollten – in Österreich waren es die Habsburger, in Brandenburg die Hohenzollern, in Bayern die Wittelsbacher und in Sachsen die Wettiner. Zur nämlichen

Zeit gewannen die Städte durch Handel und Finanzwirtschaft an Gewicht. Auch kam es zur Gründung von Universitäten, später zwar als in Frankreich und England, aber dann in rascherem Tempo: In den 150 Jahren bis zum Beginn des 16. Jahrhunderts waren 14 Universitäten eingerichtet worden. Um 1450 begann in Mainz mit Gutenberg der Buchdruck. Es war dies die für viele Jahrhunderte wichtigste technologische Entwicklung; in ihrer Bedeutung mindestens vergleichbar mit der digitalen Revolution der Jetztzeit.

Damit waren in Deutschland vor dem Hintergrund eines von italienischen Denkern stark beeinflussten Renaissance-Humanismus geistige Gärstoffe in Gang gesetzt, die mithilfe der Druckerpressen in ganz Nordeuropa verbreitet werden konnten. Für die Kirche und das von ihr beanspruchte Monopol auf geistiges Leben stellte diese Entwicklung eine kaum zu bewältigende Herausforderung dar, war sie doch als Institution in vielerlei Hinsicht spirituell verknöchert, politisch kompromittiert und zudem korrupt. Vorboten künftiger Unruhen hatten sich schon in so unterschiedlichen Regionen wie England (die Lollarden) und Böhmen (Jan Hus) gezeigt, doch entzündeten sich die Gemüter schließlich an Roms Forderung, ehrgeizige päpstliche Bauprogramme zu finanzieren, wobei vor allem die Art und Weise der Gelderhebung – die als Ablasshandel bekannte Spekulation mit Aberglauben und religiöser Leichtgläubigkeit – Zorn erregte, der nirgendwo besseren Nährboden fand als in Deutschland. Auch dort war der Zunder trocken wie anderenorts. War der Zündfunke erst einmal übergesprungen, würden sich die Flammen rasant ausbreiten.

Es war, überlebensgroß, Martin Luther, der das Feuer entfachte. Auch wenn er seine berühmten 95 Thesen im Jahr 1517 vielleicht anders öffentlich gemacht hat als durch Annagelung an die Tür der Schlosskirche zu Wittenberg, verbreiteten sie sich überaus schnell in ganz Deutschland und Europa. 1520 verbrannte er öffentlich die päpstliche Bulle, die ihm den Kirchenbann androhte, wenn er seine Thesen nicht widerriefe. Was als Angriff auf die kirchliche Korruption begann, wurde zu einer Reformationsbewegung, die sich mit ungeahnter Geschwindigkeit ausbreitete – beflügelt auch von den neuen Medien der Flugblätter und Flugschriften, die schnell geschrieben und schnell gedruckt werden konnten. So geriet, was Luther als Reform lanciert hatte, zu einer die Kirche spaltenden Revolution.

Vermutlich wissen wir über Luther mehr als über fast jede andere Gestalt vor dem Beginn der Moderne. Wir sehen ihn vor uns in seiner vollen Leiblichkeit, kennen seine Flugschriften, Predigten, Kirchenlieder, Tischgespräche. Er war intelligent, leidenschaftlich, impulsiv, explosiv, mutig und beredsam. Als er 1521 vor den Reichstag zu Worms zitiert wurde, wusste er, dass er mit dem Auftritt dort sein Leben riskierte. Der neue Kaiser, der Habsburger Karl V., hatte, jung wie er war, mehr als genug Sorgen in seinem Riesenreich (er herrschte über Spanien und die Neue Welt wie auch über das Heilige Römische Reich). Insbesondere drohte im südöstlichen Europa die türkische Gefahr. Wittenberg dürfte für ihn kaum mehr gewesen sein als ein unbedeutendes Hinterlandstädtchen, und Luther eine Art Querulant, den man am besten beseitigte, so wie Jan Hus ein Jahrhundert zuvor verbrannt worden war. Luther wird sich dieser Gefahr bewusst gewesen sein, verweigerte aber den Widerruf. Seine trotzige Beharrlichkeit machte Geschichte – auch wenn nicht ganz sicher ist, ob er in Worms tatsächlich sagte: „Hier stehe ich, ich kann nicht anders, so wahr mir Gott helfe. Amen."

Luther besaß die instinktive Fähigkeit, sich in einer der breiten Bevölkerung verständlichen Sprache auszudrücken. Seine Bibelübersetzung setzte Maßstäbe für die deutsche Sprache. Das Neue Testament übertrug er, während er, beschützt durch den Kurfürsten von Sachsen, zu seiner eigenen Sicherheit 1522 auf der Wartburg versteckt war. Sein Einfluss auf das deutsche Selbstverständnis und Denken ist kaum abschätzbar. Er beschränkt sich nicht auf den lutherischen Protestantismus und ist nach wie vor von erheblicher Bedeutung. In Luthers Theologie trug einzig das Individuum vor Gott die Verantwortung für seine Lebensentscheidungen. Ein jeder glaubt für sich, so, wie ein jeder für sich stirbt. Der Christ lebt in zwei Reichen – dem Reich seiner Beziehung zu Gott und dem Bereich der irdischen Welt mit ihren Aufgaben und Pflichten. Luthers Gedanken hatten, wie wir noch sehen werden, enorme gesellschaftliche und kulturelle Auswirkungen.

Luther war es nicht um eine soziale Revolution im Sinne der Moderne zu tun. Bekanntermaßen ermutigte er Fürsten und Adel zur brutalen Unterdrückung des Bauernaufstands von 1525. (Einer seiner Anführer, Thomas Müntzer, wurde nach dem Zweiten Weltkrieg von den ostdeutschen Kommunisten zum Helden und Märtyrer gemacht.) Berüchtigt sind auch Luthers höchst unerfreuliche Schriften gegen die Juden, insbesondere sein gefühlserregender Traktat *Von den Jüden und iren Lügen* (1543). Historiker streiten darüber, wie groß der Einfluss von Luthers Äußerungen auf die nur langsam sich verbessernde rechtliche Position der Juden im Reich war; doch haben sich in späteren Jahrhunderten bösartig Gesinnte eifrig auf Luthers Worte berufen.

Eine Reform der Kirche fand nicht statt – jedenfalls nicht in der Art, die Luther gewollt hatte. Stattdessen kam es zur Spaltung, zu heftigsten Auseinandersetzungen um Einzelheiten der christlichen Lehre (von denen einige uns heute unsäglich abstrus anmuten), zur Entstehung protestantischer Denominationen und schließlich zum Bürgerkrieg, als der Kaiser den Versuch unternahm, die religiöse Einheit wiederherzustellen. Das Ergebnis war ein Patt. Seinen Ausdruck fand es im Reichstag zu Augsburg 1555, wo entschieden wurde, dass jeder Fürst bestimmen konnte, ob sein Territorium protestantisch oder katholisch sein solle – *cuius regio eius religio* lautete das Prinzip. Abgesehen von der religiösen Bedeutung zeigte sich darin deutlich die Macht der Fürsten gegenüber der relativen Schwäche des Kaisers. Zwar war das Reich noch weit von seinem endgültigen Bedeutungsverlust für die deutsche Politik entfernt, doch war mittlerweile die Wahrscheinlichkeit mehr als gering, dass es in einen zentralisierten Staat à la Frankreich oder England transformiert werden, geschweige denn sich spontan dahin entwickeln könnte.

Zu eben dieser Zeit verschmolz das Luthertum mit der Kultur jenes Territoriums, das später Deutschlands mächtigster Staat werden

sollte. Herzog Albrecht von Preußen, der als letzter Großmeister d
Deutschordensritter zum Protestantismus übergetreten war, machte
diesen als erster europäischer Herrscher 1525 zur offiziellen Religion
seines Landes. Aber Ostpreußen gehörte nicht zum Reich, und die
Bedeutung dieser preußischen Entscheidung für das gesamte
Deutschland sollte sich erst sehr viel später herauskristallisieren.

Der Augsburger Religionsfriede hielt gut 60 Jahre, war aber nicht
stabil. Zum einen waren keine rechtlichen Vorkehrungen für andere
protestantische Kirchen getroffen worden, was insbesondere dem
Calvinismus Schwierigkeiten bereitete, der in einigen Regionen mittlerweile eine wirkliche Macht darstellte und sich als radikalere Verwirklichung von Luthers Vision verstand. Hätte es ein Bündnis geben
können? Zu bestimmten Zeitpunkten schien das möglich zu sein.
Aber trotz einiger Brückenschlagsversuche war die religiöse Landschaft Deutschlands letztlich dreigeteilt. In dieser Spaltung schlugen
sich die unterschiedlichen Entscheidungen der Herrscher und die
jeweiligen Erfolge bei der Durchsetzung ihrer Überzeugungen nieder.
Der damalige Status quo hat sich grosso modo bis zum heutigen Tag
erhalten, womit Deutschland unter den großen europäischen Nationen einzigartig dasteht. Welchen sozialpsychologischen Einfluss das
auf die Deutschen hatte, kann immer noch leicht unterschätzt werden. Im 19. Jahrhundert jedenfalls machte es den Weg zur Vereinigung sehr viel beschwerlicher.

Zunächst aber braute sich einige Jahrzehnte nach dem Augsburger Frieden großes Unheil zusammen. Die labile Machtbalance zwischen Protestanten und Katholiken im Reich wurde 1617/18 durch
unsinnige konfessionelle Manöver gestört. Das Kräftemessen zwischen einem neuen, militant katholischen Herrscher in Böhmen
und seinen protestantischen Adligen kulminierte im berühmten Pra-
ger Fenstersturz – und in einer Einladung, gerichtet an Friedrich, den
calvinistischen Kurfürsten der Pfalz (und Schwiegersohn Jakobs I.
von England), den Thron in Prag zu besteigen. Nur einen Winter
dauerte seine Herrschaft, dann wurden die Protestanten von kaiserlichen Truppen vernichtend geschlagen. Dem Sieg folgte die Invasion

der Pfalz. Vergleichbar den Torheiten und Fehlurteilen von 1914 wurde damit ein Krieg losgetreten, der viel länger währte, viel zerstörerischer und in seinen Folgen weitreichender war, als man zu Beginn vermutet hätte. Er sollte dreißig Jahre dauern.

Immer mehr deutsche Ländereien und Territorien wurden in den Kriegswirbel hineingezogen, immer mehr europäische Mächte mischten sich ein – vor allem Frankreich und Schweden. Als wären sie Darsteller in einer überdimensionierten, auf riesiger Bühne inszenierten Shakespeare-Tragödie, zeigten die Protagonisten dieses Kriegs so ziemlich alles, was an Emotionen, Ambitionen, Tor- und Bosheiten vorstellbar war. Da gab es die Leidensgestalt des „Winterkönigs" Friedrich, der nach seiner Vertreibung aus Böhmen die westlichen Gebiete des Reichs durchwanderte und schließlich auf der Flucht in Mainz starb. Da war der von Hybris verblendete Generalissimus Albrecht von Wallenstein (dessen Schicksal der Stoff von Schillers Dramentrilogie *Wallenstein* ist). Da musste der charismatische schwedische König Gustav Adolf im Augenblick eines strategisch wichtigen Siegs auf dem Schlachtfeld sein Leben lassen. Und da waren all die anderen Herrscher und Generäle mit berechnenden Manövern und schwankender Loyalität, mit ihren verzweifelten Versuchen, Ereignisse in den Griff zu bekommen, die eine verwirrende Eigendynamik entfalteten.

Dem allen ausgeliefert waren die Millionen gewöhnlicher Leute, deren Leiden nur hin und wieder eine vernehmbare Stimme fand: die Soldaten (häufig Söldner aus allen Teilen Europas), die Bewohner jener zerstörten Städte, die einstmals europäische Handelszentren und Stätten geistigen Austauschs gewesen waren, und schließlich, wie immer, die unglückseligen Bauern. 1631 wurde Magdeburg von kaiserlichen Truppen heimgesucht: Das war der bildgewordene Schrecken schlechthin. Die Bürger wurden abgeschlachtet und die Stadt niedergebrannt – ein Ereignis, das sich in das Bewusstsein vor allem der protestantischen Deutschen so tief eingegraben hat wie die Plünderung von Drogheda durch Cromwell in das Gedächtnis der Iren. Das Verbum „magdeburgisieren" hat Eingang in das deutsche

Wörterbuch gefunden; es bezeichnet die rest- und gnadenlose Zerstörung. So starb Magdeburg im Feuersturm von 1631 zum ersten Mal – der zweite Tod kam 1945 und war noch furchtbarer.

Von den Erlebnissen der Einzelnen ist natürlich nur wenig auf uns gekommen. Aber ein bemerkenswerter Autor lässt uns am Leben der einfachen Leute teilhaben: Hans Jakob Christoffel von Grimmelshausen zeigt in seinem pikaresken Roman *Die Abenteuer des Simplicissimus Teutsch*, wie der Krieg mit den Menschen umgegangen ist. Auf recht robuste Weise rückt die Geschichte der Melancholie zu Leibe, die den Dreißigjährigen Krieg unvermeidlich in ein trübes Licht taucht. Zudem befördert sie das moralische und religiöse Nachdenken über menschliche Erfahrungen und die Notwendigkeit (und Möglichkeit) von Erlösung. Grimmelshausen schrieb auch eine sehr viel düsterere Erzählung, die in vergleichbaren Kriegsumständen spielt und deren Protagonistin die *Ertzbetrügerin und Landstörtzerin Courasche* ist. Sie trägt Soldatenuniform, gehört als Prostituierte zum Tross und kämpft jeden Tag ums Überleben. Die Geschichte kennt keine Lösung noch Erlösung: Courasche überlebt, weil sie eine Allegorie für die Verführungen dieser Welt ist. 300 Jahre später, am Vorabend eines neuen Kriegs, macht Bertolt Brecht „Mutter Courage" zur Protagonistin einer weiteren Tragödie über die Schrecken des Kriegs, die Strategien des Überlebens und die augenscheinliche Sinnlosigkeit dieser Bemühungen. Letztlich versinnbildlicht sie die Begehrlichkeit der „kleinen Leute", die den Krieg am Leben hält.

1648 endlich kam es zum Westfälischen Frieden. Er bestätigte im Großen und Ganzen das, was schon im Augsburger Religionsfrieden festgelegt worden war, nur dass jetzt die reformierte Kirche der Calvinisten Berücksichtigung fand. Zudem waren mittlerweile dynastische Interessen und die internationale Machtpolitik in den Vordergrund gerückt; konfessionelle Motive spielten bei Konflikten eher eine Nebenrolle. Im Reich lag die Macht nunmehr in den Händen der territorialen Herrscher, und auch der Kaiser selbst vertrat als Habsburger vorwiegend die Interessen seiner österreichischen (und sonstigen) Gebiete. Sachsen und Bayern fanden sich durch das Abkommen von

1648 gestärkt, und die Hohenzollern machten sich daran, ihre Besitzungen in Preußen, Brandenburg und einigen westlichen Territorien zu einem Staat zusammenzuschweißen, der zwei Jahrhunderte später ein vereinigtes Deutschland beherrschen sollte.

Und es gab weitere Veränderungen. Die wirtschaftliche Entwicklung Europas verlagerte sich von ihrem geografischen Zentrum – den deutschen Gebieten – zur Atlantikküste. Die deutschen Städte büßten ihre soziale Potenz, die sie noch im 16. Jahrhundert genossen hatten, allmählich ein. Davon profitierten die kleinen und großen Erbfürsten, die indes, sofern sie nicht das Erstgeburtsrecht *(primogenitur)* in Anschlag brachten, Territorien in immer kleinere Erbstücke aufteilen mussten. Das war der Beginn der *Kleinstaaterei** – der Entstehung von bisweilen winzigen Herzogtümern und Grafschaften. So zeigte die Landkarte Deutschlands zwischen den Territorien der größeren Mächte einen Flickenteppich von Fürstentümern im Duodez-Format.

Es begann das Zeitalter eines kulturell infizierten Absolutismus. Überall zeigten die Fürstenhöfe ihr diesbezügliches Engagement. Nicht nur in Wien, Dresden und München, auch in zweitrangigen Zentren wie Würzburg wurde gebaut, was das Zeug hielt – Kirchen, Paläste, überhaupt kulturelle Monumente aller Art. Ebenso gerieten Stadträte und Kirchenfürsten in Bauwut – überall erhoben sich neue und markante Zeichen einer kulturellen Energie, die von Italien genährt wurde und der sich katholische wie protestantische Zentren hingaben. Die Zeugnisse können wir heute noch bestaunen (viele mussten nach schrecklicher Zerstörung im Zweiten Weltkrieg restauriert oder komplett neu errichtet werden): Zwinger, Hofkirche und Frauenkirche in Dresden, die Theatinerkirche in München, Schloss Charlottenburg in Berlin, die Residenz in Würzburg (um nur einige architektonische Denkmäler zu nennen).

Das alles besagt nicht, dass es zu jener Zeit ein weiter verbreitetes Bewusstsein einer nationalen Identität des Deutschen gegeben hätte, die zu einem Auftritt auf der europäischen Bühne bereit gewesen wäre. Österreich war mit der osmanischen Bedrohung beschäftigt –

1683 standen die Türken vor den Toren Wiens. Niedergekämpft wurden sie von einer europäischen Streitmacht unter Führung des Königs von Polen; es war einer der bedeutenden Wendepunkte in der Geschichte Europas. Preußens Zeit war noch nicht gekommen; es fehlte ein Jahrhundert. Zwar konnte Schweden die westfälischen Verhandlungen als Gewinner verlassen, war aber nicht in der Lage, seine Besitzungen an der Ostseeküste gegen die rasch aufkommende Macht Preußens zu verteidigen. Die einzige Nation, die wirklich vom Westfälischen Frieden profitierte, war Frankreich – nunmehr Hegemonialmacht in Europa.

Unter Ludwig XIV. wurde Frankreich in Sachen Krieg zur führenden Nation Europas. Mit fast allen Nachbarn gab es bewaffnete Auseinandersetzungen; es waren komplexe Konflikte, die teils dynastischen Interessen, teils der nationalen Vergrößerung dienten. Insbesondere orientierte Frankreich sich schon bald nach Osten und verfolgte das ehrgeizige Ziel, zur Macht im Rheinland zu werden. Die Franzosen gaben das als Defensivmaßnahme aus, doch dürfte dies den Kaiser in Wien oder die deutschen Fürsten vor Ort kaum überzeugt haben. Bereits 1680 hatte Frankreich die historische Reichsstadt Straßburg besetzt, und kurz danach verwickelte es sich in einen Krieg im Rheinland, der neun Jahre währte. 1689 brannten französische Truppen in der Pfalz eine ganze Reihe deutscher Städte bis auf den Grund nieder – es war vielleicht die erste geplante Aktion „verbrannte Erde". Der Krieg zog sich einige Jahre hin, aber Ludwigs brutale Strategie blieb letztlich erfolglos: Kaiserliche und lokale Streitkräfte leiteten wirksame Verteidigungsmaßnahmen ein, und die französischen Kräfte waren irgendwann erschöpft. Doch gab es zuvor noch ein weiteres einschneidendes Ereignis – 1693 verwüsteten französische Truppen Heidelberg. Bis heute steht die ausgebrannte Ruine des Schlosses über der schönen Universitätsstadt. Nun war der Keim gelegt für ein deutsches Opferempfinden – angereichert mit einem spezifisch antifranzösischen Groll.

Und er wuchs später zu äußerst giftigen Früchten heran. Es liegt

geschichtliche Ironie darin, dass ein vereintes, aber unsicheres
Deutschland zu Beginn des 20. Jahrhunderts die Notwendigkeit sah,
in die Offensive zu gehen, und dafür, wie wir noch sehen werden,
auch wieder das Bedürfnis nach Verteidigung und Defensive anführ-
te. Doch davon war an der Wende vom 17. zum 18. Jahrhundert noch
keine Rede. Vielmehr hatte die französische Kultur auch in der Auf-
klärungszeit großen Einfluss auf intellektuelle Kreise und Fürstenhöfe in Deutschland. Gottfried Wilhelm Leibniz etwa verfasste viele
seiner bedeutenden Werke in französischer Sprache. Die absolutistischen Herrscher der deutschen Territorien waren häufig große Bewunderer der französischen Kultur. Zu ihnen gehörte auch Friedrich
der Große, der besser Französisch als Deutsch sprach und schrieb –
und dies auch bevorzugte. Franzosen und Frankophile gehörten zu
seinem Freundeskreis, unter ihnen der Dichter und *philosophe* Vol-
taire (mit dem er sich allerdings per Briefwechsel besser verstand als
im direkten Gespräch).

Indes hatte diese kulturelle Affinität keinerlei Einfluss auf die
machtpolitischen Beziehungen. Mehr als einmal kämpften im
18. Jahrhundert, in jener Zeit zwischen dem Ende der konfessionell
bestimmten Konflikte und der Französischen Revolution, französische Armeen – typischerweise an der Seite anderer Deutscher – gegen preußische und weitere deutsche Truppen. Später erst sollten
tiefsitzende Erinnerungen an den Dreißigjährigen Krieg und die
französischen Verwüstungen im Rheinland eines deutschen Bewusstseins sich bemächtigen, das nach nationaler Einheit und Anerkennung verlangte und nun einen mit Groll angereicherten Opferstatus
entwickelte. Sogar Preußens Friedrich, kein Herold nationaler deutscher Identität, wusste, was der „tödliche Prägestempel" des Dreißigjährigen Krieges seinem Brandenburg angetan hatte. Doch wird die
politische Bühne im Deutschland des 18. Jahrhunderts – mit einer
wichtigen Ausnahme, auf die wir noch zu sprechen kommen – eher
von wechselnden Machtverhältnissen im Gerangel der deutschen
Staaten (häufig mit ausländischer Beteiligung) beherrscht als von
äußeren Verwicklungen oder Angriffsgelüsten. Ansonsten wuchs

Preußen auf Kosten anderer deutscher Mächte zur Hegemonialmacht heran.

Preußen wurde Europas modernster und am besten (durch)organisierter Staat, und mit seiner Stärke musste gerechnet werden. Friedrich der Große war ein kultivierter Herrscher – er spielte Flöte und komponierte Sonaten –, doch erwies er sich zugleich als aggressivster Potentat dieses Jahrhunderts.[3] Schon im ersten Jahr seiner Regentschaft eroberte er das zu Österreich gehörende Schlesien mit seinen reichen Bodenschätzen und verschob so das wirtschaftliche Gleichgewicht der Mächte. Angriffslust lässt sich nicht so leicht befriedigen. Nach wenigen Jahren hatte Friedrich sich übernommen. Ein Überraschungsangriff auf das neutrale Sachsen (begleitet von der Beschießung Dresdens, die viele Kulturschätze vernichtete) führte zu massiven Vergeltungsschlägen. Als Österreich ein Bündnis mit Russland schloss, dem sich die allzeit bereiten Franzosen zugesellten, um dem preußischen Emporkömmling die Flügel zu stutzen, wurde Friedrich im Siebenjährigen Krieg fast in die Knie gezwungen.

Aber wir befinden uns noch in der Ära der dynastischen Herrscherindividuen mit ihren persönlichen Marotten: Als Preußen schon fast am Boden lag, starb die Zarin Elisabeth von Russland. Thronfolger war ihr Sohn, Peter III., ein Preußenfreund. Er scherte – Friedrichs Rettung – aus der Allianz aus, wurde jedoch bald zugunsten seiner Frau entthront, einer Deutschen, die dann als Katharina die Große Russland an der Seite von Österreich wieder in den Krieg zurückführte. Aber es war zu spät, Österreich war zutiefst erschöpft. Friedrich entging der Katastrophe und behielt Schlesien (das nach dem Zweiten Weltkrieg an Polen abgetreten wurde).

Österreich war immer noch mächtig, aber im Hinblick auf das Reich keine Vormacht mehr. Überdies richtete es seine Interessen nun vornehmlich auf Mittel- und Südosteuropa, während Deutsche mittlerweile in den Habsburger Territorien die Minderheit waren. Einhundert Jahre später würde die deutsche Einheit ohne Österreich vollzogen werden und nach dem Zweiten Weltkrieg erlangte das Land eine definitiv eigene, nicht deutsche Identität.

Ein weiterer Verlierer im deutschen Machtspiel war Sachsen, das sich von dem preußischen Überfall nie wieder vollständig erholen sollte. Als eines der Kurfürstentümer des Reichs konnte Sachsen auf eine große Vergangenheit zurückblicken – nicht zuletzt auf die Zeit, als der Kurfürst in einem entscheidenden Moment der deutschen Geschichte Martin Luther Schutz und Unterschlupf gewährte. Noch viel früher waren es sächsische Könige gewesen, die Deutschland nach dem Zusammenbruch des karolingischen Reichs geführt hatten. Und davor noch hatten sich Sachsen – zusammen mit Angeln und Jüten – in England niedergelassen, wo sie Städten und Grafschaften Namen gaben, die bis heute von ihnen künden. Im 18. Jahrhundert war der Hof der sächsischen Kurfürsten höchst kultiviert, und Dresden zählte zu den schönsten Städten Europas. Aber in der deutschen Politik würde Sachsen keine herausragende Rolle mehr spielen.

Immerhin gewann Sachsen die Unabhängigkeit zurück, die Friedrich dem Land hatte nehmen wollen. Und für einen Moment gab es die Hoffnung auf etwas Neues: Der Kurfürst Friedrich Christian war vom Denken der Aufklärung geprägt. Äußerst kultiviert und musikalisch begabt – wie Friedrich II. – hatte er zudem eine überaus klare Vorstellung von den Pflichten der Fürsten, die, wie er in seinem Tagebuch vermerkte, „für ihre Untertanen da sind, und nicht die Untertanen für ihre Fürsten". Aber Friedrich Christian starb nach nur 40 Tagen seiner Herrschaft und lässt uns so mit der schmerzlichen Frage zurück, was hätte sein können, wenn … Danach bewiesen die sächsischen Fürsten weder Klugheit noch Stärke. In den Napoleonischen Kriegen unterstützten sie die Franzosen, was sie auf dem Wiener Kongress 1815 teuer zu stehen kam, verloren sie doch den größeren Teil ihres Territoriums an Preußen. Das Rumpfgebiet des Königreichs Sachsen wurde dann von Bismarck dem neuen Deutschen Reich einverleibt (blieb aber bis 1919 als Bundesstaat in Deutschland Königreich).

Bayern hingegen war zum Zentrum einer entschiedenen katholischen Gegenreformation geworden. Das Land hatte die Jesuiten nach Deutschland gebracht und im Dreißigjährigen Krieg mit aller

Kraft gegen die Protestanten gekämpft. Es gelang ihm, sich territorial zu vergrößern und an Einfluss zu gewinnen, doch litt es auch unter den Launen der Wittelsbacher, deren Dynastie die Herrscher stellte. Einer von ihnen, Maximilian III. Joseph, unternahm in den 1760er- und 1770er-Jahren ernsthafte Anstrengungen, die Finanzen zu stabilisieren und die wirtschaftliche Entwicklung voranzutreiben. Ansonsten aber tat sich Bayern vor allem dadurch hervor, in fast jedem militärischen Konflikt die falsche Seite zu unterstützen. Wiederholt betrieben Bayerns Herrscher Machtpolitik mit bemerkenswerter Unfähigkeit. Einmal wollten sie sogar Österreich dazu bringen, im Austausch gegen dessen Besitzungen in Flandern (das heutige Belgien) Bayern den Anschluss an Österreich zu gewähren. Das hätte das politische Machtzentrum in Deutschland klarerweise wieder nach Wien verlagert. Friedrich der Große verlor keine Zeit, dem entgegenzuwirken. Er schmiedete ein Bündnis mit anderen deutschen Fürsten (darunter dem britischen König Georg III. in seiner Eigenschaft als Kurfürst von Hannover), um das Geschäft zu verhindern. In den Napoleonischen Kriegen aber ging die bayerische Politik schlauer und opportunistischer zu Werke, als die sächsischen Herrscher es taten. Bayern ins Reich zu holen, sollte sich denn auch für Bismarck als große Herausforderung erweisen. Bis heute zeigt Bayern in Deutschland mehr Eigenständigkeit als jede andere Region.

Deutschlands politische Zukunft wurde ab dem 18. Jahrhundert in den Geplänkeln zwischen Preußen und Österreich bestimmt. Doch waren sich beide nicht zu schade, bei der Teilung eines militärisch wehrlosen und politisch schwachen Polen mit Russland zusammenzuarbeiten. Das war die entscheidende Ausnahme für die Regel, dass die deutschen Staaten im 18. Jahrhundert nicht in ausländische Angelegenheiten verwickelt waren. In drei aufeinanderfolgenden Teilungen nahmen sich Polens Nachbarn, was sie brauchten. 1796 war es mit der polnischen Unabhängigkeit dann endgültig vorbei. Eine stabile und dauerhafte Eigenständigkeit würde es für die nächsten 200 Jahre nicht geben. Die Teilungen lohnten sich, besonders für Preußen. Das Gefühl, Opfer zu sein, das schon bald zu einem wichtigen Bestandteil des deutschen Selbstverständnisses werden sollte, schloss die Empathie für den Opferstatus der anderen großen Nation nicht ein. Und Polen blieb Opfer: Eineinhalb Jahrhunderte später machten sich Hitler und Stalin daran, Polen zu teilen – mit vergleichbarem Zynismus, aber ungleich größerer Brutalität.

Kulturell war die Ära der Aufklärung in Deutschland wie auch anderswo eine Zeit geistiger und spiritueller Gärung; doch lag der Wandel schon um die Mitte des 17. Jahrhunderts in der Luft. Leibniz, der zeitgleich mit Isaac Newton die Infinitesimalrechnung entwickelte, war gleichermaßen Naturwissenschaftler, Ingenieur und Philosoph. Er war der Erste in einer Reihe bedeutender Persönlichkeiten, die dafür sorgten, dass die deutsche Kultur in ihrem denkerischen und schöpferischen Beitrag zur Moderne unübertroffen blieb.

Insbesondere war es Immanuel Kant, der die Gedankenwelt des 18. Jahrhunderts beherrschte. Mehr als jeder andere Philosoph bestimmte dieser Mann, der nie heiratete oder verreiste und sein ganzes Leben im ostpreußischen Königsberg verbrachte, die späteren Debatten über Erkenntnistheorie, Ethik, Ästhetik und Religion. Sein Einfluss – sei er direkt oder indirekt, anerkannt oder unerkannt – auf viele geistige Auseinandersetzungen überall auf der Welt ist unbestreitbar. Insbesondere seine Wirkung auf das Selbstverständnis der intellektuellen Eliten in Deutschland vom Beginn des 19. Jahrhunderts bis heute ist nur mit der von Luther zu vergleichen.

Das geistige Leben blühte in vielen Formen auf: Im Zeitalter der Aufklärung interessierte man sich auch für Mystik oder Freimaurerei, und nicht wenige suchten nach authentischer religiöser Erfahrung. Davon zeugt die Ausbreitung des Pietismus im protestantischen Deutschland. (Seine Bedeutung für die romantische Bewegung wird in einem späteren Kapitel deutlich.) Ganz grundsätzlich war es für Deutschland eine Blütezeit der Kultur, die ihren Ausdruck in Philosophie und Literatur, in Architektur, Naturwissenschaft, Musik, Forschungsreisen und einer neuen Faszination für Geschichte fand. Nicht zufällig war es auch die Zeit, in der deutsche Intellektuelle sich der deutschen Sprache bedienten, statt auf Latein oder Französisch zu schreiben; und sie fragten sich nun auch, welche Bedeutung eine deutsche Identität haben könnte, wo ihre Ursprünge lägen und wie sie auf der europäischen Bühne verwirklicht werden könnte und sollte.

Nur wenige ahnten die Ereignisse von 1789 voraus; keiner konnte mutmaßen, was für ein Erdbeben die Französische Revolution auslösen würde. In Deutschland verbanden sich mit ihr große Hoffnungen, denen eine ebenso große Enttäuschung folgte. Uns Heutigen fällt es, nach über 200 Jahren und so vielen Erfahrungen mit Revolutionen, Aufbrüchen ins Neue und Gewalt schwer, uns in die Lage derer zu versetzen, die so entzückt auf die jäh sich bietenden Möglichkeiten reagierten. *Liberté, fraternité, égalité* – diese Trias ist heute ein Klischee. Damals aber waren damit große Erwartungen verknüpft. Ein neuer Kalender mit neuer Zeitrechnung wurde eingeführt; alles sollte von null an beginnen. Es war die erste große Revolution der modernen, urbanen Welt. Das *Ancien régime* mit seinen Machtstrukturen und Vorurteilen wurde hinweggefegt. Endlich triumphierte die Vernunft. Für Deutschland, hofften einige, könnte das nicht weniger als die Verwirklichung einer neuen Identität im Zeichen der Freiheit bedeuten.

Die Enttäuschung war bitter. 1792 erklärte die neue französische Republik Österreich den Krieg und zeigte ein erstaunliches Maß an militärischer Effektivität, als die republikanischen Truppen zunächst die Armeen Preußens und Österreichs zurückschlugen und dann den Kampf in die Niederlande und das Rheinland trugen. Zu dieser Zeit entstand die Marseillaise – sicher eine der blutrünstigsten Nationalhymnen überhaupt – und wurde zunächst als *Chant de guerre de l'armée du Rhin* (Kriegslied der Rheinarmee) gesungen. Blutige Kämpfe um Ziele und Zwecke der Revolution lösten in Frankreich Terror und Chaos aus, bis schließlich Napoleon als Diktator und dann als von eigener Hand gekrönter Kaiser im Inneren für Ruhe sorgte. Sein expansionistisches Streben, sein militärisches Können, sein Reformeifer und seine schiere Unbezähmbarkeit wirkten sich in

und auf ganz Europa aus und sollten Deutschland unwiderruflich
verändern.

In den ersten Jahren des 19. Jahrhunderts marschierten französische Armeen fast unablässig nach Osten und brachten Deutschland
den bitteren Geschmack von Niederlagen und Erniedrigung. Österreich wurde 1805 in der Schlacht von Austerlitz auf die Knie gezwungen, Preußen im darauffolgenden Jahr bei Jena und Auerstädt. Napoleon schuf mit dem Rheinbund 1806 eine neue Konföderation
deutscher Fürstentümer als Vasallenstaaten. Im selben Jahr wurde
das Heilige Römische Reich Deutscher Nation formell aufgelöst. Damit endete die über 800 Jahre währende Geschichte einer überaus
komplizierten politischen Konstruktion, die schließlich den Herausforderungen der napoleonischen Umwälzung nicht mehr gewachsen
war. Diese Umwälzung betraf direkt die Identität Deutschlands.
Zwanzig Jahre französischer Herrschaft veränderten das Rheinland
durch die Neuorganisation von Regierungstätigkeit, Verwaltung und
Rechtssystem von Grund auf und unwiderruflich.

Noch grundlegender stellte sich angesichts der napoleonischen
Herausforderung die Frage: Wer sind die Deutschen? In allen ost-
wärts gerichteten Feldzügen Napoleons fochten deutsche Truppen
auf der Seite der Franzosen; in großer Zahl waren sie auch in der
Grande Armée präsent, die 1812 in Russland einmarschierte. Im
nächsten Jahr sahen sich die geschwächten Franzosen einer neuen
Koalition gegenüber, der Russland, Preußen, Österreich und Schweden angehörten. Selbst da noch kämpften deutsche Truppen für
Frankreich: Die Sachsen hatten, im Gegensatz zu den Bayern, nicht
Verstand genug gehabt, um die Seiten zu wechseln. Die französischen
Streitkräfte wurden in der Völkerschlacht von Leipzig 1813 entscheidend geschlagen. Immer drängender stellte sich die Frage: Wie konnte es sein, dass Deutsche auf deutschem Boden für ausländische Interessen gegen Deutsche kämpften? Durch Napoleon war die Frage
nach der deutschen Identität in den Brennpunkt gerückt, und dort
sollte sie auch bleiben.

Binnen eines Jahres konnte die von Russland angeführte Koalition in Paris einmarschieren, und alles schien vorbei. Doch gab es noch ein letztes und potenziell besonders gefährliches Hurra, die berühmten „Hundert Tage". Aber Napoleon unterlag bei Waterloo, und es waren, wie man weiß, preußische Truppen, die Wellington zum Sieg verhalfen.

Mittlerweile hatte sich die Welt verändert. Neue Sehnsüchte regten sich im Bewusstsein der Deutschen, genährt von einer reichen – und überaus deutschen – Mahlzeit: Da gab es eine romantische Bewegung, die sich mit neuem Stolz Deutschlands Ruhm im Alten Reich und seinen schönen Landschaften zuwandte; da gab es ferner eine industrielle Revolution, die später begann als die englische, bald aber mit Volldampf voraneilte; da gab es die starke Neigung für die Kultivierung des Ostens (eingedenk des von den Ordensrittern hinterlassenen Erbes, bewahrt von pflichtbewussten lutherischen Protestanten und genährt von Herrschern, die neue Siedler dazu ermutigten, das Land urbar und sich zu eigen zu machen); da gab es schließlich den Groll auf das Fremde – vor allem auf die Franzosen wegen der erlittenen Demütigungen und des Raubs von Ländereien westlich des Rheins. Opfer war man gewesen, und die Erinnerung daran wurde gehegt, doch nun schlug das Verlangen nach bislang vorenthaltener nationaler Identität immer tiefere Wurzeln.

1815 ging der Wiener Kongress zu Ende. Zu seinen Ergebnissen gehörte die Einrichtung eines Deutschen Bundes, dessen Grenzen ungefähr denen des Heiligen Römischen Reichs entsprachen. Allerdings hatten seine zwei mächtigsten Mitglieder, nämlich Österreich und Preußen (die zudem umfangreiche Territorien außerhalb dieser Grenzen besaßen), nicht die Absicht, radikale politische Reformen zu fördern oder den Bund zu einem tatsächlichen vereinten deutschen Staatswesen werden zu lassen. Die Vertreter der alten Ordnung – deren Verkörperung der erzkonservative österreichische Minister Metternich war – zögerten nicht, nationalistische Studentengruppen, die sich an manchen Universitäten ausgebreitet hatten, zu unterdrücken und als unzuverlässig eingeschätzte Professoren zu entlassen. Zugleich wurde die Zensur verschärft.

In den folgenden Jahrzehnten wurde das Streben nach Einheit unterdrückt, selbst nach 1848, als eine weitere Revolution in Frankreich zu größeren Aufständen in Deutschland führte. Immerhin schien für eine gewisse Zeit die Entstehung eines vereinten Deutschlands möglich zu sein. In Frankfurt am Main, der ehemals freien Reichsstadt, trafen sich Abgeordnete aus den verschiedenen deutschen Territorien, um eine Verfassung zu schmieden, die ein Reich mit Erbkaisertum und zu wählender Legislative vorsah. Doch wäre diese Initiative nur dann erfolgreich gewesen, wenn Preußen und Österreich sie unterstützt hätten. Das aber geschah nicht. Eine Reihe von tragikomischen Wirrnissen und Fehlern führte dazu, dass revolutionäre Aufstände in Wien und Berlin (wie auch in anderen, kleineren Staaten) scheiterten. Zudem waren weder der österreichische Kaiser noch der preußische König bereit, dem Frankfurter Parlament irgendwelche Befugnisse in ihren Herrschaftsbereichen einzuräumen. Im Hinblick auf Österreich kam noch eine weitere, unüberwindliche Schwierigkeit hinzu: Die Habsburger Herrschaftsgebiete wurden von einer mehrheitlich nicht deutschen Bevölkerung bewohnt. Alle diese Territorien in ein geeintes Deutschland zu integrieren, würde auf ein künstliches Gebilde hinauslaufen (und es ließe sich angesichts der Unabhängigkeitsbestrebungen der Ungarn und Tschechen auch kaum denken). Es war klar, dass der österreichische Kaiser einer Teilung seines Reiches niemals zustimmen würde. Die Versammlung in der Frankfurter Paulskirche verlor an Schwung und schließlich auch an Leben. Gern wären die Abgeordneten Vertreter eines neuen deutschen Reichs geworden, aber nun mussten sie unverrichteter Dinge heimwärts ziehen. Das Experiment war gescheitert und die Herrschenden kehrten zwar nicht zum Status quo ante zurück, setzten aber auf eine Art von Stagnation, die wirtschaftliche Entwicklung, aber so gut wie keinen politischen Wandel erlaubte.

Doch ließ sich das Verlangen nach nationaler Identität und Einheit nicht ersticken. Unterdessen nahmen die Modernisierungskräfte der industriellen Revolution an Geschwindigkeit zu und trieben die wirtschaftliche Integration ebenso voran, wie sie eine neue Bourgeoisie schufen, die nach politischem Einfluss strebte. 1834 wurde unter preußischer Federführung der Deutsche Zollverein geschaffen, dem bald alle Mitglieder des Deutschen Bundes – mit der bedeutenden Ausnahme von Österreich – angehörten. Es war nicht zu übersehen, dass der Zollverein das Vorspiel für eine später mögliche politische Vereinigung darstellte. Der Ausbau des Eisenbahnnetzes beschleunigte die Urbanisierung und Industrialisierung (stärker als in Großbritannien schuf die Eisenbahn in Deutschland die Nachfrage nach Industrieerzeugnissen, statt eine Reaktion auf gesteigerte Produktivität zu sein) und verband die deutschen Regionen miteinander. Zudem eröffneten sich dadurch militärische Möglichkeiten, die niemand so gut bewerten konnte wie deutsche Taktiker. Obwohl der Terminus „militärisch-industrieller Komplex" dem US-amerikanischen politischen Diskurs der Zeit nach dem Zweiten Weltkrieg entstammt, lässt er sich ohne Schwierigkeiten auch auf die gleichermaßen industriellen wie militärischen Ambitionen der preußischen Elite in der zweiten Hälfte des 19. Jahrhunderts beziehen.

Gab es im 18. Jahrhundert ungeahnte Entwicklungen im intellektuellen Bereich, so war das 19. Jahrhundert eine Zeit beispiellosen sozialen Wandels. Vorangetrieben wurde er durch die mit der industriellen Revolution einhergehende Urbanisierung. Der wachsende Einfluss eines neuen Bürgertums machte sich bemerkbar – zwar nicht so sehr im politischen Bereich, wo das wiederholte Scheitern von revolutionären Bestrebungen die Stimmen, die Wandel forderten, nur sehr gedämpft ertönen ließ, aber in der Welt der Kultur. Die Jahre nach dem Wiener Kongress waren die Zeit des bürgerlichen Biedermeier*: Nun schätzte man eine geordnete, fromme Häuslichkeit, in der das Seelenleben sich entwickeln und vervollkommnen konnte. Beispiele dafür lassen sich in der Literatur, der Kunst, der Architektur, im Kunsthandwerk und bis zu einem gewissen Grad in der musikalischen Entwicklung jener Periode finden. Damals erwachte auch ein neues Interesse an deutscher Geschichte, an ihren Legenden und volkstümlicher Überlieferung. Besonders die romantische Kunst feierte und popularisierte in zahllosen Werken diese Bilder aus der deutschen Vergangenheit. Diese Bewegung verband sich aufs Engste mit dem wachsenden Streben nach nationaler Identität, das auf ganz natürliche Weise Bestandteil eines europäischen Bewusstseins war und Widerhall bei so unterschiedlichen Völkerschaften wie den Italienern, Ungarn und Polen fand. Und auch die Briten übten sich, angefeuert durch die Napoleonischen Kriege, in patriotischem Stolz.

Diese kulturelle Kreativität wuchs auf dem Fundament einer augenscheinlich selbstzufriedenen Bourgeoisie, deren wirtschaftliches Wohlergehen sich den Früchten der industriellen Revolution verdankte. Zugleich aber wuchs, wie sich zuerst an Großbritannien zeigte, die Zahl der armen Leute in Stadt und Land, die wiederum diesen Reichtum bedrohte. Dem Aufstand der schlesischen Weber 1844, bei dem Besitz und Maschinen zerstört und Menschenleben dahingerafft wurden, begegnete man mit brutaler Unterdrückung. Aber er versetzte die politische Führung und die Bourgeoisie in Angst und Schrecken. Wiederholt nahmen Literatur und Kunst sich seiner an – stellvertretend für viele andere seien hier Heinrich Heine, Gerhart Hauptmann und Käthe Kollwitz genannt. In Deutschland wie anderenorts brachten Urbanisierung und Industrialisierung in raschem Tempo eine Arbeiterklasse hervor, deren Bewusstsein in mehreren Persönlichkeiten eine Stimme fand, die im Zusammenhang mit der Revolution von 1848 die politische Bühne betraten. Allen voran wurden Karl Marx und Friedrich Engels später weltweit berühmt als Verkünder einer neuen Lehre – des Kommunismus. Allerdings betrieben sie ihre wichtigsten Studien in London. Für die deutschen Zusammenhänge waren Ferdinand Lassalle, August Bebel und andere wichtiger. Ihre politische Tätigkeit, die häufig von hitzigen Debatten und Streitereien begleitet wurde, führte in der zweiten Hälfte des 19. Jahrhunderts zur Herausbildung der Sozialdemokratie.

In Deutschland wie auch sonst in den urbaner werdenden Gesellschaften der damaligen Zeit entwickelte sich ein lautstarker Pluralismus, dessen Vertreter indes in den Schatten jenes Mannes gerieten, der in der zweiten Jahrhunderthälfte die deutsche – und europäische – Bühne betrat, um die Einigung Deutschlands zu bewerkstelligen: Otto von Bismarck.

In den entwickelten Staaten Europas sah sich die politische Führung vor die Herausforderung gestellt, mit tiefgreifendem sozialen Wandel, einer vernehmbar sich äußernden medialen Öffentlichkeit und immer deutlicheren Forderungen der urbanen Klassen umzugehen. In Deutschland kamen noch die mit den Fragen von Identität und Einheit verbundenen Probleme hinzu. Wie Bismarck mit all diesen Herausforderungen fertig wurde, ist mehr als erstaunlich. Seiner Einstellung nach war er ein Konservativer, für den die politische Führung der Nation in den Händen einer Elite aus Großgrundbesitzern und Militärs liegen sollte, während die wirtschaftliche Entwicklung von bürgerlichen Kapitalisten und Händlern vorangetrieben wurde. Für die Arbeiterklasse traf die Regierung eine Reihe von Vorkehrungen, zu denen ein angemessenes Bildungs- und Erziehungssystem ebenso gehörte wie ein weltweit erster Wohlfahrtsstaat mit allgemeiner Gesundheits-, Unfall- und Altersvorsorge. Dank dieser Errungenschaften wuchs Deutschland in den Jahrzehnten bis zum Ersten Weltkrieg zur stärksten Wirtschaftsmacht in Europa heran.

Doch liegt Bismarcks historische Bedeutung mehr noch in dem, was er auf der europäischen Bühne erreichte. In der bemerkenswert kurzen Zeit von neun Jahren nach 1862, als er zum Ministerpräsidenten Preußens berufen wurde, spielte er in der internationalen Politik wie ein Schachgroßmeister. Die Vereinigung Deutschlands konnte, dazu war er entschlossen, nur unter preußischer Führung (und Vorherrschaft) vonstattengehen. Auf dem Weg zu diesem Ziel musste er drei Probleme lösen, die die territoriale Ausdehnung der zukünftigen deutschen Nation betrafen: Zum einen ging es um die Nordgrenze zu Dänemark, zum anderen um die Frage der Zugehörigkeit Österreichs und zum Dritten um die Beziehung mit dem alten Feind der Deutschen – mit Frankreich. Bismarck bewältigte alle drei Probleme mit Entschiedenheit.

Zunächst manipulierte er das berüchtigt verwickelte Problem der Herzogtümer Schleswig und Holstein. Den Krieg gegen Dänemark gewann Preußen mit österreichischer Unterstützung, und die beiden Herzogtümer wurden der gemeinsamen Verwaltung von Preußen und Österreich unterstellt. Dann aber kam es zu Unstimmigkeiten, die Bismarck den idealen Vorwand für einen Krieg mit den Österreichern lieferte. In der Schlacht von Königgrätz 1866 erlitt Österreich eine verheerende Niederlage. Zum letzten Mal waren Deutsche auf dem Schlachtfeld gegeneinander angetreten. Allerdings spielte Österreich nun auch keine Rolle mehr im Vereinigungsprozess, der, wie von Bismarck vorgesehen, gemäß den Bedingungen Preußens stattfinden würde – also ohne Österreich. Dann ging Bismarck daran, Preußen jene norddeutschen Staaten einzuverleiben, die den Fehler begangen hatten, an der Seite Österreichs zu kämpfen. An erster Stelle stand hier das Königreich Hannover mit seinen umfangreichen Schätzen, die Bismarck später unauffällig nutzte, um König Ludwig II. von Bayern zu belohnen, hatte dieser doch die Nominierung des preußischen Königs Wilhelm I. als Kaiser des Deutschen Reichs unterstützt. (Die geheimen Zahlungen an Ludwig wurden bis zu dessen Tod im Jahre 1886 fortgesetzt. Sie dienten dem bayrischen König, der der Romantik anhing und der Melancholie verfallen war, unter anderem zur Finanzierung des Märchenschlosses Neuschwanstein sowie der Unterstützung Richard Wagners und seiner ehrgeizigen Pläne für den Bau einer Oper in Bayreuth.)

Nun galt es noch, das Verhältnis mit Frankreich zu klären. Mit meisterhafter Rankune bereitete er den Konflikt vor, indem er dynastische Probleme in Spanien ausnutzte, um den politisch unbedarften französischen Kaiser Napoleon III. zur Kriegserklärung zu reizen. Der Waffengang war noch kein deutscher Blitzkrieg, endete aber mit einer eindeutigen Niederlage Frankreichs. Bismarck hatte zusätzlich Glück: Napoleon III. wurde gestürzt und in Paris eine neue Republik ausgerufen, Frankreich war isoliert und konnte von keiner Macht in Europa Unterstützung erwarten. So war dieser „nationale vaterländische Krieg" für das neue Deutsche Reich durch und durch ein Erfolg. In den Friedensverhandlungen gelang es Bismarck, das Elsass und große Teile Lothringens zurückzuholen. Außerdem verpflichtete sich Frankreich zu umfangreichen Reparationszahlungen (berechnet pro Kopf der französischen Bevölkerung, als genaues Äquivalent der 1807 von Napoleon für Preußen pro Kopf erhobenen Steuer). Alte Rechnungen waren damit beglichen. Frankreich erntete den von Ludwig XIV. und Napoleon gesäten Sturm, und schon war neue Saat für einen weiteren Sturm ausgebracht worden – diesmal von den Deutschen. Nur wenige Deutsche erkannten, um nur ein Beispiel zu nennen, wie stark die republikanischen Gefühle im deutschsprachigen Elsass waren. Frankreich würde die Annexion weder vergeben noch vergessen. Das bekam Deutschland 1918 bitter zu spüren. Rache brütet Rache aus.

Aber die seit Langem im Raum stehende Frage der deutschen Identität hatte endlich eine Antwort gefunden. Die war gesucht worden, seit das Heilige Römische Reich Jahrhunderte zuvor zu schwächeln begonnen hatte – und ab dem 18. Jahrhundert hatte sich die Frage immer lauter und dringlicher vernehmen lassen. Doch nicht nur in Deutschland strebte man nach nationaler Identität. In diversen Habsburger Herrschaftsgebieten rumorte es. Für Polen erhob Adam Mickiewicz seine Stimme im Pariser Exil. Und das italienische Risorgimento sorgte für Dramatik und Aufregung in ganz Europa. Auch hier fand sich eine Stimme, die so schön wie verhüllt davon sang – Giuseppe Verdis *Va pensiero*. Doch das deutsche Streben war anders orchestriert; es klang nach Tragödie. Die deutsche Lösung sah nicht aus wie die Verwirklichung eines Traums, sondern war eher das Ergebnis einer Reihe exakt berechneter Manöver zur Sicherung der Vorherrschaft Preußens und preußischer Werte. Das Ethos des neuen Reiches glich nicht dem Sonnenaufgang des italienischen Risorgimento, sondern war politisch-klimatisch eher ostpreußisch orientiert – streng, rigoros, militärisch, lutherisch in seinem Bewusstsein von Ordnung und Pflicht.

Zudem war dieses neue Deutschland wenig stabil. Als es nach langen Jahrzehnten enttäuschter Hoffnungen schließlich als „Deutsches Kaiserreich" in die Welt trat, sah es ein wenig wie ein Bastard aus: Es war einesteils demokratisch, anderenteils autokratisch, ver-

eint, aber ohne die österreichischen Deutschen, ohne Begeisterung begrüßt von einer väterlichen Schar deutscher Könige und Herrscher im Schatten Bismarcks – und proklamiert auf französischem Grund und Boden, im Schloss von Versailles und im Gefolge eines überwältigenden militärischen Siegs. All dies konnte in Europa wenig Vertrauen erwecken: Deutschland war offensichtlich kriegslüstern und triumphalistisch, andererseits aber in sich uneins und unsicher. Europa war nervös.

Unter den richtigen Bedingungen hätte sich die Regierungsform des Kaiserreichs entweder auf die britische Weise einer durch Wahl bestimmten parlamentarischen Regierung oder nach dem amerikanischen Modell einer getrennt wählbaren Exekutive und Legislative entwickeln können. Doch das deutsche politische System war keins von beiden: Die Regierung musste ihren Haushalt vom Reichstag autorisieren lassen, der direkt gewählt wurde, wobei das Wahlrecht zwar allgemein, aber nur den Männern vorbehalten war. Der Reichskanzler wiederum wurde vom Kaiser ernannt und war auch nur diesem verantwortlich, ebenso wie das Militär. Das verminderte die Bedeutung des allgemeinen Wahlrechts beträchtlich, wie auch die Tatsache, dass es in Preußen, dem geografischen und politischen Kern des Reichs, ein die konservativen und militärischen Kräfte begünstigendes Dreiklassenwahlrecht gab. Die Trennung von militärischer und ziviler Amtsgewalt war einer der „entscheidenden Mängel“[4] der preußischen Verfassung gewesen, was nun auch für die Verfassung des Kaiserreichs galt. Streitigkeiten wegen des Militärhaushalts wurden zum ständigen Merkmal der Innenpolitik. Weil es nicht gelang, das Militär wegen seines Verhaltens in den Kolonien oder hinsichtlich des politisch noch viel sensibleren Umgangs mit dem Elsass zur Verantwortung zu ziehen, geriet Deutschland in den Jahrzehnten vor dem Ersten Weltkrieg auf der europäischen Bühne zunehmend in den Ruf, unangenehm und aggressiv zu sein.

Inwieweit die Politik des Kaiserreichs wirksam und gar vernünftig war, hing gemäß Bismarcks Konstruktion in erster Linie von der Beziehung zwischen Kaiser und Kanzler ab. Verfügte wenigstens einer von beiden über Stärke und Klugheit, war damit eine effiziente Innen- und Außenpolitik gewährleistet. In den ersten 17 Jahren des Reichs sorgte die Beziehung zwischen dem alten Kaiser Wilhelm I. und einem die Richtlinien der Politik bestimmenden Bismarck für diese Effizienz. Wilhelm I. starb im Alter von 90 Jahren und sein Nachfolger, Friedrich III. (verheiratet mit Vicky, der ältesten Tochter von Königin Victoria), war bereits vom Krebs gezeichnet, als er den Thron bestieg, den er nur 99 Tage innehatte. Ihm folgte, als Wilhelm II., sein Sohn. Der aber war prunkliebend, unreif, impulsiv und unsicher. Er war die Galionsfigur des Kaiserreichs bis zu dessen Zusammenbruch 1918. Bismarck wurde 1890, nach fast 30 Jahren praktisch unumschränkter Vorherrschaft, in knapper Form entlassen. Keiner seiner Nachfolger hatte die Statur oder politische Klugheit, dem Kaiser und den Militärs eigenes Gewicht entgegenzusetzen (Wilhelm II. war zwar militärischer Oberbefehlshaber, wurde aber zunehmend von seinen Generälen beherrscht).

Es war letztlich nur eine kleine Gruppe von Männern (in einer ohnehin männlich dominierten Gesellschaft), die alle außen- und militärpolitischen Entscheidungen traf: Kaiser Wilhelm II., eine Reihe von Kanzlern mit jeweils variierendem Einfluss und eine Clique militärischer Führungsgestalten. Sie sahen sich als die Vertreter einer Gesellschaft, die ihnen zufolge konservativ und harmonisch zu sein hatte. Doch waren sie sich – der eine mehr, der andere weniger – der wachsenden Spannungen in einer rasch sich wandelnden Gesellschaft bewusst und eben deshalb von Furcht erfüllt.

Oberflächlich gesehen mochte Deutschland auftrumpfend und technokratisch wirken, tatsächlich aber wirkte im Innern ein gefährlicher Cocktail aus Enttäuschung, romantischen Sehnsüchten und Ressentiments. Wie wir noch sehen werden, ließ sich mit zunehmender Deutlichkeit die Stimme eines aggressiven Nationalismus hören (die immer häufiger antisemitische Tonlagen bevorzugte). Sie verkündete, dass Deutschlands Zeit nunmehr gekommen sei. Hinzu kam Bismarcks vielleicht schwerwiegendster innenpolitischer Fehler. Mit dem sogenannten *Kulturkampf** führte er einen äußerst aggressiven Angriff auf die katholische Kirche – einen Kampf, der gesellschaftlich und regional zu Spannungen führte und schließlich kraftlos versandete, wobei er jedoch in der großen Gemeinschaft der deutschen Katholiken Groll und Misstrauen gesät hatte. Auch gab es nunmehr ein Gesetz, demzufolge es ein Verbrechen war, wenn Geistliche die Kanzel für politische Äußerungen nutzten, die den inneren Frieden gefährden konnten. Das Gesetz wurde später von den Nationalsozialisten gegen katholische Geistliche verwendet und erst nach dem Zweiten Weltkrieg aufgehoben.

Dies war nur einer von mehreren Rissen in einem System, das die herrschende Elite als nationale Identität ansah. Über den religiösen und regionalen Unterschieden erhob sich eine Klassenstruktur, die zunehmend unter Druck geriet. Die Bedrohung kam indes nicht vom gebildeten Bürgertum. Sicher hätte es Zugang zu den politischen Machthebeln finden können, die zu bedienen ihm die Verfassung des Reichs verwehrte, doch hatte der Staat den Bürgern für ihre Geschäfte ein rechtlich gesichertes Umfeld geschaffen. Ihnen gehörte das Kapital, das die industrielle Revolution vorantrieb; der Ausbau von Infrastruktur und Militär schuf Wachstum; und auf der lokalen Ebene war ihr politischer Einfluss – formell oder informell – enorm. Sie beherrschten Städte und Gemeinden nicht nur wirtschaftlich, sondern auch durch ihre Präsenz in den kommunalen Vereinigungen. Freiwilligenverbände gab es in Hülle und Fülle: Berufs- und Wohlfahrtsverbände, Musik- und Sportvereine. Überall war das Bürgertum vertreten, stärker als in jedem anderen Land. Doch waren diese Bürger nicht so zufrieden und selbstbewusst, wie man angesichts ihrer starken gesellschaftlichen Stellung hätte annehmen können. Ihre Vorherrschaft schwächte sich in dem Maße ab, in dem andere Stimmen in den Vordergrund drängten. Daraus resultierte eine Art von Kulturpessimismus, wie er sich etwa in Oswald Spenglers Werk *Der Untergang des Abendlandes* manifestierte. Derlei Auffassungen waren nicht auf Deutschland beschränkt, hier jedoch, angesichts der spektakulären Erfolge in Wirtschaft und Industrie und der auftrumpfenden Selbstdarstellung des Reichs, von einer gewissen Ironie.

Allerdings führten solche Selbstzweifel nicht dazu, für die Interessen des Bürgertums eine größere Beteiligung an der politischen Macht zu fordern. Die Bedrohung des konservativen Gesellschaftsmodells ging von drei Gruppen aus, die sich (wie auch in anderen Staaten Europas) mittlerweile deutlich bemerkbar machten: die Bauernschaft, das Kleinbürgertum und die Arbeiterklasse. Die Bauern hatten mit sinkendem Einkommen, steigenden Schulden und der Ausbeutung durch die Junker und die urbanen Eliten zu kämpfen, und ihre Unzufriedenheit wuchs entsprechend dem Fortschritt der Urbanisierung. Die Kleinbürger waren durch die wirtschaftlichen Erschütterungen, die während der ersten Jahre des Kaiserreichs ganz Europa durchgerüttelt hatten, schwer in Mitleidenschaft gezogen worden. Es war die erste einer ganzen Reihe von Krisen des globalen Finanz- und Wirtschaftssystems, die den Kapitalismus bis heute begleiten.

Die stärkste Bedrohung aber sah das Establishment in der Arbeiterklasse, die damals nicht nur in Deutschland erstarkte. Bismarck hatte sie durch sein Sozialversicherungssystem gesellschaftlich eingebunden (und politisch durch das allgemeine, Männern vorbehaltene Wahlrecht für den Reichstag). Dennoch gab es für das Establishment Grund zur Beunruhigung: Im Reichstag wuchs die Zahl der Vertreter der Arbeiterschaft und das Programm der Sozialdemokratischen Partei zeigte mittlerweile deutlich den Einfluss marxistischen Denkens. Zudem wurden die Industriearbeiter häufiger aufsässig und sogar gewalttätig und es entwickelte sich eine urbane Subkultur – eingefangen und dargestellt in den Zeichnungen und Karikaturen von Heinrich Zille –, die sich der sozialen Verortung entzog und von tradierten Werten nichts wissen wollte. Nach den Wahlen von 1912 stellte die SPD – die Sozialdemokratische Partei Deutschlands – im Reichstag die meisten Abgeordneten. Das gab es in keinem anderen großen Land Europas. Niemand wusste, wem diese Abgeordneten sich politisch verpflichtet fühlten oder wie sie bei einer Krise abstimmen würden.

Doch zumindest in dieser Hinsicht hätte sich die konservative

Führung keine Sorgen machen müssen. Denn in einem neuen, dem
20. Jahrhundert, das den Deutschen zu gehören schien, gab es viele
Menschen in allen sozialen Schichten, die sich dem Reich zugehörig
fühlten. Ruhiger Stolz oder erfülltes Verlangen – Gefühle, die oft
nicht einmal ganz ins Bewusstsein vordrangen – transzendierten die
Spannungen und Unterschiede, die aus bestimmten ökonomischen
Verhältnissen, religiöser Herkunft oder politischer Einstellung resul-
tierten, ohne diese Differenzen zu leugnen. Und das galt nicht nur für
das konservative Establishment oder rabiate Nationalisten – von denen es eine Menge gab –, sondern auch für viele Vertreter der gebildeten und kosmopolitisch eingestellten geistigen Eliten.

Natürlich gab es nicht nur den kultivierten Nationalismus. In der
lärmenden Öffentlichkeit der spätwilhelminischen Zeit ließen sich
auch Stimmen vernehmen, die es für Deutschlands Recht und Pflicht
hielten, die slawischen Völker zu unterjochen – derlei Stimmen gaben zumeist auch antisemitische Ressentiments von sich. Die ein-
flussreichste dieser Gruppierungen war der 1891 gegründete *Alldeut-
sche Verband*. Zu seinen ca. 20 000 Mitgliedern gehörte Max Weber,
der den Verband später jedoch verließ und sich zunehmend gegen
dessen aggressiven Nationalismus und Expansionismus stellte. 1912
rief dessen Vorsitzender, der rechtsnationale Publizist Heinrich Claß,
zur Eroberung und Germanisierung der slawischen Gebiete im Osten
auf. Das war ein Anzeichen für Kommendes.

1914 war das internationale Gleichgewicht der Mächte ins
Schwanken geraten, auch wenn die Spannungen gegenüber dem Vor-
jahr scheinbar etwas abgenommen hatten. Bombastischen Nationalismus gab es nicht nur bei den Deutschen, aber Deutschland hatte
sich in den vorangegangenen zwei Jahrzehnten wie der Teenager be-
nommen, der als Kind immer gehänselt wurde, jetzt seine erwachen-
de Stärke spürt und den Eindruck hat, dass die Welt gegen ihn ist,
während er sich auf der Suche nach seiner Identität befindet. Tatsächlich hatten sich Großbritannien, Frankreich und Russland in selt-
samer Bettgenossenschaft zu einem Bündnis gegen Deutschland zu-
sammengefunden. Der Teenager fühlte sich eingekreist und entsann

sich seiner familiären Beziehungen. Deutschland bekannte sich und stand fest zu Österreich – in *Nibelungentreue**, jener Treue bis in den Tod, wovon der Mythos des Nibelungenlieds erzählt (dazu später mehr). Der Knoten für eine Tragödie war geschürzt, es fehlte nur noch das auslösende Moment. Ein Schuss, abgegeben in Sarajewo am 28. Juni 1914, setzte das Drama in Gang.

Deutschland im Sommer 1914 – das ist ein Paradoxon. Seine Wirtschaft war stark, seine Handelsbeziehungen ausgedehnt, sein kulturelles Leben in voller Blüte und gleichfalls europäisch gut vernetzt; darüber hinaus war es energisch und selbstbewusst – mit einer Identität, die es seit über einem Jahrhundert angestrebt hatte. Aber es war auch eine in raschem Wandel begriffene Gesellschaft und viele sahen darin eine ernste Bedrohung für die junge Nation. Konkurrierende Klasseninteressen und religiöse Bruchlinien schienen es zu verhindern, dass auch nur bei einer politischen Angelegenheit gemeinsame Sache gemacht wurde. Manche hielten das für ein Zeichen kommenden Unheils. Und natürlich gab es jene Konservativen, die den demokratischen Auseinandersetzungen im Reichstag die Schuld gaben. Sie sahen die deutsche *Gemeinschaft** durch den vulgären, selbstsüchtigen Materialismus der Handel treibenden *Gesellschaft** verunreinigt (einer der prominentesten deutschen Soziologen, Ferdinand Tönnies, analysierte vor dem Ersten Weltkrieg den Unterschied zwischen „Gemeinschaft" und „Gesellschaft"). Einige beschlich die Ahnung, dass früher oder später ein gewaltiges Gewitter über Deutschland hereinbrechen werde. Zu ihnen gehörte der Chef des Generalstabes, Helmuth von Moltke, der mit sorgenvoller Besessenheit die wachsende wirtschaftliche und militärische Macht Russlands beobachtete und davon überzeugt war, dass es möglichst bald zu einer kriegerischen Auseinandersetzung kommen sollte.

Als der Sturm dann endlich losbrach, waren die Reaktionen auf seltsame Weise gemischt: Zum Teil herrschte Erleichterung darüber, dass nun ein reinigendes Kriegsgewitter die dumpfe Luft vertreiben werde, zum Teil gab es tief empfundene Befürchtungen für die Zukunft von Deutschlands neu gewonnener Identität. Die SPD versprach am 28. Juli, Verteidigungsaktionen gegen russische Angriffe zu unterstützen, und stimmte für die Bewilligung von Kriegskrediten. Sogar Karl Liebknecht, später Mitbegründer der KPD, schloss sich (nach langen und heftigen Debatten) dem an. Die Sozialdemokraten sahen Russland nämlich als im Mittelalter verhafteten Anachronismus, dem man entgegentreten müsse. Und sie waren, auch wenn sie der marxistischen Lehre anhingen, in erster Linie Deutsche. (Den Konflikt mit Frankreich, wo der populäre und charismatische Sozialist Jean Jaurès ein international anerkannter Kriegsgegner gewesen war, schätzten sie weit ambivalenter ein.).

Das soll natürlich nicht heißen, dass die Sozialdemokraten einem krassen Nationalismus gehuldigt hätten. Aber auch sie waren von dem neuen Identitätsgefühl beseelt, das damals das Bewusstsein der Deutschen beherrschte. Aus der Distanz von einhundert Jahren lässt sich dies Gefühl leicht karikieren, mit Herablassung beurteilen oder gleich ganz ignorieren. Aber in ihm liegt die Antwort auf die Frage, warum das Kaiserreich bei seinem Kriegseintritt 1914 nicht nur von der SPD-Führung unterstützt wurde, sondern auch von so namhaften, international bekannten Intellektuellen wie Thomas Mann und Max Weber. Aus heutiger Sicht muss das wie ein kaum erklärbarer Lapsus dieser Persönlichkeiten wirken, doch vor dem Hintergrund der deutschen Geschichte bis 1914 ist diese Reaktion verständlicher.

Es ist der August des Jahres 1914. Die Planungen der deutschen Militärs beruhten auf dem Grundsatz, dass Angriff die beste Verteidigung sei. Der Krieg an der Westfront sollte im Hinblick auf den Stand der technologischen Entwicklung allerdings bald das Gegenteil zeigen. Doch die Furcht vor der Einkreisung saß tief und stärkte die instinktive Absicht, als Erster zuzuschlagen. Die Verletzung der Neutralität Belgiens (und das brutale Vorgehen der deutschen Truppen dort), die Nordfrankreich zugefügten umfassenden Wirtschaftsschäden und schließlich der uneingeschränkte U-Boot-Krieg – all das weckte den Hass der Alliierten in einem Maße, dass sie in den Friedensverhandlungen von Versailles Deutschland mit demütigender Härte behandelten. So sollte sich schon bald der Vorhang für den nächsten, den letzten Akt der großen Tragödie heben. Noch heute kann man die Erinnerungstafel im Salon des Hotels Trianon in Versailles betrachten, wo die Entente-Mächte der Delegation der neuen deutschen Republik die Bedingungen vorlegten. Allein die Art der Formulierungen mit der langen Liste der Siegermächte, die Deutschland als Schuldigen deklarieren, unterstreicht die Demütigung.

Vielfach wurde gegen die Kritik von John Maynard Keynes an den wirtschaftlichen Folgen des Versailler Vertrags eingewandt, dass die Bedingungen nicht zu hart und die Reparationen bezahlbar gewesen seien.[5] Aber das trifft nicht das Wesentliche. Hitler sah in der Zustimmung der deutschen Politiker zu einem Waffenstillstand den berühmten Dolchstoß in den Rücken der Armee. Das neue Rest-Österreich – Deutsch-Österreich nannte sich die Republik – durfte sich nicht mit Deutschland vereinigen. Die Franzosen besetzten das Rheinland und holten sich Elsass-Lothringen zurück. Wieder waren die Geister des Ressentiments aus der Flasche gelassen worden, wieder hatten Rachegelüste Rache ausgebrütet. Der Misshandelte schlägt zurück und sieht seine Bestrafung als Viktimisierung – ein wiederkehrendes Muster. Aber diesmal sollten die Folgen wahrhaft schrecklich sein.

Die Jahre der Weimarer Republik hinterlassen ein Gefühl trauriger Müdigkeit. Fast alles läuft schief. Die Republik entstand, als das Reich zusammenbrach und im Bürgerkrieg versank. Von Beginn an verweigerten die militaristische und aristokratische Rechte wie auch die kommunistische Linke der Republik ihre Loyalität. Hyperinflation trieb die Mittelschichten in den Ruin und die Arbeiterklasse in die Armut. Angst und Unsicherheit breiteten sich in der Gesellschaft aus. Im Rheinland benahmen sich die Franzosen wie Bourbonen, die nichts gelernt und nichts vergessen hatten. Nachdem 1924 der von den USA lancierte Dawes-Plan in Kraft getreten und Deutschlands finanzielle Fesselung dadurch etwas gelockert war, konnte sich die Wirtschaft erholen und wäre, bessere weltwirtschaftliche Bedingungen vorausgesetzt, womöglich gesundet. Die grassierende Arbeitslosigkeit und andere Bedrohungen hätten abgebaut werden und die durch Krisen und Aufruhr gebeutelten Menschen Hoffnung schöpfen können. Aber ab 1930 wurde die wirtschaftliche Erholung in Deutschland durch die Weltwirtschaftskrise torpediert. Die Arbeitslosigkeit stieg erneut an und betrug Ende 1932 bei den männlichen Erwachsenen 25 Prozent. Mittlerweile war die NSDAP zur stärksten Partei im Reichstag aufgestiegen. Die Kommunisten verweigerten die Zusammenarbeit mit den Sozialdemokraten, und so gelangten die Nationalsozialisten an die Macht. Im Januar 1933 wurde der faustische Pakt zwischen Papen und Hitler geschlossen.

Der Rest ist ein Countdown bis zur *Stunde Null** im Mai 1945. Die Geschichte dieser Jahre vermag immer noch zu fesseln und zu entsetzen. Es gab einige frühe Triumphe – innenpolitisch die Wiederbelebung der Wirtschaft, außenpolitisch die Annullierung der Bedingungen des Versailler Vertrags. Der Krieg weckte in der Bevölkerung wenig Begeisterung, brachte aber anfänglich einige leichte Siege, insbesondere – was die Mehrheit der Deutschen überraschte und begrüßte – über Frankreich. Die Pläne für den Umgang mit den Unerwünschten – vor allem den Juden – wurden immer düsterer. Und dann gab es den tödlichen Irrtum – den Krieg gegen die Sowjetunion, bei dem frühe Erfolge schon bald durch entsetzlich harte Winter und unsagbar grausame Kämpfe zunichtegemacht wurden. Energie und Kampfmoral des „Dritten Reichs" schwanden dahin. Unterdessen bombardierten die Alliierten eine deutsche Stadt nach der anderen und brachten so den Krieg mit all seinen Schrecken der Zivilbevölkerung noch vor dem Eintreffen der Roten Armee. Nachdem im Juli 1944 die Verschwörung gegen Hitler fehlgeschlagen war, bewegte sich alles auf eine totale Opferung à la Wagner zu: Bis kurz vor Kriegsende wurde die Vernichtung der Juden ebenso fortgesetzt wie die Bombardierung der Städte (im März 1945 starb Magdeburg zum zweiten Mal), und der Vormarsch auf Berlin wurde Stadt für Stadt von brutalen Straßen- und Häuserkämpfen begleitet.

Dann kam das Ende: ein so vollständiger militärischer, physischer und moralischer Zusammenbruch, dass viele tatsächlich die Stunde Null für gekommen hielten. Für den Philosophen Jürgen Habermas war Auschwitz die große Zäsur in der deutschen Geschichte – die Zukunft würde auf vollständig neuen Fundamenten errichtet werden müssen. Und die Öffentlichkeit außerhalb von Deutschland sah mit dem Kriegsende das Ende der deutschen Geschichte überhaupt gekommen: Der moralische und materielle Schutthaufen, der Deutschland 1945 war, bedeutete das Ende all der Jahrhunderte deutscher *Kultur** – Stunde Null. Wie immer die Zukunft beschaffen sein mochte, es gab nichts mehr, worauf man hätte bauen, aufbauen können. Es gab nur noch den Zusammenbruch und die vollständige Orientierungslosigkeit.

Aber natürlich war 1945 nicht die Stunde Null. Deutschlands Geschichte endete nicht mit der Kapitulation, und es gab durchaus noch etwas, worauf sich ein neues Gebäude errichten ließ. Tatsächlich lädt uns diese Geschichte in einzigartiger Weise dazu ein, der Vielschichtigkeit des menschlichen Wesens zu begegnen – den Gipfeln, die es erstürmen, den Tiefen, in die es fallen kann, und den unahnbaren Möglichkeiten zu Wiedergutmachung und Versöhnung, die es selbst in den dunkelsten Augenblicken des Versagens gibt.

Denn das ist die Geschichte des modernen Deutschlands, das nun im Europa des 21. Jahrhunderts unausweichlich die Führungsrolle übernimmt. Einhundert Jahre nach dem Beginn einer Tragödie, die ihren Höhepunkt im Mai 1945 erreichte, wohnen wir der Entwicklung eines neuen deutschen Selbstverständnisses bei, sehen wir ein Land, das zum ersten Mal seit eintausend Jahren mit seinen Nachbarn und sich selbst in Frieden lebt, so, wie es die zwei nach der Stunde Null geborenen Generationen langsam, aber sicher vollbracht haben. Das zum Aggressor und Untäter mutierte Opfer hat seine schrecklichen Verbrechen gesühnt und Versöhnung erfahren und ist nun in einer neuen Ära für Europa widerstrebend zur Führungsnation geworden. Andere in unserer unumkehrbar global gewordenen Welt können aus dieser Geschichte lernen – wie am Ende unserer Erzählung deutlich wird. Doch zuerst müssen wir Deutschlands Reisewege erkunden.

3. Diese verdammte Pflicht

1945 war es nicht im Mindesten absehbar, dass Deutschland eine positive politische Zukunft bevorstehen könnte. Vielmehr schien es so, als würde Deutschland eine sichere Identität nur in der Aggression finden können. Aber eine solche Identität ist grundlegend unsicher, denn Aggression ist nur einen Schritt vom Selbstzweifel entfernt – die Manifestation eines am Selbstwert nagenden Gefühls von Minderwertigkeit oder Angst. Und diese Aggression wurde schließlich auf schier unglaubliche Weise intensiv, umfassend und blindwütig. In Deutschland wie bei den siegreichen Alliierten fragte man sich auf allen Ebenen – in der Bevölkerung wie bei den akademisch gebildeten Eliten: Wie konnte es dazu kommen? Was in der politischen Entwicklung Deutschlands, in seiner Kultur oder im deutschen Volk hatte dem Nationalsozialismus erlaubt, an die Macht zu kommen und die Nation in den Abgrund zu führen?

Der britische Historiker A. J. P. Taylor beispielsweise, der sein Buch *The Course of German History* – eine klassische Polemik – während der letzten Kriegsmonate schrieb, behauptet gleich zu Beginn in provokativer Manier: „Die Geschichte der Deutschen ist eine Geschichte der Extreme. Sie kennt keine Mäßigung, und im Verlauf von eintausend Jahren haben die Deutschen alles erlebt, nur keine Normalität." Taylor fährt fort:

> … sie haben die transzendentalsten [*most transcendental*] Philosophen, die spirituellsten Musiker und die rücksichts- und skrupellosesten Politiker hervorgebracht. ‚Deutsch' war in einem Augenblick ein so gefühlsseliges, vertrauensvolles und frommes Wesen, dass es zu gut war für diese Welt, und im nächsten Moment ein so brutales, prinzipienloses und verderbtes Wesen, dass es nicht lebensfähig war. Beide Beschreibungen sind wahr: beide Arten des Deutschseins haben nicht nur in derselben Epoche, sondern in derselben Person koexistiert. Nur die normale

Person, die weder besonders gut noch besonders schlecht, die gesund und gemäßigt ist – die hat keine Spur in der deutschen Geschichte hinterlassen.[6]

Taylor führt an, dass sich die Deutschen im Westen als Opfer französischer Aggression betrachtet hätten, während in Osteuropa „kein anderes Volk eintausend Jahre lang von Generation zu Generation eine solche Vernichtungspolitik betrieben hat; und die Annahme, dass es getan wurde, ohne der nationalen Tradition etwas Dauerhaftes hinzuzufügen, ist unsinnig".

Zumindest kann uns diese Schmähschrift – die aus der heutigen, einem neuen Jahrtausend angehörenden Perspektive so einseitig und vorurteilsbehaftet erscheint, dass sie eher einer Karikatur gleicht – daran erinnern, wie tief der Hass war, der Deutschland damals in ganz Europa entgegenschlug. Doch in den Jahrzehnten nach dem Krieg haben sich viele Kenner der deutschen Geschichte mit nüchternerem Urteil als Taylor dem deutschen *Sonderweg** gewidmet, den Deutschland, wie es heißt, eingeschlagen habe, als es zur Nation werden wollte. Dabei gab es einige falsche Weichenstellungen, die auf der politischen Ebene im 19. Jahrhundert für Abirrungen sorgten: die fehlgeschlagene Revolution von 1848 und Bismarcks Reichseinigung, bei der einerseits zu viel politische und gesellschaftliche Macht in den Händen der preußischen Junkeraristokratie verblieb und andererseits die Legitimität von Kanzler und Regierung zu sehr von den Launen des Kaisers abhing.

Ironischerweise hatte das Establishment eben jenes Kaiserreichs stolz selbst behauptet, einen Sonderweg eingeschlagen zu haben, der die verweichlichten Demokratien Großbritanniens und Frankreichs ebenso umging wie die rückständige Autokratie Russlands. Deutschland hatte mit einem breit ausgelegten Bildungs- und Erziehungssystem sowie mit umfassender Sozialversicherung in die Zukunft investiert und dazu noch die erfolgreichste Wirtschaft in Europa entwickelt. (Ungemütlicherweise erinnert uns das an einige Länder Asiens, die behaupten, einem besonderen asiatischen Weg zu folgen, der die dekadente Unentschlossenheit der westlichen Demokratien vermeidet und in die langfristige Entwicklung einer harmonischen Gesellschaft investiert.)

Doch nach 1945 wurde die Theorie des Sonderwegs eine Hypothese über die Gründe für die Katastrophe, nicht eine Bezeichnung für die Erfolgsgeschichte, und betraf somit sehr viel mehr als nur die Entstehung des Kaiserreichs. Von daher versteht sich Taylors Folgerung, dass „das Naziregime die tiefsten Wünsche des deutschen Volkes verkörperte", oder William L. Shirers Argumentation in seinem 1960 erschienenen überaus erfolgreichen Buch *The Rise and Fall of the Third Reich,*[7] es lasse sich eine klare Linie von Luther zu Hitler ziehen. Shirer zufolge bestand die Kontinuität darin, dass „blinder Gehorsam gegenüber weltlicher Herrschaft für den deutschen Menschen die höchste Tugend war und Unterwürfigkeit belohnt wurde". Nicht nur Shirer und Taylor gingen damals davon aus, dass tief sitzende Aggression im Verein mit jenem Bewusstsein von Pflicht, Disziplin und Gehorsam seit Luther die kulturelle Entwicklung der Deutschen bestimmten, wodurch den Nationalsozialisten die Aufgabe, Herzen und sogar Hirne für ihre brutalen Programme zu gewinnen, allzu einfach gemacht wurde.

Taylors *The Course of German History* stand in krassem Widerspruch zu einer unter den Alliierten (westlicher wie sowjetischer Provenienz) verbreiteten offiziellen Sichtweise, der zufolge das „Dritte Reich" ein katastrophaler Irrweg war, den einzuschlagen die Nazis das deutsche Volk gezwungen hatten. Doch zeigten Meinungsumfragen, die in Deutschland von 1945 bis in die 1960er-Jahre durchgeführt wurden, dass ein nicht unbedeutender Prozentsatz der Bevölkerung dem „Dritten Reich" trotz aller Exzesse auch positive Aspekte einräumte und jedenfalls nicht der Ansicht war, alles sei grundsätzlich falsch oder böse gewesen. Somit sah es so aus, als hätten Taylor, Shirer und andere nicht ganz falsch gelegen. Der deutsche Historiker Friedrich Meinecke bezeichnete 1946 das „Dritte Reich" bekanntermaßen als *Betriebsunfall** der Geschichte.

In den folgenden Jahrzehnten war die deutsche Intelligenz bestrebt, ehrlicher mit der Vergangenheit umzugehen, und nun gewann Taylors These nicht nur in Deutschland größere Resonanz. Eine ganze Reihe von Autoren hat die umfassende Verwicklung vieler deutscher Institutionen und großer Teile der normalen Gesellschaft in die Naziverbrechen erforscht: Der Sündenfall des Nationalsozialismus war weit mehr als eine Angelegenheit von Fanatikern und Gangstern, die eine bösartige Elite aufgestachelt hatte. Insbesondere konnte das Bild vom guten Soldaten und seinem Vorgesetzten, die ihrer Pflicht in Übereinstimmung mit den höchsten militärischen Maßstäben nachkamen, einer genaueren Untersuchung ebenso wenig standhalten wie die Auffassung, dass der gewöhnliche Bürger von den Untaten keine Ahnung hatte. Unnachsichtig wurde die Verstrickung der Wehrmacht – und nicht nur der SS – in die Kriegsverbrechen im Osten aufgedeckt und die Passivität, wo nicht Komplizenschaft vieler Bürger hinsichtlich der Judendeportationen angeprangert.

Man hat die historischen Wurzeln der NS-Ideologie genau untersucht und dabei besonders das 19. Jahrhundert, aber auch die Zeit bis zu Luther in den Blick genommen, um all das ans Licht zu bringen, was auf die spätere Katastrophe vorausdeuten oder sie erklären könnte. Gab es wirklich einen im tieferen Sinne besonderen Weg, den Deutschland – und zwar seit sehr langer Zeit – beschritten hatte? In jenen bewegenden und bewegten Jahren, in denen (noch so eines dieser wunderbar vielschichtigen Komposita) *Vergangenheitsbewältigung** betrieben wurde, konnten solche Argumente auf seltsame Weise insofern beruhigend wirken, als sie den Deutschen bedeuteten, die Erblast der Vergangenheit habe ins Verderben geführt. Aber auch andere Nationen dürften derlei Erklärungen beruhigend gefunden haben: So wollten beispielsweise Briten, die den Zweiten (vielleicht gar noch den Ersten) Weltkrieg mitgemacht hatten, sicher sein, dass so etwas wie in Deutschland „in Großbritannien niemals geschehen würde". Laut bekundeten sie voll Erstaunen: War die deutsche Identität ihrem inneren Wesen nach dem Bösen, das geschehen war, zugeneigt?

Neuere historische Forschungen haben bestritten, dass die Theorie vom deutschen Sonderweg hilfreich wäre, um die Ereignisse der Nazizeit zu verstehen.[8] Zum einen fällt ins Auge, dass nicht weniger als vier der zu Beginn des 20. Jahrhunderts großen europäischen Kulturen – die deutsche, die russische, die spanische und die italienische – binnen vier Jahrzehnten von antidemokratischen oder totalitären und, in unterschiedlichem Maße, brutalen Kräften unterwandert wurden, wobei Deutschlands Erfahrungen unsäglich und in der Tat einzigartig waren. Immerhin ist das letzte Urteil über die Schrecken der stalinistischen Säuberungen noch nicht gesprochen. Und während die Faschismen Italiens und Spaniens nur bedingt mit dem Nationalsozialismus oder dem Stalinismus zu vergleichen sind, sind sie doch für genug eigene Verbrechen verantwortlich. Spanien wie Italien folgten ihren eigenen Sonderwegen: Italien suchte und fand seine eigene Identität, während Spanien auf dem langen Weg von einer Weltmacht zu einem schwachen europäischen Staat mit den technologischen und ideologischen Herausforderungen des 20. Jahrhunderts fertig zu werden suchte. Die Sowjetunion wiederum machte keinen Hehl daraus, ihren eigenen Sonderweg beschritten zu haben, der sie vom rückständigen Zarismus zur neuen Welt des Marxismus-Leninismus führte.

Doch, wenn dem so ist, welchen Nutzen hat dann der Begriff des Sonderwegs für Deutschland? Folgen nicht alle Gesellschaften in ihrer Auseinandersetzung mit den Veränderungen, die sich seit Renaissance, Reformation und Druckerpresse ausbreiteten und beschleunigten, Sonderwegen? Sicher schlug Deutschlands langer Kampf um seine Identität im 19. Jahrhundert eine besondere Richtung ein. Doch ebenso sicher muss solch ein Kampf nicht notwendigerweise für die Erklärung dessen, was später geschah, herangezogen werden. Denn wenn es so wäre, ließe sich Japan als Gegenbeispiel anführen. Das Land sprang zu etwa derselben Zeit mit großem Nachdruck und vergleichbarer Grausamkeit auf die Weltbühne, hatte aber nie mit der Frage von Identität oder Einheit zu kämpfen. Seine geografische und politische Identität ist seit Jahrhunderten klar definiert und Japan ist bis heute eine der am eindeutigsten nach außen sich

abgrenzenden Gesellschaften mit dem weltweit am stärksten aus-
geprägten korporativen Sozialbewusstsein.

Davon abgesehen kann die Theorie eines deutschen Sonderwegs
leicht zu deterministischen Entschuldigungen führen, so, als hätte
ein Beweggrund, dessen Ursprünge weit in der Vergangenheit liegen, das Resultat unvermeidlich gemacht – ähnlich einem Tsunami,
der von Ereignissen tief im Ozean und weit entfernt von den Küs-
ten, die er überschwemmt, verursacht wird. Damit aber geht man
Fragen aus dem Weg, die auf das zielen, was in und zwischen den
Gruppen der schnell sich wandelnden Gesellschaft des Kaiserreichs
vor sich ging: Welche Rolle oder Rollen spielten die bürgerlich-ka-
pitalistischen Gruppen, das Beamtentum, die Junkeraristokratie, das
Militär? Und welche Rolle jene Gruppen, die zwar nicht zur Elite
zählten, deren Stimmen aber in einem Zeitalter zumindest partieller
Demokratie und lautstarker Medien immer mehr in die Öffentlichkeit drangen – das Kleinbürgertum, die Bauernschaft und die Arbeiterklasse?

Die Theorie eines determinierenden Sonderwegs lässt uns auch
leicht die unbequeme Rolle des Zufalls in den menschlichen Angelegenheiten vergessen. Die Frage nach dem „Was wäre, wenn …?" in
der Geschichte ist von einiger Bedeutung. Es liegt in der Natur der
Sache, dass es auf solche Fragen keine befriedigende Antwort gibt,
doch erinnern sie uns an den Zufall in der Geschichte und sollten
uns misstrauisch werden lassen gegenüber einem Determinismus,
der blind macht für die Offenheit der Gegenwart und unsere Verantwortung für sie. Fragen wir also z. B.: Was wäre gewesen, wenn die
Lex Salica, das Salische Recht, im Königreich Hannover keine Gültig-
keit besessen hätte? Dieses Recht, dessen Ursprünge tief in die mittelalterliche Geschichte des Heiligen Römischen Reichs zurückweisen,
sah vor, dass Frauen keine Thronfolgerinnen sein konnten. Als Victoria Königin von England wurde, konnte sie deshalb nicht auch noch
Königin von Hannover sein, obwohl das Kurfürstentum (und spätere
Königreich) seit 1714, als der damalige Kurfürst zum englischen König Georg I. gekrönt wurde, dem britischen Herrscherhaus in Per-

sonalunion verbunden war. Stattdessen wurde ihr Onkel – ein Sohn Georgs III. – König von Hannover.

Manches hätte sich anders entwickeln können. Schwer vorstellbar, dass Hannover mit Victoria als Königin im Vorfeld von Königgrätz als Verbündeter des katholischen Österreichs gegen das protestantische Preußen angetreten wäre. Und selbst dann lässt sich nur schwer vorstellen, dass Preußen unter Bismarck Hannover so rücksichtslos annektiert hätte, wie es der Fall war, denn ein Krieg mit Großbritannien wäre sicher gewesen. Und wie hätte das eine oder das andere Verhalten Deutschlands Weg zur Einheit beeinflusst? Zumindest hätte Bismarck die Vereinigung auf sanftere, werbendere Weise statt durch Drohung und Bestechung herbeiführen müssen. Vielleicht wäre das Resultat das gleiche gewesen, aber das Kaiserreich hätte sicherlich einen anderen Charakter, ein anderes Ethos, eine andere Grundstimmung bekommen.

Oder was wäre gewesen, wenn Kaiser Wilhelm I. zehn Jahre früher, im ehrwürdigen Alter von 80 statt 90 Jahren gestorben wäre und Kaiser Friedrich III. zehn Jahre länger gelebt hätte, statt nach 99 Tagen auf dem Thron mit 57 an Krebs zu sterben? Damit hätte dieser intelligente und freiheitlich gesinnte Monarch genügend Zeit gehabt, den Verlauf der deutschen Geschichte zu bestimmen. (Vielleicht hätte auch er Bismarck fallen gelassen, wie sein Sohn es tat, aber die Folgen wären andere gewesen.) Und weiter: Was wäre gewesen, wenn die KPD sich 1932 mit den Sozialdemokraten verbündet hätte, um die NSDAP nicht an die Hebel der Macht zu lassen? Zusammen hatten SPD und KPD die Mehrheit von Sitzen im Reichstag und hätten eine Regierung bilden können. Tatsächlich kam ein solches Bündnis jedoch nicht in Betracht: Die Beziehung zwischen den beiden Parteien war von gegenseitigem bitteren Misstrauen geprägt. Die Kommunisten tanzten nach Stalins Pfeife und spielten ein sehr gefährliches, ein von den Interessen der Sowjetunion diktiertes Spiel, die zur damaligen Zeit die Zusammenarbeit mit Sozialisten und Sozialdemokraten strikt ablehnte. Und später: Was wäre gewesen, wenn die Verschwörung um Stauffenberg gegen Hitler mit dem Attentat am

20. Juli 1944 ihr Ziel erreicht hätte – wenn Stauffenberg beide Spreng-
stoffpakete benutzt oder seine Aktentasche anders platziert und Hitler tatsächlich getötet hätte? Und so weiter …

Was immer geschah, war nicht unvermeidlich. Doch wenn Menschen Schreckliches tun, suchen wir unvermeidlicherweise nach dem
Seelengepäck, das ihnen in der Vergangenheit aufgebürdet wurde.
Bisweilen scheint da nichts zu sein, was ihr späteres Tun und Sein
erklären oder andeuten könnte. Häufiger aber ist da tatsächlich
etwas. Und das gilt auch für Völker. Welchen Einflüssen unterlag
Deutschland als Kind, als Junge, bevor er (ja, es handelt sich definitiv
um ein aggressives männliches Wesen) zum Mann wurde? Was ist
z. B. mit der Populärkultur des späten 19. Jahrhunderts, in der unter
anderem ein sehr maskuliner, körperbetonter, aggressiver Heroismus
gefeiert wurde? Was ist mit dem kriegsbegeisterten Militarismus im
Kaiserreich? Und woher stammt der giftige Antisemitismus der
Nationalsozialisten?

Doch wenn wir solche Fragen stellen, dürfen wir das 19. Jahrhundert – ganz zu schweigen von früheren Zeiten – nicht durch die Linse
des 20. Jahrhunderts betrachten. Nehmen wir z. B. den Antisemitismus des wilhelminischen Deutschlands. Nichts von dem, was im Kaiserreich geschah, ist mit der französischen Dreyfus-Affäre vergleichbar – oder mit dem weitverbreiteten Antisemitismus in Russland, der
1882 sogar entschiedenen Ausdruck in Regierungsgesetzen fand.
Wenn ein Genie wie Wagner antisemitisch sein konnte, dann auch
Dostojewski. Wie wir noch sehen werden, gab es tatsächlich in der
Populärkultur des wilhelminischen Deutschland eine dunkle antisemitische Unterströmung, die Wasser auf die Mühlen der Nazis leitete: Es gab Autoren in Deutschland, die den Vergleich mit Charles
Maurras (der die französische Dritte Republik als *république juive*, als
jüdische Republik, verunglimpfte) ebenso wenig zu scheuen brauch-
ten wie den mit Edouard Drumont, der ein höchst erfolgreiches zweibändiges Machwerk mit dem Titel *La France juive* (Das jüdische
Frankreich) schrieb. Aber man könnte wohl kaum behaupten, dass
Deutschland im 19. Jahrhundert in puncto Antisemitismus beson-

ders hervorstach, wenn man nicht wüsste, was im 20. Jahrhundert
geschah.

Heißt das also, dass es im 19. und 20. Jahrhundert nichts gibt, was
für die Entwicklung des deutschen Selbstbewusstseins von besonderer Bedeutung gewesen wäre? Doch, es gibt tatsächlich besondere
Charakterzüge der deutschen Ideenwelt, die zu jener tragischen Es-
kalation führten. Haben sie die Tragödie unvermeidlich gemacht?
Nein, aber sie haben sie möglicher und, als sie sich ereignete, umfassender und infolgedessen schrecklicher gemacht.

Vor allem müssen wir zwei distinktive Merkmale deutscher Kultur und deutschen Selbstverständnisses, wie sie sich gerade im
19. Jahrhundert entwickelten, ins Auge fassen. Diese Merkmale treten zu jenem Opfergefühl hinzu, das, wie wir im letzten Kapitel
sahen, zur nämlichen Zeit Wurzeln geschlagen hatte und kräftig heranwuchs. Das erste Merkmal ist das berühmte, tief sitzende Pflichtgefühl, das zweite das wachsende Bewusstsein einer besonderen nationalen Bestimmung, ein Bewusstsein davon, dass Deutschlands Zeit
– wo nicht gar Deutschlands Zeitalter – gekommen war. Dieser Vorstellung einer nationalen Bestimmung verliehen die Nazis eine kraftvolle Gestalt und durchdringende Stimme. So wurde dieses Kon-
strukt zum gefährlichen Brennpunkt für das Pflichtgefühl. Dieses
verlieh dem Bewusstsein der Bestimmung eine schreckenerregende
Macht – am Anfang die Kraft der Effektivität und am Ende die Kraft
der Zerstörung. Wir müssen beide Merkmale näher betrachten.

Die Besessenheit der Deutschen von der Pflicht und ihr obsessives
Befolgen von Befehlen sind so legendär, dass sie auch bei Deutschen
selbst allzu leicht zum Gegenstand von Witzen gemacht werden.
Doch welche Last mit der Pflicht verbunden ist, lässt sich an einer
Redewendung ablesen, die vor allem von den im Kaiserreich und unter dem Nationalsozialismus aufgewachsenen Deutschen benutzt
wurde und wird. Wenn etwas besonders Beschwerliches oder Lästiges
zu tun ist, sagen sie wie zur Entschuldigung: *Das ist meine verdammte
Pflicht und Schuldigkeit**. (Dieser Ausdruck ist, mit all seinen Konnotationen, im Englischen nicht adäquat wiederzugeben. Wenn wir

von „my bounden duty" reden, so hat das eine gewisse Förmlichkeit an sich; im alltäglichen Sprachgebrauch läge eine Wendung wie „das ist das Mindeste, was ich tun kann" näher, doch fehlt hier die Unausweichlichkeit des vielsagenden Adjektivs „verdammt"*, das von einem so tief sitzenden Reflex kündet, der zum Teil bewusst ist, zum Teil aber auch bereits in so früher Kindheit gelernt und so beständig bekräftigt wird, dass er verinnerlicht ist. Man war als Deutscher zu diesem Ausdruck „verdammt"* aufgrund der lastenden Tradition und Erwartung, die sich mit dem Deutschsein verbanden.)

Der Einfluss dieser Wendung auf das Verhalten ist sogar noch jetzt, im 21. Jahrhundert, zu spüren, wenn auch in eher trivialen Zusammenhängen. Alltäglich ist es, dass Menschen am Straßenrand auf das grüne Licht für Fußgänger warten (das berühmte *Ampelmännchen**), auch wenn weit und breit kein Fahrzeug oder Polizist in Sicht ist. Und immer noch wird *Pünktlichkeit** höher geschätzt als irgendwo sonst in Europa. Doch im Nationalsozialismus ging es um ernstere Dinge: Der Berliner Polizeichef verhaftete Stauffenberg nach dem Attentatsversuch erst, als er Hitlers Stimme am Telefon hörte. Bis dahin war ihm nicht klar, worin seine Pflicht bestand. Erst als er wusste, dass Hitler noch am Leben war, konnte er fraglos seine Pflicht tun. Und erst als die Generäle im Mai 1945 erfuhren, dass Hitler tot sei, kapitulierten sie, auch wenn sie schon längst vorher wussten, dass alles aus war.

Woher also kommt diese ,verdammte Pflicht'? Um diese Frage zu beantworten, muss man auf Luther zurückgehen. Zur Zeit des Kaiserreichs hatten Teile Deutschlands bereits 300 Jahre im langen Schatten von Luthers Weltsicht zugebracht. Insbesondere steht dabei seine Lehre von den zwei Reichen im Vordergrund: Luther setzt das Reich der individuellen, inneren Beziehung zu Gott dem äußeren Reich der Beziehung zur Welt entgegen. Der Einfluss dieser Lehre auf die deutsche Kultur war so tiefgründig wie vielschichtig. Er beschränkte sich nicht auf einen radikal neuen Ansatz für die existenziellen und theologischen Probleme von Gnade und Erlösung, sondern wies darüber hinaus Herrschern wie Beherrschten klare Verantwortlichkeiten zu.

Für Luther lebte der Christ in diesen beiden Reichen – in dem der spirituellen Erfahrung von Gnade und Erlösung und dem des Umgangs mit seinen Mitmenschen, in der inneren und der äußeren Welt. Die Welt der Innerlichkeit – das war Luthers bedeutende Neuerung – ist eine individuelle, persönliche Welt. Hier, nicht in der menschlichen Gemeinschaft oder der organisierten Kirche, treffen wir die für unser Leben wichtigen Entscheidungen, denen Luther eine Bedeutung für die Ewigkeit zusprach. Nur durch unseren Glauben und durch Gottes Gnade, nicht durch das Wirken einer äußeren Autorität, sind wir gerechtfertigt – auf ewig errettet. Keine institutionalisierte Kirche kann für Vergebung sorgen oder uns die Erlösung garantieren. Kirchen können Lehren vermitteln (wenngleich nur anhand der von der Bibel verkündeten Wahrheiten gemäß Luthers berühmter Losung *sola scriptura* – allein durch die Schrift). Aber die Glaubensentscheidung – die eigentliche Entscheidung, die von existenzieller wie ewiger Bedeutung ist – trifft nur das Individuum.

Anders steht es mit der äußeren Welt unserer sozialen (auch kirchengemeinschaftlichen) Beziehungen. Hier ist es die Aufgabe der weltlichen Obrigkeit (das waren zu Luthers Zeit die Fürsten und Adligen), den Frieden und die soziale Ordnung aufrechtzuerhalten, während die Untertanen die Pflicht haben, der Obrigkeit Gehorsam zu zollen. Luther war keinesfalls ein Demokrat im Sinne der Moderne. Gäbe es, so meinte er, in der Welt nur wahre Christen – Menschen, die die Glaubensentscheidung getroffen hatten –, so bräuchte man weder Obrigkeit noch Recht und Gesetz. Aber er wusste natürlich, dass wahre Christen eher selten sind, und hielt deshalb, wie 1500 Jahre zuvor Paulus, Obrigkeiten in einer Welt voller Bosheit für unverzichtbar. Der Fürst, der für Ordnung sorgte (falls nötig mit Gewalt), tat das Werk von Gottes Reich. Ohne den Fürsten würde die Welt notwendig in Chaos versinken.

Andere Protestanten hegten radikalere Vorstellungen: Wenn die Christen ein „allgemeines Priestertum" bildeten – ein Ausdruck, den Luther im Anklang an den ersten Brief des Petrus zum Eckstein seiner Reformationstheologie machte –, warum konnte der Fürst dann nicht vom Volk zur Rechenschaft gezogen werden? Luther wusste fast instinktiv, dass dies entweder zu revolutionärem Aufruhr und Chaos oder zu einer Theokratie (der Herrschaft einer geistlichen Person oder Elite) führen würde. Im Rahmen seines Zeitalters hatte er wahrscheinlich recht. Einige Jahre nach Luthers Auftritt beim Wormser Reichstag stand der radikale Reformer Thomas Müntzer an der Spitze eines rebellischen Bauernheeres, und in Genf errichtete Calvin eine auch in das gesellschaftliche Leben eingreifende Theokratie. Ein Utopia wurde daraus weder in dem einen noch in dem anderen Fall.

Luther formulierte seine Position in einem der Grundlagentexte des späteren Luthertums. Er gewann großen Einfluss in Deutschland, wo ein Jahrhundert voller Gewalt und sozialer Verwerfungen mit schonungsloser Deutlichkeit zeigte, wie unverzichtbar eine effektive weltliche Obrigkeit war. Die Schrift trug den Titel *Von weltlicher Obrigkeit, wie weit man ihr Gehorsam schuldig sei* und war auf Deutsch verfasst, um ein möglichst breites Publikum zu erreichen. Sie sollte vor allem die Fürsten davon abhalten, sich in die religiöse Gewissensfreiheit der Gläubigen einzumischen. Zugleich bestimmte sie die legitimen Aufgaben des Herrschers: die Bewahrung von Frieden und sozialer Ordnung. Bei diesen Aufgaben war es Christenpflicht, der weltlichen Regierung zu gehorchen.

Das war nicht neu; die mittelalterlichen Gelehrten vertraten die gleiche Auffassung. Ebenso war Luther kein naiver Vertreter unumschränkter Herrschaft. Für ihn war klar, dass ein Fürst, der nicht klug – und also gerecht – regierte, den Zorn des Volkes auf sich ziehen und möglicherweise die Folgen tragen musste. Überdies prangerte er regelmäßig die Ungerechtigkeiten von Herrschern an, im Allgemeinen wie im Besonderen. Er scheute auch nicht vor persönlicher Kritik an den eigenen weltlichen Herrschern zurück und forderte zum Ungehorsam auf für den Fall, dass der Fürst den christlichen Untertanen etwas befahl, was gegen das Evangelium verstieß. Während er also nicht bereit war, sich an die Spitze einer sozialrevolutionären religiösen Bewegung oder einer Theokratie zu stellen (oder stellen zu lassen), riet er auch nicht einfach zu frag- und umstands-

losem Gehorsam. Wir werden noch sehen, dass es in späteren Jahrhunderten Menschen gab, die für einen in ihrem Glauben gründen-
den Ungehorsam ihr Leben riskierten.

Dennoch sah sich Luther einem Dilemma gegenüber, das notwendig aus der Lehre von den zwei Reichen resultierte. Wenn es kei-
ne päpstliche Autorität mehr gab und auch keine Theokratie à la
Calvin, dann gab es nur eine Möglichkeit, dem religiösen Leben der
Gemeinschaft Struktur, Ordnung und Kontinuität angedeihen zu lassen: Der Fürst selbst musste als Nachfolger des katholischen Bischofs
die Herrschaft über die Kirche ausüben. Das ironische Ergebnis von
Luthers Reformation – die das innere Leben des Gläubigen in den
Mittelpunkt rückte – war ein hohes Maß an offizieller Kontrolle des
Kirchenlebens. Die Predigt wurde mehr und mehr zum Mittel, die
Christen an ihre Verantwortung für die Bewahrung der sozialen Ord-
nung zu gemahnen, statt die existenzielle Herausforderung des Evan-
geliums zu betonen, wie Luther selbst es so lebhaft getan hatte.

Im Laufe der folgenden Generationen wurde das äußere, das gesellschaftliche Leben der protestantischen Christen immer deutlicher
der Forderung, die soziale Ordnung zu bewahren, untergeordnet und
sedimentierte sich in der deutschen Seele als Pflichtgefühl. Die Schrecken der religiösen Kriege des 16. Jahrhunderts trugen gewiss das
Ihre zu dieser Entwicklung bei, und die unsäglichen Gewalterfahrun-
gen des Dreißigjährigen Krieges dürften die Sehnsucht nach Frieden
und Ordnung nur verstärkt haben. Ebenfalls in diesem Sinne wirkte
Preußens König Friedrich Wilhelm I., der Vater Friedrichs des Großen. Er regierte von 1713 bis 1740, war tiefreligiös und zugleich ord-
nungsbesessen. Er baute eine zunehmend professionell agierende Bürokratie und ein gut ausgebildetes stehendes Heer auf. Beiden
diktierte er eine umfangreiche Liste mit Verpflichtungen.

Fragt man also einen nachdenklichen Deutschen, woher die im
20. Jahrhundert so verbreitete Pflichtversessenheit kommt, wird häufig Luther der Hauptteil der Schuld zugewiesen – was wohl mehr ist,
als er verdient hätte. Bisweilen fällt auch noch ein weiterer Name, der
des Philosophen Immanuel Kant. Er stellte den Begriff der Pflicht in

den Mittelpunkt seiner Morallehre, was von enormem Einfluss auf das Selbstverständnis der Deutschen war. Zum Teil ist klar, warum auch ihm die Pflichtversessenheit zur Last gelegt wird: Seine Morallehre leitet sich von seiner Wirklichkeitsauffassung her. Im Zeitalter der Aufklärung war die Gewissheit, es gebe eine einleuchtende kosmische Ordnung der Art, wie sie noch Luther (und die meisten seiner Zeitgenossen) für selbstverständlich hielt, geschwunden, und damit auch die Gewissheit, wir könnten unsere Ziele von dieser Ordnung herleiten.

Kant hat sich, so der Anschein, weit von Luther entfernt. Kein göttliches Gebot schreibt mehr die moralischen Ziele vor. Aber Kant war andererseits auch klar, dass sie nicht aus der empirischen Welt abgeleitet werden können. Einen materialistischen Determinismus lehnte er ebenso ab wie die Annahme einer göttlichen Ordnung. Der Sinn des Lebens kann nicht aus den Tatsachen des Lebens deduziert werden. Das Individuum – das Subjekt (oder, in Luthers Begrifflichkeit, die Seele) – ist ein autonomes Wesen, das hinsichtlich des Guten rationale Entscheidungen treffen kann und soll. Aber wir können uns dabei nicht auf unsere Gefühle verlassen; Wünsche und Wahrnehmungen mögen irreführend sein und sind somit keine verlässliche Grundlage für oder Quelle von Verpflichtungen und Pflichten. Der wahre Wert einer Handlung kann daher nur durch die innere Motivation bestimmt werden, nicht unter Bezugnahme auf das tatsächliche Resultat. Daher rührt die zentrale Bedeutung pflichtgemäßen Handelns – für Kant liegt dem moralischen Handeln das Bewusstsein moralischer Verpflichtung zugrunde. Diese Verpflichtung erkennt das vernünftige Subjekt als solche und schert sich nicht um die Folgen des Handelns. Nur ein solches Handeln ist laut Kant unzweideutig gut.

Vor dem Hintergrund der lutherischen Auffassung von sozialer Ordnung liegt im kantischen Begriff moralischen Handelns insofern eine Gefahr, als das Pflichtbewusstsein zum Sklaven eines durch die gesellschaftliche Kultur festgelegten Systems von Pflichten werden kann. Genau das war im preußischen Staat und dann im Kaiserreich der Fall. Aber Kant selbst ist weit von einer solchen Position entfernt. Für ihn war es das freie, autonome Individuum, das sich der Pflicht vermittels eines Imperativs bewusst war. Auf einer Gedenkplakette im russischen Kaliningrad, dem einstigen Königsberg, lesen wir Kants berühmten Ausspruch:

> Zwei Dinge erfüllen das Gemüt mit immer neuer und zunehmender Bewunderung und Ehrfurcht, je öfter und anhaltender sich das Nachdenken damit beschäftigt: der bestirnte Himmel über mir und das moralische Gesetz in mir.

Das ist das Zentrum seiner Suche nach einer allumfassenden Perspektive auf das Wesen des Seins. Das moralische Gesetz in mir – im autonomen Individuum – bezeichnete Kant als den „kategorischen Imperativ": Ich soll als vernünftiges Wesen „nur nach derjenigen Maxime" handeln, von der ich zugleich wollen kann, „dass sie ein allgemeines Gesetz werde". In einer alternativen Formulierung heißt es: „Handle so, dass du die Menschheit sowohl in deiner Person als in der Person eines jeden anderen zugleich als Zweck, niemals bloß als Mittel brauchst."

Das ist von grundlegender Bedeutung. Kant formuliert kein spezifisches Gebot, das von außen an das autonome Subjekt ergeht, sondern bestimmt gewisse Pflichten, die allgemein aus diesem Imperativ folgen. Es handelt sich dabei zum einen um Pflichten und Rechte, die staatlicherseits deklariert und durchgesetzt werden können, sowie zum anderen um jene „Tugendpflichten", die der Staat nicht erzwingen kann. Kant nennt hier Pflichten der Achtung und Liebe, die aus unserer Anerkennung des moralischen Gesetzes resultieren. Alle diese Pflichten folgen indes aus dem grundlegenden Imperativ, den wir als vernünftige Wesen in uns tragen.

Kants Moraltheorie steht im Gegensatz zu den eher pragmatischen und utilitaristischen Ethiken, die für die britische Philosophie damals typisch waren. Ähnlichkeiten aber gibt es mit einer anderen bedeutenden Persönlichkeit der Aufklärung – mit Jean-Jacques Rousseau, den Kant sehr bewunderte (das einzige Bild in seinem Arbeitszimmer war ein Porträt von Rousseau). Auch Rousseau begriff die innere Stimme der Vernunft oder des Gewissens als Quelle aller Pflichten, und Kant folgte Rousseau wie auch der europäischen Aufklärung allgemein auf dem Weg zur Theorie einer egalitären Gesellschaft. Das ideale Gemeinwesen war die auf einem Gesellschaftsvertrag beruhende Republik, in der die Individuen das Recht hatten, Reformen zu verlangen (zu Rebellen werden durften sie jedoch nicht). Auch im absolutistischen Staat seiner Zeit hatte der Herrscher praktisch die Pflicht, so zu regieren, als wäre eine derartige Republik bereits im Entstehen begriffen.

Doch lässt sich die Brücke nicht nur zu Rousseau, sondern auch – und hier gibt es eine tiefere Verbindung – zu Luther schlagen. Sicher haben Kants Theorien mit Luthers Welt der göttlichen Vorsehung zunächst nur wenig zu tun. Doch ist seine Moralauffassung von Luthers Annahme der Existenz einer inneren Welt, in der das Individuum seine Lebensentscheidungen frei von jeder irdischen Autorität trifft, nicht so sehr weit entfernt. Für Kant fällen wir unsere moralischen Urteile als autonome Wesen innerhalb der unhintergehbaren Beschränkungen unseres Wissens über metaphysische Dinge wie über die Erfahrungswelt. Das ist die Sprache von Luther, transponiert in die Gedankenwelt der Aufklärung. Wenn Kant als einzig sicheres Zeichen für den guten, also den von allen egoistischen Zielen befreiten Willen das pflichtgemäße Handeln errichtet, zieht er einen bereits kulturell eingewurzelten Impuls groß, dessen Ursprung in Luthers Lehre zu suchen ist.

Mithin ist es nicht schwer, den Einfluss Luthers auf Kant zu entdecken und zu verstehen, wie das Paradigma der zwei Reiche seine Spur in Kants Theorie vom autonomen Individuum hinterließ, das in Übereinstimmung mit dem kategorischen Imperativ und den Pflichten eines Staatsbürgers handelt. Wie wir gesehen haben, würden Luthers wahre Christen nicht den Zwang des Gesellschaftlichen benötigen, doch sind sie so dünn gesät, dass die Staatsmacht erforderlich war, um den Absturz in Chaos zu verhindern. Aber auch Kants Republik freier und gleicher Bürger war ein gutes Stück von der

politischen Wirklichkeit entfernt. In der Praxis also war die lutherische Gesellschaft zu einer Kultur der Pflicht (und der Pflichten) geworden, und Kants Einfluss führte in erster Linie zur Verstärkung
dieser Kultur, deren Fußabdruck sich im öffentlichen Leben Deutschlands auf vielerlei Weise finden lässt. So gibt es in ganz Norddeutsch-
land Grabsteine aus der Zeit des Kaiserreichs, deren Inschriften die
selbstlose Hingabe an die Pflicht gegenüber geliebten Familienange-
hörigen feiern. Typisch dafür ist ein Vierzeiler auf dem Grabstein
einer Emma Kessmann, gestorben 1908 und begraben auf dem Friedhof des Berliner Stadtteils Prenzlauer Berg:

> Stets einfach war Dein Leben,
> Du dachtest nie an Dich.
> Nur für die Deinen streben
> Hieltst Du für Glück und Pflicht.

Die Kombination – „Glück und Pflicht"* – ist aufschlussreich. Auf
einem englischen Grabstein würde man sie nicht so selbstverständlich finden. Aber sie ist nicht nur lutherischer Provenienz: Als der
katholische Rheinländer Konrad Adenauer 1962 über seine Lebens-
erfahrungen sprach, sagte er: „Das Glück besteht nicht in großen
Erfolgen oder in der Sicherung des einmal Erreichten. Das Glück
besteht allein in der Pflichterfüllung, und darin, dass man zu dem
steht, was man für richtig hält, auch wenn man dabei unterliegt."[9]
Der Architekt des westlichen Nachkriegsdeutschlands war alles andere als ein Bewunderer des Preußentums, sah aber ebenfalls in der
Pflicht(erfüllung) die Quelle des Glücks. Die Auffassung selbst mag
als lutherisch beeinflusste Lehre begonnen und sich zu einer preußischen Obsession entwickelt haben, doch wurde sie dann zu einem
Element der deutschen Seele, das auch die Stunde Null überlebte.

Allerdings gab es das Risiko, dass dieses Pflichtgefühl staatlicherseits für bestimmte Ziele und Zwecke in Beschlag genommen werden
konnte, die für umfassender gehalten wurden als die des Individuums. In Deutschland war dieses Risiko besonders groß, weil der
Staat sich hier noch tief sitzende Ängste vor sozialem Chaos zunutze

machen konnte, die ihren Ursprung in Erinnerungen an den Dreißigjährigen Krieg und manche anderen Ereignisse hatten. Mochte die
innere Freiheit von Luthers Christenmensch oder Kants autonomem
Subjekt auch sakrosankt sein, konnte doch das weitverbreitete
Pflichtgefühl nur allzu leicht in mehr oder weniger blinden Gehorsam gegenüber dem Staat umschlagen, weil man Angst vor der Alternative hatte.

Längere Zeit bevor das ehrgeizige Deutsche Kaiserreich ins Leben
trat, war schon deutlich geworden, dass die Angst vor sozialem Chaos
und die Forderung nach Gehorsam ihre Spuren im Bewusstsein der
Deutschen hinterlassen würden. Das zeigt sich an einigen der bedeutendsten literarischen Werke der klassischen und nachklassischen
Epoche. Friedrich Schillers Drama *Die Räuber* und Heinrich von
Kleists Novelle *Michael Kohlhaas* setzen sich mit der Gewalt aus-
einander, die aus Ablehnung, aus Ungerechtigkeit entsteht, und
rücken auch die vielschichtigen Probleme von Loyalität und Gehorsam bei drohendem Zusammenbruch der sozialen Ordnung in
den Mittelpunkt.

In Schillers erstem Stück, das 1782 uraufgeführt wurde und
enorm erfolgreich war, geht es um zwei Brüder aus gräflichem Hause.
Der ältere, Karl, beliebt und idealistisch gesinnt, wird von dem jün-
geren, berechnenden Bruder namens Franz, der den alten und schwachen Vater durch Betrügereien für sich gewinnen kann, um sein Erbe
gebracht und aus dem Haus gejagt. Er schließt sich der von seinen
Freunden gegründeten Räuberbande an, die er als ehrgeiziger Brigant
à la Robin Hood anführt, gerät aber in eine moralische Zwickmühle,
weil der Treueschwur, der ihn an die Bande fesselt, ihn daran hindert,
zu der von ihm geliebten Frau zurückzukehren. Am Ende bringt der
jüngere Sohn aus Angst vor den Räubern, die gekommen sind, ihren
Anführer zu rächen, sich um. Da Karl mit seiner Geliebten aufgrund
des Schwurs nicht leben kann, bittet sie ihn um den Tod. Nach eini-
gem Zögern kommt er diesem Wunsch nach und stellt sich dann der
Obrigkeit.

In der Geschichte von Michael Kohlhaas, die 1810 im Druck er-

schien, bezieht sich Kleist – allerdings sehr locker – auf eine historische Figur aus der Lutherzeit. Kohlhaas, ein Rosshändler, erleidet
schweres Unrecht durch einen Junker und dessen Burgvogt. Da er
keine Wiedergutmachung erlangt, beginnt er einen Rachefeldzug. Er
gewinnt schließlich den Prozess gegen den Junker, wird aber selbst
wegen seiner Vergeltungsmaßnahmen zum Tode verurteilt. Noch auf
dem Schafott trägt er eine Art Sieg über die Obrigkeit davon, als er
einen Zettel mit der Prophezeiung einer Wahrsagerin über das
Schicksal des herrschenden Fürstenhauses hinunterschluckt. Das Geheimnis nimmt er mit in den Tod.

In einer Hinsicht finden Schiller und Kleist die Quadratur des
Kreises: Das innere Streben nach Gerechtigkeit findet ebenso seine
Erfüllung wie die notwendige Wiederherstellung der gesellschaftlichen Ordnung. Doch ist diese Lösung zutiefst zweideutig, denn Schillers Stück endet, wie Kleists Novelle, mit einer unangenehmen Frage,
auf die es keine Antwort gibt: Wie ist mit der Angst davor umzugehen, dass unter der Oberfläche sozialer Ordnung das Chaos lauert?
Weil es jederzeit durchbrechen kann, bleibt die Spannung unaufge-
löst. Was geschehen ist, kann wieder geschehen, denn es ist nicht vergessen. Die Ordnung ist ein Wert in sich, und die Deutschen haben in
der Geschichte die Alternative erfahren. Eben deshalb ist Pflichterfüllung ein existenzieller Imperativ.

Während *Die Räuber* und *Michael Kohlhaas* erkunden, was geschieht, wenn das Chaos unter der oberflächlichen Ordnung sichtbar
wird, beschäftigt sich Kleist in seinem Stück *Der Prinz von Homburg*
(geschrieben 1810, uraufgeführt aber erst 1821, zehn Jahre nach dem
Freitod des Dichters) mit der Frage, wie weit die Forderungen der
Pflichterfüllung gehen müssen, um die Ordnung zu bewahren. Vorbild für Kleists Stück war ein Bericht über die Schlacht von Fehrbellin
1675, in der die Preußen mit einem Sieg über die schwedische Armee
die Invasion und Besatzung von Brandenburg beendeten. Kleist stellt
die Frage nach den Grenzen militärischen Gehorsams und dem Preis
für Ungehorsam – was, wenn dieser zu einem Sieg führt? Ist die
Pflicht zum Gehorsam bis in den Tod so prävalent, dass Ungehorsam

mit dem Tod bestraft werden muss? Erneut ist die Antwort zweideutig: Der Prinz entgeht der Hinrichtung (in einer quälenden Szene,
deren Umkehrung die berühmte Hinrichtungsszene in Puccinis *Tosca*
ist), weil der Kurfürst den Bitten der Offiziere, den Helden zu verschonen, nachkommt. Ist die Ordnung damit gestärkt oder infrage
gestellt? Ist der Pflichterfüllung zum Sieg oder zum Opfertod ver-
holfen worden?

Schwer vorstellbar, dass dieses Drama in einer anderen europäischen Kultur entstanden sein könnte. Die beunruhigenden Fragen –
Was ist Pflicht? Was ist Loyalität? – sollten die deutsche Seele mit
ihrer tief sitzenden Angst vor dem Chaos bis weit ins 20. Jahrhundert
hinein beschäftigen. Dieses eingewurzelte Pflichtgefühl konnte zu bemerkenswerten Taten heldenhafter Selbstaufopferung führen, wenn
Individuen – als echte Erben Luthers oder treue Schüler Kants – die
Überzeugung gewannen, den Forderungen ihres Glaubens oder des
kategorischen Imperativs folgen und so die schmerzliche Zweideutigkeit des Ungehorsams riskieren zu müssen. Ein Beispiel dafür ist die
Arie des Florestan in Beethovens Oper *Fidelio*:

> Wahrheit wagt' ich kühn zu sagen,
> Und die Ketten sind mein Lohn.
> Willig duld' ich alle Schmerzen,
> Ende schmählich meine Bahn,
> Süßer Trost in meinem Herzen:
> Meine Pflicht hab' ich getan!

Das war die innere Pflicht, eine Pflicht, die Widerstand forderte und
das genaue Gegenteil sklavischen Gehorsams darstellte. Zeugnisse
solchen Verhaltens kennen wir aus dem „Dritten Reich": Dietrich
Bonhoeffer, die Verschwörer vom 20. Juli oder die Geschwister Scholl
(auf alle diese kommen wir später zurück). Aber das eingewurzelte
Pflichtgefühl konnte auch die Untergebenentreue hochrangiger Militärs wie Keitel und Jodl veranlassen, deren Ergebenheit Hitler gegenüber noch in den letzten Tagen des Krieges schon damals fast
komisch wirken mochte.

Allerdings konnten sich weder Luther noch Kant einen Staat vorstellen, der gewissermaßen ein Eigenleben gewann. Für beide war der Staat dazu da, Ordnung und Frieden zu bewahren. Für Luther wie für andere führende Persönlichkeiten seiner Zeit hatte er auch die Verantwortung, für den Erhalt der wahren Religion zu sorgen, während den Untertanen die Pflicht des Gehorsams gegenüber der Obrigkeit oblag. Kant weist andere Pflichten aus, so etwa im Zusammenhang mit dem Recht auf Eigentum und mit politischen Rechten und Verantwortlichkeiten. Aber dass der Staat eigenen Ehrgeiz oder kulturelle Eigenständigkeit jenseits der Zwecke und Ziele seiner Mitglieder entwickeln sollte, war beiden fremd. Doch genau in diese Richtung steuerte das 18. Jahrhundert.

Die Veränderung geschah allmählich und kaum merklich. Parallel dazu vollzog sich der Niedergang konfessioneller und (langsamer noch) dynastischer Politik, eng verknüpft mit dem Anwachsen von Nationalbewusstsein in vielen Ländern Europas. Das Zusammenspiel dynastischer Ambitionen mit nationaler Identität war vielschichtig, und man muss sich davor hüten, die Geschichte allzu stark zu vereinfachen. Ludwig XIV. war der Archetyp des absolutistischen Herrschers, auch wenn er den berühmten Ausspruch *L'état, c'est moi* wahrscheinlich nicht geäußert hat. Doch selbst dieser Monarch, der seine Aristokraten unterdrückte und den Palast von Versailles erbauen ließ, um der Welt zu zeigen, was absolute Herrschaft bedeutete – selbst Ludwig wusste, dass er nicht einfach nur der Sonnenkönig, sondern die Inkarnation der Größe Frankreichs war.

Ein halbes Jahrhundert später und mitten im Zeitalter der Aufklärung bezeichnete Friedrich der Große sich als ersten Diener seines Staates. Natürlich war auch er ein Vertreter des Absolutismus. Aber an seiner Selbstbezeichnung wird deutlich, dass es in der Bedeutung von „absolut" eine subtile Verschiebung gegeben hat. Das geht auch aus der prägnanten Bestimmung der Verantwortung des Staatsbürgers hervor, die er in seinem politischen Testament von 1752 vorgenommen hat: „Die erste Bürgerpflicht ist, seinem Vaterlande zu dienen." Die Bürger sind dem Staat – dem Vaterland – gegenüber verpflichtet, nicht dem Herrscher an sich (wobei für Friedrich diese Pflicht natürlich den Gehorsam gegenüber dem Herrscher einschloss).

Was Friedrich II. wie auch den meisten anderen Herrschern jener Zeit verborgen geblieben sein dürfte, wird uns aus einer weit späteren Perspektive sichtbar: Der aufgeklärte Absolutismus konnte nur ein Übergangsstadium sein. Dafür lassen sich zwei Gründe anführen: Zum einen wurde der Absolutismus am Ende mit den indirekt demokratischen Forderungen der Aufklärung konfrontiert, und zum anderen war kein damals existierender deutscher Staat deckungsgleich mit dem, was unter deutscher kultureller Identität verstanden werden konnte. Somit war keiner von ihnen in der Lage – nicht Preußen, nicht Österreich, auch nicht Bayern oder Sachsen, zu schweigen von den kleineren Fürsten- und Herzogtümern, die den Flickenteppich der deutschen Landkarte zierten –, die Rolle eines Vaterlands zu übernehmen. Und das wurde, je mehr sich die Länder Europas auf den Nationalismus des 19. Jahrhunderts zubewegten, zum Problem. Wie wir gesehen haben, war Deutschland zum ersten Mal seit Jahrhunderten auf dem Weg zu einer Einheit auf der Grundlage einer nationalen kulturellen Identität. Diese Einheit fand es mit der Gründung eines – oder *des* – wahren deutschen Vaterlandes (unter Ausschluss jedoch vieler Deutscher, insbesondere der in Österreich-Ungarn lebenden). Da aber dieses neue Vaterland in sich unsicher war, würde es aggressiv auftreten und mit größtem Nachdruck die Loyalität seiner Bürger einfordern müssen.

Diese Veränderung sollte dem Pflichtgefühl ein ganz neues Gewicht verschaffen. Die Pflicht gegenüber dem Staat war nun nicht länger lediglich die Anerkennung seines Rechts auf und der Verantwortung für die Bewahrung von Ordnung und Frieden. Wenn der Staat eine kulturelle Identität besaß, wurden die Individuen zu Bestandteilen dieser Identität, und der Staat war damit in gewisser Weise eine Gemeinschaft* (oder behauptete zumindest, eine solche zu sein). In diesem Falle waren die Bürger dem Staat verpflichtet, weil sie zu seiner Identität gehörten, so, wie seine Identität Teil der ihren war.

So wurzelte die Gehorsamspflicht nun nicht mehr nur in der Angst vor dem Chaos, sondern in der Identität. Das war jedoch ein viel höherer Anspruch. Es war, als ob – in Kants Terminologie – die Pflicht dem Staat gegenüber nun nicht mehr nur eine Rechts-, sondern eine Tugendpflicht wäre, als könne der Staat nun in Beziehung zu der von Luther für schützenswert erachteten inneren Seele mit ihrem Glauben, ihrer Liebe und Treue in Beziehung treten, als wäre der Staat nunmehr auch jener „andere", der gemäß dem kategorischen Imperativ wie ein vernünftiges Individuum als Zweck und nicht nur als Mittel zu behandeln sei. Wohin das führen konnte, werden wir in den folgenden drei Kapiteln erörtern. Aber wir wissen bereits, wo der Weg zur Einheit endete: im Bunker von Berlin.

Bevor wir nun diesen Weg weiterverfolgen, sei noch auf etwas verwiesen, was im Hinblick auf das Pflichtgefühl in all seiner Stärke und Brüchigkeit so typisch deutsch ist. Es geht nicht auf Luther zurück, sondern entstammt einer älteren Quelle. Die Deutschordensritter, deren Reich später in Ostpreußen aufging, schworen einen feierlichen Eid, Gott und ihrem Hochmeister gehorsam zu sein. Der Eid hatte folgenden Wortlaut:

> Ich gelobe und verspreche Keuschheit des Leibes, ohne Eigentum zu leben und Gehorsam Gott und Sankt Marien sowie dem Meister des Ordens vom deutschen Haus und seinen Nachfolgern nach der Regel und der Gewohnheit des Ordens des deutschen Hauses, und dass ich gehorsam sein will bis in den Tod.

Als Herzog Albrecht 1525 den Ordensstaat säkularisierte, ließen sich viele Ritter dauerhaft in Preußen nieder. Es waren die Vorfahren der späteren lutherischen Junker. Vielleicht überlebte etwas vom Ethos dieses Ordens auf neue Art in der Junkerklasse, die das politische Leben des preußischen Staats und damit auch des späteren Kaiserreichs beherrschte und zudem dort wie auch im „Dritten Reich" einen Großteil der militärischen Führungsschicht stellte. Etwas mehr als 400 Jahre nach dem Ende des Ordensstaats sorgte Hitlers Reichswehrminister Werner von Blomberg, ein pommerscher Junker, dafür, dass alle Wehrmachtssoldaten Hitler einen persönlichen Treueeid schworen, dessen Wortlaut an den der Deutschordensritter gemahnt:

Ich schwöre bei Gott diesen heiligen Eid, dass ich dem Führer des deutschen Reiches und Volkes, Adolf Hitler, dem Oberbefehlshaber der Wehrmacht, unbedingten Gehorsam leisten und als tapferer Soldat bereit sein will, jederzeit mein Leben einzusetzen.

Macht und Einfluss dieses Eides leiteten sich aus dem her, was tief in der deutschen Seele verwurzelt war. Viel zu viele sahen sich durch ihn gebunden, was deutlich wurde, als das „Dritte Reich" dem Abgrund entgegeneilte. Es war ein besonderer deutscher Weg, auf dem das tief verwurzelte Pflichtgefühl dafür sorgte, dass er bis zum bitteren Ende gegangen werden konnte. *Die verdammte Pflicht und Schuldigkeit** ...

Aber mit diesem Pflichtgefühl lässt sich die Richtung des Weges nicht erklären; dafür müssen wir jenes andere hervorstechende Merkmal der deutschen Identität betrachten, das sich im 19. Jahrhundert entwickelte. Es war dies das Bewusstsein historischer Bestimmung, das zur Einheit trieb und durch sie wiederum genährt wurde und das auf je unterschiedliche Weise im 19. Jahrhundert seinen Ausdruck in den Schriften von Denkern, Dichtern und anderen einflussreichen Persönlichkeiten fand. Als das Kaiserreich die europäische Bühne betrat, lebte dieses Bewusstsein sichtlich auf und gab dem Pflichtgefühl einen neuen und schicksalhaften Bezugspunkt. Im nächsten Kapitel erörtern wir diese Vision, die so viele Menschen begeisterte, bevor sie zum Albtraum wurde.

4. Germania erwacht

Nachdem wir der „verdammten Pflicht" ins Auge geschaut haben, sehen wir uns nun das Bewusstsein nationaler Bestimmung an, von dem das wilhelminische Deutschland geprägt war. Zunächst allerdings ist darauf hinzuweisen, dass es ein vergleichbares Bewusstsein auch in anderen Ländern gab. Die Briten waren von ihrer imperialen Bestimmung überzeugt, die russischen Nationalisten träumten vom Panslawismus und die Vereinigten Staaten waren durchdrungen vom Glauben an ihre *Manifest Destiny*, ihre Bestimmung, sich auf dem gesamten nordamerikanischen Kontinent auszubreiten. Und in der ersten Hälfte des 20. Jahrhunderts machte sich Japan mit fester Entschlossenheit daran, eine „großostasiatische Wohlstandssphäre" zu schaffen und zu beherrschen. Dergestalt war das Bewusstsein nationaler Bestimmung im vereinten und oberflächlich zuversichtlichen Deutschland weder ein Einzelfall noch untypisch für die Stimmung in vielen Nationen zur damaligen Zeit. Und nicht nur das Kaiserreich hatte das Gefühl, dass die früher auf den Plan getretenen Pfründenbesitzer ihm den Platz an der Sonne verweigerten – was ihm schwer zu schaffen machte. Japan ging es nicht anders, wie auch, in neuerer Zeit, China, und vielleicht auch Russland nach dem Zerfall der Sowjetunion. Die Mischung aus Groll und Selbstbehauptungswillen, die Deutschland vor dem Ersten Weltkrieg zur Schau trug, ist weder einzigartig noch unverständlich.

Dennoch war dieses Bewusstsein aus zwei Gründen etwas Besonderes und etwas Gefährliches. Zum einen war Deutschlands Identität auf eine Weise brüchig, wie es bei keiner anderen Nation damals und später der Fall war. Das soll nicht heißen, dass andere Nationen keine Identitätskrisen kannten, sondern dass Deutschlands Unsicherheit von anderer Art war. Manche Staaten waren in bestimmten Epochen ihrer Geschichte von Bürgerkriegen zerrissen: England im 17., die

Vereinigten Staaten im 19., Russland und China im 20. Jahrhundert. Nach den Traumata von Revolution und Napoleons Aufstieg und Fall wechselte Frankreich im 19. Jahrhundert zwischen Monarchie und Republik hin und her und wurde zwischendurch immer wieder von blutigen Aufständen erschüttert. Zudem durchlebten Großbritannien und Frankreich das, was man koloniale Identitätskrisen nennen könnte – Großbritannien in Irland und Frankreich in Algerien (und natürlich mussten beide Nationen, dazu Russland, mit dem Verlust des jeweiligen Imperiums fertig werden). Doch hatte nur Deutschland eine Geschichte, die so intensiv und beharrlich nach der Identität fragen ließ.

Dagegen war das Identitätsproblem von Österreich-Ungarn weit weniger verzwickt: Es war ein Staat vieler Völker und Kulturen, die keinen natürlichen Zusammenhang darstellten. Eher ließe sich Deutschlands innere Verletzlichkeit mit der Italiens vergleichen, und es ist kein Zufall, dass die italienischen Erfahrungen in der Zeit bis zum Zweiten Weltkrieg ein (allerdings leicht verzerrender) Spiegel der deutschen waren. Auch Italien war die Einheit durch den geschichtlichen Verlauf verweigert worden; auch Italien war häufiger von ausländischen Kräften (darunter auch deutschen) verwüstet worden. Allerdings hatte es nicht unter den religiösen und kulturellen Brüchen gelitten, die von den Unruhen und Aufständen des 16. und 17. Jahrhunderts verursacht worden waren (wenngleich die Existenz des Papsttums und der päpstlichen Staaten auch ihre ganz eigenen Probleme schuf).

Die besondere Fragilität der deutschen Identität wurde durch die Vereinigung nicht beseitigt; vielmehr zeigte die außerordentliche Weise, in der die Vereinigung zustande kam, wie viel Selbstzweifel sich hinter der pompösen Fassade verbargen. Wenn schon die italienische Identitätsschwäche und der daraus resultierende Minderwertigkeitskomplex sich als ziemlich problematisch und gefährlich erweisen sollten, wie viel mehr galt das dann für das viel größere, besser organisierte und stärker militarisierte deutsche Kaiserreich?

Der zweite Grund für die Besonderheit des deutschen Bewusstseins nationaler Bestimmung hängt mit dem ersten zusammen und liegt in dem von uns bereits angeführten starken Gefühl, Opfer zu sein. Großbritannien kannte so etwas nicht; vielmehr erschien es den europäischen Konkurrenten und den Nationalisten im Empire selbstbewusst bis zur Überheblichkeit. Auch Frankreich hatte, zumindest bis 1871, kein Opferbewusstsein. Und selbst danach gab es viele erregte Diskussionen darüber, welche Art von Staat das neue Frankreich sein sollte. Zudem fragte man sich voller Furcht, was Deutschland als Nächstes tun würde, und man hegte Rachegelüste für den Verlust von Elsass-Lothringen. Aber das war etwas ganz anderes als das Opfergefühl, das so tief im Gedächtnis der deutschen Bevölkerung verwurzelt war.

Wie wirklichkeitsbezogen war dieses Gefühl? Natürlich wäre es anachronistisch, schon vor der Epoche Luthers ein umfassenderes Streben nach nationaler Identität anzunehmen. Doch bereits zu dieser Zeit war das Reich unter dem Titel „Heiliges Römisches Reich Deutscher Nation" bekannt, und bereits damals vereinten die deutschen Territorien gemeinsame Beschwerden über eine verweltlichte und korrupte römische Kirche. Diese Kritik wurde in einem höchst einflussreichen Dokument mit dem Titel *Gravamina nationis germanicae* – Beschwerden der deutschen Nation – formuliert. 1458 vom Reichstag verabschiedet, stellte die Schrift fest, dass die Kurie in Rom von Franzosen, Spaniern und Italienern besetzt war, während Deutschland zahlte und draufzahlte, um die römische Dekadenz zu finanzieren. Später, als Luther die Überzeugung gewonnen hatte, dass der Bruch mit dem Papsttum unvermeidlich sei, veröffentlichte er 1521 eine seiner wichtigsten Schriften. Sie trug den Titel *An den christlichen Adel deutscher Nation.*

Allerdings sollten uns weder die *Gravamina* noch Luthers Schrift zu der Schlussfolgerung verleiten, dass es damals bereits eine deutsche Nation im Sinne des 19. Jahrhunderts gegeben habe. Diese Einschränkung gilt auch für die Zeit nach Luther. Wie verbreitet war, um ein Beispiel zu nennen, ein Bewusstsein deutscher Identität während des Dreißigjährigen Krieges? Wie verbreitet war damals ein Gefühl

des Zorns darüber, dass die deutschen Territorien der Willkür fremd-
ländischer Truppen ausgeliefert waren? Tatsache ist, dass die Identität
deutscher Territorien und Kultur noch im 18. Jahrhundert prekär
war: Das *Vaterland* konnte eher Preußen oder Sachsen als Deutschland sein.

Doch haben wir bereits gesehen, wie in Gryphius' bewegendem
Gedicht *Tränen des Vaterlandes* das Vaterland tatsächlich Deutschland als Ganzes ist. Und auch das Opfergefühl kommt klar zum Ausdruck: Gryphius' Zorn über „der frechen Völker Schar", die die deutschen Lande mit Plünderung und Zerstörung überzieht, ist nahezu
greifbar. Ein Jahrhundert später waren die Ereignisse durchaus nicht
aus dem Gedächtnis der Deutschen entschwunden, sondern hatten
an Intensität sogar noch gewonnen. Gegen Ende des 18. Jahrhunderts
äußerte sich Schiller in seiner *Geschichte des Dreißigjährigen Krieges*
(1792 veröffentlicht) sehr deutlich über das Wüten fremder Heere.
Ein langer Abschnitt beschreibt eindrucksvoll die auf dem Lande an-
gerichteten Zerstörungen, die Einäscherung von Städten und die
endlosen Leiden der gewöhnlichen Leute und erreicht seinen Höhepunkt in einem aufschlussreichen Kommentar:

> Alle diese Wunden schmerzten umso mehr, wenn man sich erinnerte,
> dass es *fremde* Mächte waren, welche Deutschland ihrer Habsucht auf-
> opferten und die Drangsale des Krieges vorsätzlich verlängerten, um
> ihre eigennützigen Zwecke zu erreichen.[10]

Im 19. Jahrhundert trat die Botschaft deutlich hervor: Eine ganze
Schar von Autoren erbaute ihre Werke auf dem Schutt des Krieges.
Zumeist beurteilten sie die Ereignisse aus der Sicht der damaligen
Protestanten (nicht aus der von Kaiser und Reich), auch weil es zu
der von Preußen bevorzugten „kleindeutschen"* Lösung des Vereini-
gungsproblems passte.

So verfügte Deutschland als Kaiserreich zwar über wachsende
wirtschaftliche und militärische Macht, fühlte sich dabei aber unsicher und ressentimentgeladen. So nahm die Tragödie Gestalt an,
begleitet von einer deutschen Kultur, die einerseits die aggressive Un-

sicherheit der nationalen Identität weiter nährte und ihr andererseits
– auf Wegen, die tief in die deutsche Seele führten – zu entkommen
suchte. Dieser Weg muss erkundet werden, weil er von universeller
Bedeutung ist. Denn Deutschland ist trotz der Traumata seiner Geschichte und des außergewöhnlichen moralischen und physischen
Zusammenbruchs von 1945 Erbe einer der größten, reichsten und
schöpferischsten Kulturen, die die Welt je erlebt hat. Dies alles macht
Deutschlands Selbstzerstörung nicht nur schreckenerregend, sondern zutiefst und dauerhaft mysteriös.

Wir können unserer Vergangenheit nicht entkommen. Dies gilt
für die Individuen – *the child is father of the man* (das Kind ist der
Vater des Menschen), um Wordsworths berühmten Vers aus „My
Heart Leaps Up" zu zitieren –, ob wir das nun mögen oder nicht.
Aber es gilt auch für Länder und Kulturen: Wir können den Baum
nicht entwurzeln und verpflanzen, weder durch revolutionären Eifer
(Frankreich 1789, Russland 1917, China 1949) noch nach einem Zusammenbruch, dessen Totalität nichts Bewahrenswertes übrig zu lassen scheint (Deutschland 1945 mehr noch als Japan im selben Jahr).
Mit der vergehenden Zeit treten manche Kontinuitäten stärker hervor, auch wenn solche furchtbaren Umwälzungen radikale Veränderungen bewirkten. Dies gilt für Deutschlands Kultur wie für jede andere. Es ist von grundlegender Bedeutung, dass das deutsche Wort
Kultur viel umfassender ist als der englische Begriff *culture*. Zur Kultur zählen nicht nur die Erzeugnisse menschlicher Kreativität – Kunst
und Architektur, Literatur, Philosophie, Musik –, sondern auch die
Wurzeln dieser Kreativität: spirituelle Instinkte, Weltsicht, Bildung
und Erziehung, die soziale Psychologie. In diesem umfassenden Sinn
hat die Kultur die Selbstwahrnehmung der Deutschen in jenen langen
Jahrhunderten geprägt, als es keine politische oder geografische Identität besaß.[11]

Im Mittelalter wurde die deutsche Kultur vielfach von französischen Quellen inspiriert. Insbesondere die Minnesänger*, die im
Hochmittelalter Lieder über die höfische Liebe schrieben und vor-
trugen, nahmen Themen auf, die von den Troubadouren der Provence

stammten. Allerdings gab es in jener Epoche eine große literarische Hervorbringung, die durchaus deutsche Wurzeln hatte und im 19. und 20. Jahrhundert von erheblichem Einfluss auf das deutsche Selbstverständnis sein sollte: das *Nibelungenlied**, das wahrscheinlich aus dem frühen 13. Jahrhundert stammt. Die Sage war während der Umbrüche des 16. Jahrhunderts dem kollektiven Gedächtnis entschwunden, wurde aber im 18. Jahrhundert wiederentdeckt und als deutsche *Ilias* gefeiert. Es sollte zur Quelle eines Mythos von Treue und Verrat werden, auf den man sich wiederholt im Kaiserreich und unter Hitler berief, als Deutschland der von seiner politischen Führung festgelegten Bestimmung folgte (mehr davon später). Und es wurde in der Bearbeitung von Richard Wagner – in Gestalt seines großen Opernzyklus *Der Ring des Nibelungen* – zum Erbe der Menschheit in der modernen Welt. Wir werden noch sehen, was dieses Meisterwerk uns über die deutsche Identität im 21. Jahrhundert zu sagen hat.

Als sich im 15. Jahrhundert der Renaissance-Humanismus nördlich der Alpen auszubreiten begann, gab er der deutschen Literatur und Kunst einen kräftigen Schub, was auch mit der Ausbreitung des Buchdrucks zusammenhing. Eines der wichtigen literarischen Zeugnisse der vorreformatorischen Zeit ist Sebastian Brants 1494 veröffentlichte Verserzählung *Das Narrenschiff*. Sie beschreibt die Reise einer Bootsladung voller Narren auf ihrem Weg zum Narrenreich „Narragonia". Diese bissige Satire wurde noch über die deutschen Territorien hinaus außerordentlich populär. Auch die bildende Kunst erfuhr einen Kreativitätsschub, für den vor allem drei Persönlichkeiten stehen – Zeitgenossen, deren Todesdaten nur drei Jahre auseinanderliegen. Da ist zum einen Matthias Grünewald, dessen traditionell-religiöse Einstellung in dem tief berührenden Isenheimer Altar (heute in einem Museum im elsässischen Colmar) seinen Ausdruck findet. Der Altar gehört zu den eindrucksvollsten Werken religiöser Renaissancekunst in Europa. Zum Zweiten wirkte damals der Holzschnitzer und Bildhauer Tilman Riemenschneider, dessen Gestalten, seien sie religiöser oder – in Form einfacher Menschen – weltlicher Provenienz, erstaunlich lebensecht wirken. Der bekannteste und sicher bedeutendste Künstler der nördlichen Renaissance war Albrecht Dürer, dessen umfangreiche Produktion an Malereien, Porträts und Holzschnitten ihn bereits in jungen Jahren reich und weit über Deutschland hinaus berühmt machte.

Doch war es Luther, der Deutschland eine neue und unverwechselbare Kultur* gab, deren Einfluss auf das künstlerische Schaffen bis heute fortdauert. Und während dieser Impuls nicht auf die lutherisch-protestantischen Regionen Deutschlands beschränkt blieb, gab es zugleich noch andere wichtige Einflüsse, namentlich des italienischen Barock, auf die religiöse Architektur und Musik des Katholizismus. Aber Luther sorgte für die Entwicklung der deutschen Sprache, in erster Linie durch seine Bibelübersetzung, die in Deutschland eine ähnlich feste literarische Größe darstellt, wie die 1611 veröffentlichte Version der King-James-Bibel (die *Authorized Version*) sie für England hat.[12] Luther war zudem ein versierter Hymnen- und Liederdichter und besaß ein gutes musikalisches Empfinden. Zu seinem bekanntesten Lied – *Ein feste Burg ist unser Gott* – dürfte er auch die Melodie komponiert haben. Viele Dichter und Komponisten nach Luther haben es sich zur Aufgabe gemacht, Lieder mit eingängigen Melodien für eine im Gottesdienst versammelte Gemeinde zu schaffen (genannt seien hier nur Heinrich Schütz und – vor allen und allem – Johann Sebastian Bach).

Nachdrücklich wies Luther auch auf den Wert von Bildung und Erziehung hin, damit die Menschen sinnvolle Lebensentscheidungen treffen konnten. Bald schon machte sich dieser Einfluss in allen kulturellen Bereichen und in allen deutschen Territorien bemerkbar. Viele bedeutende Intellektuelle – Schriftsteller, Philosophen, Wissenschaftler – wuchsen in einem lutherischen Pastorenhaushalt auf. Diese neue – spirituelle wie geistige – Energie war so überbordend, dass sie eine Universalität gewann, die weit über die deutschen Gebiete und die deutsche Sprache hinausreichte.

Der deutsche Beitrag zur Menschheitskultur war umfassend und vielseitig. In ihrer Gesamtheit wird sie von keiner anderen der großen eurasischen Kulturen übertroffen. In den Jahrhunderten seit Luther und vor allem seit dem 18. Jahrhundert hat sich in der Architektur, der Philosophie, der Wissenschaft und der Literatur ein erstaunlicher Schaffensreichtum angesammelt, und in der Musik ist Deutschlands Vorherrschaft bis heute unbestritten.

In den bildenden Künsten bewundern wir die Reichtümer des 16. Jahrhunderts in den Werken beispielsweise von Cranach d. Ä. und Holbein d. J., die Kunst der Romantik verkörpert beispielhaft Caspar David Friedrich im 19. Jahrhundert – die Expressionisten im 20. Jahrhundert. War diese Tradition auch nicht so reich wie die italienische, französische, spanische, holländische oder sogar englische Kunst, so ist sie an Intensität mit den anderen vergleichbar. In der Architektur stechen zunächst die himmelstrebenden Kirchen der norddeutschen Backsteingotik hervor, sodann die barocken Bauten Potsdams oder (jetzt hervorragend restauriert) Dresdens aus dem 18. Jahrhundert, dazu Kirchen wie Vierzehnheiligen oder die Wieskirche; im 19. Jahrhundert ließ der bayerische König Ludwig II., der unglücklich war, aber über einen exquisiten Geschmack verfügte, die Schlösser Neuschwanstein, Linderhof und Herrenchiemsee errichten, während Berlin von Karl Friedrich Schinkel zu monumentaler Größe ausgestattet wurde (Unter den Linden). In den 1920er-Jahren entstand in Dessau die Bauhaus-Bewegung (deren gesamtarchitektonischer Ansatz sich in der ganzen Welt verbreitete), und schließlich gibt es Hunderte von hübschen Marktplätzen und Landhäusern, die alle Zerstörungen der letzten Jahrhunderte überstanden haben. In vielerlei Hinsicht ist Deutschland eine Schatzkammer architektonischer Schönheiten.

In der Philosophie ist Frankreich die Heimat des Rationalismus (ungebrochen cartesianisch bis heute), während in Großbritannien der empiristisch-pragmatische Utilitarismus zu Hause ist (mit John Locke und David Hume als den herausragenden Vertretern). Deutschland aber ist das Land der Metaphysik und der Systeme. „Ich bin, also denke ich" – die Umkehrung von Descartes' berühmtem Satz – erfasst eine Eigenart des deutschen Denkens, die noch im

21. Jahrhundert bedeutsam ist. Während Kant unleugbar den stärksten und nachhaltigsten Einfluss auf das deutsche Denken seit Luther besaß, dürfen Hegel, Schopenhauer, Marx, Nietzsche, vielleicht auch – umstritten, wie er ist – Heidegger und, in neuester Zeit, Jürgen Habermas nicht übersehen werden. Bei unserer Verfolgung des deutschen Wegs bis in die Gegenwart werden wir an verschiedenen Punkten auf die Rolle der Philosophie in der Entwicklung des deutschen Bewusstseins und Identitätsgefühls zurückkommen.

Die Wissenschaften sind ein weiterer Zweig am Baum der deutschen geistigen Schöpferkraft, dessen Früchte für jedermann greifbar sind. Deutschlands Einfluss machte sich in der Anthropologie, der Archäologie, der klassischen Altertumswissenschaft sowie in der Theologie und der Geschichtsschreibung geltend. Es brachte im 19. Jahrhundert einen erheblichen Anteil führender Köpfe in der Mathematik und den Naturwissenschaften – Physik, Chemie, Medizin, Metallurgie, Biologie – hervor und nutzte die Grundlagenforschung für die Industrieproduktion effektiver als jedes andere Land der Welt. Ein Jahrhundert später ist die industrielle Maschine der deutschen Wirtschaft immer noch eine der leistungsfähigsten weltweit und die bei Weitem stärkste in Europa. Auch hat sich Deutschland systematischer als jedes andere Land mit dem sozialen Wandel auseinandergesetzt, der die Erfahrungen der Moderne unter dem Einfluss der industriellen Revolution transformiert. Deutschland war führend beteiligt an der Entwicklung neuer wissenschaftlicher Disziplinen wie Soziologie und Psychologie. Vieles von dem, was wir heute an unserer Lebensweise und der Art, darüber zu denken, für selbstverständlich halten, verdanken wir deutschen Forschern des 19. und frühen 20. Jahrhunderts.

Die deutsche Literatur ist ein weiterer blühender Zweig des kulturellen Seelenlebens. Die Romantik war ein englisches, später auch französisches Kulturphänomen, gelangte aber in Deutschland zu einer besonders intensiven Tonalität. Dort ist die Literatur seit dem späten 18. Jahrhundert von rastloser Aktivität erfüllt, in die sich bisweilen ein Gefühl böser Vorahnung zu mischen schien. „Im Anfang war die Tat"*, ruft Faust aus, als er sich mit der Übersetzung der ersten Worte des Johannesevangeliums beschäftigt und schließlich die Welt der Worte, Ideen und Bücher verwirft, um mit dem Teufel auf eine wüste Reise zu gehen und dabei ganz andere Erfahrungen zu machen. In mancher Hinsicht ist Faust so sehr Durchschnittsmensch wie Archetyp des Deutschen – doch der Held, der handelt (und sich bisweilen dabei selbst zerstört), steht bei Goethe, Schiller oder Kleist häufig im Mittelpunkt und ist auch (zunehmend in urbanen, proletarischen und oftmals antiheroischen Verkleidungen) in der Literatur des 20. Jahrhunderts bei Heinrich Mann, Hermann Hesse, Alfred Döblin oder Hans Fallada zu finden – und zwar so häufig, dass er als ein Leitmotiv des deutschen Selbstverständnisses gelten muss.

Die Musik – ein weiterer Bereich menschlicher Kreativität – ist bis heute eine von Deutschen beherrschte Welt. Mehr als jeder anderen Kunstform haben die Deutschen der Musik die Kraft zugesprochen, etwas vom innersten deutschen Wesen auszudrücken. In einer Zeit wachsenden deutschen Einheitsstrebens bezeichnete der Historiker Johann Gustav Droysen 1846 die Musik als „deutscheste Kunst". Sie war der reinste Ausdruck von Deutschlands kultureller Tiefe, seiner welthistorischen Bedeutung und Kraft, die *condition humaine* zu berühren.[13] E. T. A. Hoffmann bezeichnete Beethovens Fünfte Sinfonie als „absolute Musik". Die ihrem Wesen nach romantische Vorstellung, dass die Musik den menschlichen Geist in das Absolute hineinziehen könne, unterstrich das Selbstverständnis der Deutschen, sie seien ein Volk der Musik – oder gar *das* Volk der Musik, das bis ins 20. Jahrhundert hinein (und vielleicht noch darüber hinaus) wirkte. Von Bach bis weit ins 20. Jahrhundert hinein (Richard Strauss' *Vier letzte Lieder* beispielsweise datiert von 1948) bleibt die Verzauberungsmacht deutscher Musik ungebrochen (wir werden uns später mit der Frage beschäftigen, ob diese Kreativität noch lebendig ist). Natürlich gibt es noch weitere große Traditionen – die italienische, russische, englische, französische Musik –, doch ist keine so reich, vielfältig und in ihrer Resonanz so universell wie die deutsche.

Alles dies rundet sich zum Bild der deutschen Kultur, wie sie sich

bis zur Mitte des 20. Jahrhunderts entwickelte: in der deutschen Sprache verwurzelt und zugleich reich und vielfältig, mit deutlich sicht-
baren protestantischen wie katholischen Einflüssen (vor allem in Architektur und Musik) und mit den bemerkenswerten Beiträgen
jüdischer Deutscher in allen Bereichen: mit Moses Mendelssohn in
der Philosophie, seinem Enkel Felix Mendelssohn-Bartholdy sowie
Gustav Mahler und Arnold Schönberg in der Musik, Heinrich Heine
in der Literatur, Max Liebermann in der Malerei – um nur einige
Beispiele zu nennen.

Wo finden sich in all diesem nun die Einflüsse, aus denen sich im
19. Jahrhundert ein wachsendes Bewusstsein nationaler Bestimmung
nährte?

Beginnen müssen wir mit der von Luther bewirkten kulturellen
Revolution. Philosophisch gewann Luthers Weltsicht (samt ihrer
Lehre von den zwei Reichen) mit dem Aufstieg Preußens im 18. Jahrhundert zunehmend an Einfluss. Zwar dienten Luthers Anschau-
ungen der Kritik an den institutionellen Ansprüchen der katholischen Kirche, wie sie zugleich die Forderungen der Fürsten
unterstützen sollten, doch waren die praktischen Implikationen der
Zwei-Reiche-Lehre dem Geist nach katholischen Herrschern des
18. Jahrhunderts durchaus nicht fremd. Wie ihre protestantischen
Kollegen wollten sie die institutionalisierte Kirche in praxi untergeordnet und politisch einflusslos halten. Aber Luthers Lehre machte
auch das Seelenleben des Individuums zur Privatsache, was einer im
späten 17. Jahrhundert beginnenden europäischen Geistesbewegung
einen spezifisch deutschen Impetus verlieh, dessen Wirkung auf das
geistige Leben – auf die Kultur* – Deutschland unwiderruflich verändern sollte: die Aufklärung.

In gewissem Sinne sind wir alle Kinder der Aufklärung. Ihre Ursprünge liegen in der Renaissance und im christlichen Humanismus,
die zu Luthers Zeit das geistige Klima bestimmten. In der zweiten
Hälfte des 17. Jahrhunderts gewann die Bewegung an Kraft, während
die von der Reformation ausgelösten religiösen Leidenschaften und
konfessionellen Streitigkeiten allmählich schwächer wurden. In Eu-

ropa breitete sich die optimistische Sichtweise aus, dass es mithilfe der Vernunft gelingen werde, die menschheitlichen Probleme und Bedürfnisse in den Griff zu bekommen. In Deutschland fand die Aufklärung ihre besondere Gestalt in der Philosophie Kants. Die französische Aufklärung war politisch radikaler (bis hin zum Revolutionären) und antiklerikal, die englische und schottische Aufklärung war liberal und stark an wirtschaftlichen Fragen interessiert, die deutsche Aufklärung aber war zugleich metaphysischer und eher mit dem Absolutismus vereinbar. Wir haben gesehen, wie Kant auf Luthers Umgang mit Gnade und Erlösung antwortete: Man trifft seine eigenen Entscheidungen innerhalb der Grenzen dessen, was man weiß, an was man glaubt und wie man sein Leben führt.

In diesem Falle aber stellte sich die Frage nach dem Engagement: Wofür kann man sich einsetzen, wenn es keine nachweisbaren metaphysischen Gewissheiten mehr gibt? Das ließe sich als post-aufklärerische – oder post-lutherische und post-kantische – Frage bezeichnen. Sie stellt sich heute so unabweisbar wie damals, und wir werden noch auf die mit dieser Frage im beginnenden 21. Jahrhundert verknüpfte „German angst" zurückkommen.

Im 18. und 19. Jahrhundert gab es in Deutschland unterschiedliche Antworten auf diese Frage. Eine der möglichen Antworten war religiöser Provenienz – vor allem der in den protestantischen Regionen beheimatete Pietismus stellte den persönlichen Glauben und das damit verbundene Engagement in den Mittelpunkt. Der Pietismus hatte viel mit den Erweckungsbewegungen in anderen protestantisch geprägten Ländern gemeinsam: In England und Amerika gab es vergleichbare Impulse. Aus der Perspektive der säkularisierten Jetztzeit lässt sich die Kraft solcher Bewegungen leicht unterschätzen. In Deutschland breitete sich der Pietismus in der zweiten Hälfte des 17. Jahrhunderts als Ausdruck einer Sehnsucht nach persönlicher Heiligung aus und kann in vielerlei Hinsicht als Reaktion auf die Verknöcherung der offiziellen lutherischen Kirche gesehen werden.

Aber Pietismus bedeutete nicht nur Rückzug aus der Welt. Ab dem späten 17. Jahrhundert entwickelte er ein starkes Ethos der Zukunftshoffnung. Das geschah vor allem durch Philipp Jakob Spener, einen brillanten Theologen, dessen Schriften von erheblichem Einfluss auf eine ganze Generation protestantischer Glaubenserneuerer waren. Die vom Pietismus verbreitete Hoffnung nährte sich aus der Erwartung des kommenden tausendjährigen Reiches Christi. Getreu der in den Evangelien geschilderten Praxis Christi, seine Lehre zu verbreiten, wurde die Erwartung zum Motiv für Reformprogramme, in deren Mittelpunkt das Werk von August Hermann Francke an der Universität zu Halle stand, deren Gründung auf das Wirken Speners zurückgeht. Francke richtete in Halle ein Waisenhaus und Schulen ein und sorgte auch für eine theologische Ausbildung nach pietistischen Prinzipien in Deutschland und anderen Ländern. Sehr bekannt sind auch die vom Grafen von Zinzendorf gegründeten Herrnhuter Brüdergemeinden, deren Modell sich außerhalb von Deutschland vor allem in Nordamerika verbreitete, wo sie bis heute, z. B. in Pennsylvanien, tätig sind (sie heißen dort „Moravian Church").

In einigen Fällen wurde der Pietismus durch mystische Vorstellungen angereichert, die mit außerbiblischen Quellen der Mystik (wie etwa Lehren auf Grundlage der jüdischen Kabala) in Zusammenhang standen. Allen diesen religiösen Erfahrungen war ein Streben nach innerer Erfüllung gemeinsam: ein persönliches Engagement, das – um sich einer zeitlosen Wendung des englischen Dichters T. S. Eliot zu bedienen – nicht weniger kosten würde als alles.[14] Der Einfluss auf die deutsche Kultur war immens und reichte weit über diejenigen hinaus, die sich persönlich dem Pietismus verpflichtet fühlten. Besonders stark war die Bewegung in Ostpreußen, wo die Pietisten mit der Unterstützung von Friedrich Wilhelm I. ein umfassendes Schulsystem auf der Grundlage der allgemeinen Volksschulpflicht einführten, Unterkünfte für die Armen schufen und die theologische Fakultät an der Universität von Königsberg leiteten. Auch Kant war von den pietistischen Theologen, die er kannte und schätzte, beeinflusst. Pietisten waren auch in der Armee als Feldkaplane tätig. Sie sorgten bei den Soldaten und Offizieren für ein starkes Gefühl des Berufenseins und förderten Disziplin und Pflichtbewusstsein. Dieses Ethos sorgte für Verhaltensformen im Militär wie auch in der Bürokratie, die bis ins 20. Jahrhundert fortwirkten.

Allerdings blieb der Pietismus immer Sache einer sich berufen fühlenden Minderheit und gelangte nie ins Zentrum des kulturellen Lebens in Deutschland. Denn trotz aller spirituellen Intensität und der Verpflichtung zu sozialem Handeln blieb er dem rationalistischen Forschungsgeist der Aufklärung fremd, also jenem Geist, der das intellektuelle Klima bestimmte. Eine Rückkehr zu voraufklärerischen Glaubenswahrheiten und metaphysischen Gewissheiten würde es nicht geben.

Im 19. Jahrhundert dann wurde das Vernunftdenken der Aufklärung selbst wieder infrage gestellt, vor allem durch die romantische Bewegung; und auch der pietistische Mystizismus war von nicht geringer Wirkung auf das deutsche Denken. In diesem Zusammenhang sind zwei pietistisch beeinflusste Persönlichkeiten zu nennen, die für Deutschlands wachsendes Bewusstsein nationaler Bestimmung von Bedeutung waren: Friedrich Hölderlin und, wichtiger noch, Georg Wilhelm Friedrich Hegel. Nichtsdestoweniger war die romantische Reaktion auf und gegen den Rationalismus der Aufklärung großenteils weit entfernt von dem, was man als orthodoxen christlichen Glauben bezeichnen könnte. In dieser Hinsicht unterschieden sich die Romantiker grundlegend von den Pietisten. Trotzdem gab es einige Künstler, die von einer mystisch aufgefassten Romantik in ein orthodoxes Christentum hinüber- (oder zurück)glitten, das häufig genug katholischer Provenienz war. (Der Katholizismus war keineswegs rationalistischer als der protestantische Pietismus, bot den Überläufern aber die Wärme von „Mutter Kirche" – etwas, was der Protestantismus seinem Wesen nach nicht bereitstellen konnte.)[15]

Überhaupt hatten christliche Theologie und Praxis ihre führende Rolle verloren. Der Theologe und Philosoph Friedrich Schleiermacher veröffentlichte sein zweibändiges Werk *Der christliche Glaube nach den Grundsätzen der evangelischen Kirche im Zusammenhange dargestellt* in den 1820er- und 1830er-Jahren. Für ihn war die Religion ein Gefühl absoluter („schlechthiniger") menschlicher Abhängigkeit von Gott und das Christentum Ausdruck dieser Abhängigkeit, nicht aber eine objektive metaphysische oder gar historische Wahrheit. Im weiteren Verlauf des 19. Jahrhunderts traten dann utopische Vorstellungen in den Vordergrund, vorgetragen von eher politischen Evangelisten.

Bei Ausbruch des Ersten Weltkriegs waren nur wenige kreative Intellektuelle in führenden kirchlichen Positionen zu finden oder mit einer Weiterentwicklung der Theologie beschäftigt. Dagegen war das Alltagsleben mancher gewöhnlicher Christen noch von pietistischer Frömmigkeit geprägt, und auch Leute in Führungspositionen hingen ihr an (wie es bisweilen heute noch der Fall ist). Der Einfluss des Pietismus machte sich besonders im preußischen Militär bemerkbar: Alfred von Schlieffen, Schöpfer des bekannten „Schlieffen-Plans", der bei Anbruch des Ersten Weltkriegs in die Tat umgesetzt wurde, war ebenso ein Anhänger des Pietismus wie manche der Verschwörer vom 20. Juli 1944.

Doch in intellektueller Hinsicht dominierten Philosophen und Dichter, nicht die Theologen. Als der junge Dietrich Bonhoeffer, der in seinem kurzen Leben einer der bedeutendsten deutschen Theologen wie auch ein mutiger Widerstandskämpfer gegen Hitler werden sollte, seiner hochgebildeten Familie verkündete, dass er die Laufbahn eines Pastors einschlagen wolle, reagierte die mit völligem Unverständnis darüber, dass er sein Licht so unter den Scheffel zu stellen gedenke.

Denn ab dem 18. Jahrhundert wurden – nicht nur in Deutschland – ganz andere Wege erkundet, um jenseits der tradierten metaphysischen Gewissheiten spirituelle Wurzeln zu entdecken.

Ein Weg war die Wiederentdeckung des antiken Erbes von Griechenland und Rom. Im Verlauf des 18. Jahrhunderts pilgerten immer mehr Menschen von hoher Bildung und Geburt nach Italien – von den englischen *milordi* bis zu den deutschen Adligen und Wissenschaftlern. Zu ihnen gehörte Johann Joachim Winckelmann, der Sohn eines Schuhmachermeisters. Er fand Unterstützung durch den sächsischen Kurfürsten (König von Polen) Friedrich August II. und konnte dann Rom besuchen, wo er einige Jahre damit zubrachte, die Ruinen und Schätze der griechischen und römischen Zivilisation zu erforschen. 1764 erschien sein Meisterwerk: *Die Geschichte der Kunst des Alterthums*, das weit über Deutschland hinaus ein großer Erfolg wurde.

Rom war bereits für die christlichen Pilger ein herausragendes Ziel gewesen – Luther hatte Rom besucht und sich über die Weltlichkeit und Verderbtheit des Papsttums aufgeregt. Andere gingen leichtfüßiger durch die Straßen und bewunderten die Sehenswürdigkeiten, den Glanz und vielleicht auch das südliche Licht. Aber Winckelmann öffnete die Tore zur Welt des alten Roms, dessen Zeugnisse einstiger Größe überall in der Stadt zu finden waren. Und dann war da auch noch Griechenland. Die klassischen Orte selbst lagen zu weit entfernt (zudem herrschten dort noch die Osmanen), aber die Überreste griechischer Zivilisation in Süditalien bezauberten alle, die die weite Reise wagten. Auch Johann Wolfgang von Goethe ließ sich auf eine Liebesaffäre mit der Antike ein. Wie neu und aufregend das alles damals war, können wir heute kaum noch nachvollziehen; Reisen ist für uns Gewohnheit und Annehmlichkeit, und was uns vertraut ist, wurde im 18. Jahrhundert zum ersten Mal wahrgenommen.

Wie überaus stark Goethe beeindruckt war, lesen wir in seiner *Italienischen Reise*, dem Bericht über seinen Aufenthalt in Italien. Und in seinem zweiten Roman – *Wilhelm Meisters Lehrjahre* – verleiht er der Sehnsucht nach dem Licht und der Wärme Italiens in einigen der berühmtesten Verse deutscher Dichtung Ausdruck (sie wurden so sehr zum Klischee wie, nun ja, Wordsworths Gänseblümchen). Mignon, das so seltsam hermaphroditische Mädchen aus einem Zirkus, singt Wilhelm Meister ein Lied vor, dessen erste Strophe lautet:

> Kennst du das Land, wo die Zitronen blühn,
> Im dunkeln Laub die Gold-Orangen glühn,
> Ein sanfter Wind vom blauen Himmel weht,
> Die Myrte still und hoch der Lorbeer steht,
> Kennst du es wohl?

Dahin! Dahin
Möcht ich mit dir, o mein Geliebter, ziehn!

Doch hinter der Antikenbegeisterung stand eine durchaus ernste philosophische, wenn nicht gar metaphysische Frage: Was haben uns all
diese uralten Geschichten von Göttern und Menschen über das Wesen der Welt und der menschlichen Erfahrung zu sagen? War die
Antike ein Paradies, das wir verloren und verlassen haben? Könnten
und sollten wir entdecken, dass wir in dieser antiken Zivilisation verwurzelt sind? Können wir von ihr mehr über das Gute, Wahre und
Schöne lernen als von der ermüdeten und vertrockneten christlichen
Kultur Nordeuropas?

Manche liebäugelten zweifellos damit und wollten angesichts der
entmystifizierenden Ära der Aufklärung in den antiken Mythen eine
so alte wie neue Inspiration für die Menschheit sehen. Der Unterschied zwischen dem blassen Licht des Nordens und dem starken
und warmen Licht des Südens war in geistiger Hinsicht der Unterschied zwischen einer strengen und rigiden, durch mittelalterliche
wie reformatorische Metaphysik und Lehre geschwächten Kultur
und der ästhetisch gesättigten Erfahrung klassischer Antike. Schillers
Gedicht *Die Götter Griechenlands* (hier die erste Version von 1788)
gibt dem Verlust beredten Ausdruck:

> Da ihr noch die schöne Welt regieret
> An der Freude leichtem Gängelband
> Glücklichere Menschenalter führtet,
> Schöne Wesen aus dem Fabelland!
> Ach! da euer Wonnedienst noch glänzte,
> Wie ganz anders, anders war es da!
> Da man deine Tempel noch bekränzte,
> Venus Amathusia!

Natürlich wusste oder ahnte man, dass die Vergangenheit vergangen
war. Griechenland und Rom waren eine Schatz- und Fundgrube für
Motive in Kunst, Architektur und Literatur, doch boten sie keine
Antwort auf Fragen der Sinnsuche im Zeitalter nach der Aufklärung.

Fast 40 Jahre nach Schiller schreibt Heinrich Heine unter demselben Titel *Die Götter Griechenlands* (aus dem Zyklus *Die Nordsee*) ein thematisch verwandtes, aber eher geistertraumhaftes Gedicht mit der für ihn so typischen Dosis Satire. Doch verweist er zugleich auf eine andere Art der Wahrheitssuche, die romantische Suche nach Bedeutung in der Natur:

> Vollblühender Mond! In deinem Licht,
> Wie fließendes Gold, erglänzt das Meer,
> Wie Tagesklarheit, doch dämmrig verzaubert,
> Liegts über der weiten Strandesfläche,
> Und am hellblauen, sternlosen Himmel
> Schweben die weißen Wolken,
> Wie kolossale Götterbilder
> Von leuchtendem Marmor.
> […]
> Also sprach ich, und sichtbar erröteten
> Droben die blassen Wolkengestalten,
> Und schauten mich an wie Sterbende,
> Schmerzenverklärt, und schwanden plötzlich.
> Der Mond verbarg sich eben
> Unter Gewölk, das dunkler heranzog;
> Hochaufrauschte das Meer,
> Und siegreich traten hervor am Himmel
> Die ewigen Sterne.

Nicht nur in Deutschland verkündeten die Romantiker, dass eine Kunst, die das Geheimnis der Natur feierte und mit Ehrfurcht die Präsenz des Erhabenen wahrnahm, den Menschen begreiflich machte, sich selbst als Teil dieses Umfassenderen zu sehen. Solche Kunst könnte zur neuen Religion werden und den menschlichen Geist für das Schöne und Erhabene empfänglich machen, damit er sich mit sich versöhnen könne – so jedenfalls argumentierte Schiller in seinen ästhetischen Schriften. In den zwei Jahrzehnten nach der Französischen Revolution blühte die Romantik auf. Die deutsche Bewegung hatte viel mit ihrem englischen Pendant gemein, so etwa das starke

Empfinden, dass Macht und Schönheit der Natur Zeichen seien für das Tor zum Göttlichen – oder gar dieses selbst. Besonders eindrucksvoll findet sich dieser Zusammenhang in den Schriften von Hölderlin und Novalis, wie englischerseits von Wordsworth und Coleridge (die beide 1798 Deutschland bereisten). Doch in Deutschland war die romantische Bewegung ungleich stärker als in Großbritannien oder Frankreich in eine Philosophie eingebunden, die sich mit dem Verhältnis des Ich zum Anderen und zum Wesen des Absoluten, dem das Ich als Element angehörte, auseinandersetzte.

Wohl kein Poet jener Zeit hatte diese Identität von Mensch und Natur so sehr in den Mittelpunkt seines Denkens und Dichtens gerückt wie Friedrich Hölderlin, der, wie bereits erwähnt, vom Pietismus beeinflusst war. Er schrieb intensive, sprachlich kühne Gedichte, die seiner Zeit weit voraus waren und in manchem die Poesie des 20. Jahrhunderts vorwegnahmen. Ihm wurde das griechische *hen kai pan* – Eins-und-Alles, das Eine in Allem – zum Leitwort. *Hen kai pan* – danach strebte die Kunst, und das war auch die einzige Antwort auf die Frage nach dem Sinn. Tragischerweise erkrankte Hölderlin in der Mitte seines Lebens an einer Art von Schizophrenie und lebte die fast vier Jahrzehnte bis zu seinem Tod in einem Turm, der noch heute in Tübingen am Neckar steht. Ab und zu besuchten ihn einige seiner früheren Freunde, und erst nach seinem Tod geriet seine Dichtung allmählich ins Blickfeld und wurde zunehmend höher geschätzt. Hölderlins Größe als Dichter ist unbezweifelbar, doch sein Schicksal scheint symbolisch für ein Versagen zu stehen – für das Ende einer Suche nach dem ultimativen Sinn, nach einer Art von Religion in der Kunst.

Tatsächlich waren diese jungen Idealisten vom Alltagsleben im neuen, dem 19. Jahrhundert so abgeschnitten wie ihre englischen Zeitgenossen. Am Ende führte die romantische Bewegung auf einem einsamen Weg immer tiefer in die inneren Gelasse der Seele. *Weltverwandlung durch Menschenverwandlung*[16] blieb für den Pietismus ebenso ein Wunschtraum wie auch für die Kunst. Die romantische Hoffnung sollte unerfüllt bleiben – vor allem, da sich nun unter dem

Einfluss beginnender Urbanisierung ein tief greifender sozialer Wandel vollzog. Von dem Bürgertum, das zunehmend die neue Leserschaft und das neue Publikum stellte, waren wohl nur wenige bereit, zum Gipfel des *hen kai pan* emporzuklimmen.

Der Aufstieg einer gebildeten, urbanen Bourgeoisie in Deutschland lässt sich auf Luthers Revolution zurückführen. Denn jenseits der Erneuerung des Seelenlebens war der lutherische Einfluss auf die deutsche Kultur* bahnbrechend, insbesondere durch seine Betonung schulischer Bildung. Sie rührte daher, dass Luther die Bibel – in Lektüre und Interpretation – möglichst vielen Menschen zugänglich machen wollte, sodass sie dazu befähigt würden, ihre eigenen Lebensentscheidungen zu treffen. Aber die schulische Bildung eröffnete, gerade nach der Morgenröte der Aufklärung, umfassendere Perspektiven. Im 18. Jahrhundert war Preußen der erste Staat in Europa, der die allgemeine Schulpflicht einführte. Der Schwerpunkt lag dabei in der Ausbildung der für den Militärdienst und für die Arbeit in einer zunehmend organisierten Gesellschaft im Frühstadium der Mechanisierung grundlegenden Fähigkeiten (wie auch in dem, was man das für das Leben in einer geordneten Gesellschaft notwendige Sozialverhalten nennen könnte). So sollte Bildung nicht nur zur *Kultur** hinführen, sondern auch in die *Zivilisation** einüben (ein sehr deutscher Ausdruck, teils ein Kampfbegriff, der Untertöne von Mechanisierung, Monetarisierung und Materialismus enthält). Die Zivilisation entstand zwangsläufig mit dem Beginn von Urbanisierung und industrieller Revolution. Künstler wie auch später völkische* Nationalisten verstanden die Zivilisation* als Abwertung echter Kultur*. Aber sie war nun einmal das unvermeidliche Produkt allgemeiner schulischer Bildung. Schließlich gehörte das Jahrhundert nach der Aufklärung nicht dem Künstler, sondern dem Ingenieur. Und auch das ist lutherisches Erbe.

Aber jeder Protestant, Aufklärer oder Romantiker begriff, dass technische Ausbildung für industrielle Tätigkeit keinen ganzheitlichen Menschen hervorbrachte, sondern eine spirituelle Leere hinterließ. Zudem weckte sie nicht ein Gefühl für oder Bewusstsein von

Gemeinschaft. Die Zivilisation* war (als Phänomen) niemals eindeutig (und weist heute vergleichbare Probleme auf, sowohl in einem von technischem Fortschritt besessenen Asien wie auch in einem Europa, das nicht recht weiß, wie es damit konkurrieren soll). Im 19. Jahrhundert geriet in Deutschland die Frage nach einer gemeinschaftlichen Identität schärfer in den Blick, nachdem und weil die politische Identität erreicht worden war. Eine alle vereinende Religion, die die spirituelle Lehre hätte füllen können, gab es nicht. Aber wie die gemeinschaftlichen Bande nicht durch den Glauben (oder individuelle religiöse Erneuerung) gewebt werden konnten, so erst recht nicht durch den autonomen Willen der kantischen Philosophie oder die romantische Feier des Erhabenen. Das war etwas für die geistige Elite, nicht aber für die entstehende Zivilisation*. Das Risiko bestand darin, dass die Leere von etwas anderem gefüllt werden könnte.

Vielleicht vom Sozialismus – sei es vom utopisch-visionären der russischen Anarchisten, der damals an Einfluss gewann, sei es der von Marx und Engels sogenannte wissenschaftliche Sozialismus, der auf der Analyse der in den ökonomischen Beziehungen wirkenden Kräfte beruhte. Marx war ebenso historischer Determinist wie ein von den Leiden und der Entfremdung, die er und Engels dokumentiert hatten, aufgewühlter Romantiker, aber auch ein prometheischer Optimist, der darauf setzte, dass dem Proletariat und seinen Bestrebungen die Zukunft gehörte. Doch das 20. Jahrhundert hat gezeigt, dass der Sozialismus, selbst wenn er siegt, die Menschen nicht für längere Zeit zu begeistern vermag, weil er sehr schnell in furchtbaren Terror oder seelentötende Bürokratie abgleitet. Ohnehin war die Aussicht, die Masse der Industriearbeiter sozialistisch inspirieren zu können, im Deutschland des 19. Jahrhunderts eher gering. Zum einen hatte Bismarck durch sein Sozialversicherungssystem dem revolutionären Furor der Arbeiterklasse die Zähne gezogen, und zum anderen war die Sozialdemokratische Partei, obwohl – oder vielleicht gerade weil – sie zur größten Partei im Reichstag anwuchs und damit zu politischer Bedeutung gelangte, zu institutionalisiert und bürokratisiert, um glaubwürdig als Agitatorin für radikale Veränderung eintreten zu können. Den Mainstream-Sozialismus ereilte das gleiche Schicksal wie es dem lutherischen Protestantismus beschert war.

Was für viele Menschen auf allen gesellschaftlichen Ebenen die Leere füllte, war ein wachsendes Bewusstsein der deutschen nationalen Bestimmung – die deutsche Kultur war, so empfand man es, von einem besonderen Reichtum, der in den alten deutschen Traditionen wurzelte. Die deutsche Identität betrat die Bühne der Welt mit einem besonderen Auftrag, und in der welthistorischen Evolution des menschlichen Geistes bahnte sich nun das deutsche Zeitalter an.

Für dieses Bestimmungsdenken sprudelten unterschiedliche Quellen. Zum einen begannen Historiker mit der systematischen Erforschung der Vergangenheit – der klassischen Zeit der alten Griechen und Römer wie auch der deutschen Vergangenheit von Arminius über das Hochmittelalter bis zur Reformation. Von grundlegender Bedeutung war dabei die Arbeit Leopold von Rankes, der seine Hauptwerke um die Mitte des 19. Jahrhunderts verfasste. Ranke war zeit seines Lebens ein frommer lutherischer Protestant. Seine Arbeit über Deutschland im 15. und 16. Jahrhundert begründete ein Narrativ über die sich herausbildende deutsche Identität, das entscheidend war für die damalige Suche nach einer deutschen Politik mit echter, mit historisch verwurzelter kultureller Legitimität.

Berühmt wurde Rankes Bestimmung der Aufgabe von Geschichtsschreibung: Sie solle, so sagte er, herausfinden, „wie es eigentlich gewesen"*. Das wird bisweilen missverstanden, so als wollte Ranke es der Geschichtsschreibung verwehren, zu interpretieren oder Werturteile zu fällen. Aber im Allgemeinen wird anerkannt, dass dergleichen weder wünschenswert noch möglich ist. Ranke verfolgte vielmehr das Ziel, historische Zeiten und Ereignisse so weit wie möglich gemäß ihrem Bewusstsein von sich selbst darzustellen – und vor allem ohne irgendwelche Annahmen à la Hegel über den Fortschritt in der Geschichte der Menschheit. Tatsächlich jedoch konzentrierte sich seine Erzählung über die Entwicklung der nationalen Identität der Deutschen darauf, die Auswirkungen einer unvollendet gebliebenen Reformation auf die deutsche Geschichte zu betrachten. Ranke sah die Geschichte durch das Prisma eines für das 19. Jahrhundert typischen Verständnisses nationaler Identität (und es war ein preußisch-protestantisches Prisma, kein österreichisch-katholisches).

Zum Zweiten manifestierte sich ein neu entdeckter Stolz auf die in deutscher Sprache sich verkörpernde Kultur – man besann sich auf die Tradition der Erzählungen von Mythen und Märchen. Auch dies war in gewisser Weise eine späte Auswirkung von Luthers kultureller Revolution. Als Ranke mit der Arbeit an seinen Hauptwerken beschäftigt war, hatte die Entdeckungsreise bereits begonnen. Wieder spielte eine pietistisch geprägte Persönlichkeit dabei eine entscheidende Rolle: Johann Gottfried Herder hatte in Königsberg bei Kant studiert, war aber mit dem kalten Rationalismus der Aufklärung nicht zufrieden. Er verließ auf der Suche nach dem anderen der Ratio die engen Grenzen ostpreußischer Strenge und gelangte auf Reisen über Paris und Straßburg schließlich nach Weimar und in eine Gedankenwelt, die ihn mit Schiller und Goethe zusammenbrachte. Herder beschäftigte sich eingehend mit der vorchristlichen Kultur und Literatur – mit dem Alten Testament, mit griechischen Mythen, mit nordischen und germanischen Sagen. Dazu kam seine Wertschätzung der Volkskultur, vor allem der Lieder und Balladen. Was er ausfindig machte, wurde zu einer Quelle der Inspiration für die Dichter des frühen 19. Jahrhunderts, insbesondere für Achim von Arnim und Clemens Brentano. Ihre Sammlung von Volksliedern wurde unter dem Titel *Des Knaben Wunderhorn* in drei Bänden von 1805 bis 1808 veröffentlicht und motivierte ihrerseits diverse deutsche Komponisten zur Vertonung, so etwa Gustav Mahler, der einige Gedichte für Zyklen und in Sinfonien verwendete.

Herder sah die alte und authentische deutsche Überlieferung vor allem in der Sprache verkörpert, was ihn auch zu einer Neubewertung der Rolle des Volkes führte. Die Stimme der gewöhnlichen Leute ließ eine Alltagsweisheit sprechen, die auf wirklicher Lebenserfahrung und der Verwurzelung in alten mythischen Wahrheiten beruhte. *Das Volk** – das war für Herder nicht einfach ein ungebildeter Pöbel, sondern das Wesen der Nation und der Schöpfer ihrer Kultur. Zwar suchten zu jener Zeit auch britische und französische Dichter und Künstler in der mittelalterlichen Überlieferung nach Inspirationen, doch lag der Unterschied darin, dass die Deutschen ihre Identität zum ersten Mal in umfassenderer Weise entdeckten – ein Erwachen, das voller geheimnisumwobener Möglichkeiten zu sein schien.

Zu denjenigen, die ein besonderes Gespür dafür hatten, gehörte Friedrich Hölderlin. Auch er wusste, dass die Religion der Antike – deren Wurzeln er im Tal des Indus sah – Vergangenheit war. Doch was die alten Götter symbolisierten, war auf mysteriöse Weise wirklich und suchte neue Formen der Inkarnation. Für Hölderlin war es Germania – der unschuldige, empfängliche, weibliche Geist, genährt von deutscher Erde –, die erwachen würde, um diese priesterliche Aufgabe zu übernehmen. In der großen Hymne „Germanien", geschrieben zu Beginn des 19. Jahrhunderts, entwirft er eine geheimnisvolle Bestimmung für Deutschland. Hier singt der Geist der alten Götter, verkörpert im Bild eines Adlers, der, von weither aus dem Südosten, vom Indus über den Parnassos gekommen, das Land überflogen hat, zum jungen, heranreifenden, weiblichen Geist Deutschlands:

Du bist es, auserwählt,
Alliebend und ein schweres Glück
Bist du zu tragen stark geworden,

Seit damals, da im Walde versteckt und blühendem Mohn
Voll süßen Schlummers trunkene, meiner du
Nicht achtetest, lang, ehe noch auch geringere fühlten
Der Jungfrau Stolz und staunten, wes du wärst und woher,
Doch du selbst es nicht wußtest. Ich mißkannte dich nicht,
Und heimlich, da du träumtest, ließ ich
Am Mittag scheidend dir ein Freundeszeichen,
Die Blume des Mundes zurück und du redestest einsam.
Doch Fülle der goldenen Worte sandtest du auch,
Glückselige! mit den Strömen und sie quillen unerschöpflich
In die Gegenden all.[17]

Dieser vielschichtigen, schwierigen (und nahezu unübersetzbaren) Dichtung widmete sich Martin Heidegger 1934, als er im „Dritten

Reich" eine prominente öffentliche Rolle hatte. Seine Interpretationen von Hölderlins Gedichten sind höchst umstritten und dienten vielleicht nur dazu, seine eigene komplexe Philosophie des Seins zu stützen. (Offen bleibt auch, ob Heideggers Verstrickung in den Nationalsozialismus sein philosophisches Werk automatisch diskreditiert, was viele Interpreten für gegeben halten.) Ungeachtet all dessen muss Hölderlins Gedicht im Kontext seiner Zeit und seiner eigenen Philosophie und Weltsicht gelesen werden. Für ihn war Dichtung das Medium, das die Wahrheit über die Einheit allen Seins aussprach; und Germania fiel die so priesterliche wie heikle, weil gefährliche Rolle zu, diese Wahrheit für die Zukunft weiszusagen und zu verkünden: mithin für ein Zeitalter, das die antike Welt hinter sich gelassen hatte und dem ohne eine neue Erfahrung des Göttlichen Verlorenheit drohte. *„Die Blume des Mundes"* ist die Gabe der Dichtung, die Sprache, die Göttliches und Sterbliches in eins fasst. Und es war Deutschlands Berufung, diese Sprache der *unio mystica* mit den anderen – „den Gegenden all" – zu teilen.

Aber Hölderlin war eine einsame Stimme in seiner eigenen inneren Wildnis. Sein als weiblich dargestelltes Deutschland geriet in starken Gegensatz zu einem *Deutschtum**, das zunehmend maskulin auftrat. Zur selben Zeit wie Hölderlin sahen auch andere, dass die Zukunft auf geheimnisvolle Weise Deutschland gehören würde – aber sie begriffen es anders, griffen nicht sein Ideal einer schöpferischen, harmonischen, priesterlichen, empfindsamen Rolle Deutschlands auf. Viele aber sahen für Deutschland ein spirituelles Engagement, einen Auftrag, eine Bestimmung vor, und diese Auffassung wuchs mit dem 19. Jahrhundert.

Die Idee einer deutschen Bestimmung erhielt zusätzliche Nahrung durch eine Auffassung der Weltgeschichte, die vieles der Philosophie Hegels verdankte, der mit Kant auf einen Sockel gehört. Eine Weile stand Hegel im Schatten anderer Theoretiker – insbesondere von Karl Marx –, doch hat er in den vergangenen Jahrzehnten für das Anerkennung gefunden, was er war, nämlich eine – oder *die* – grundlegende Alternative zu Kant, dessen Bedeutung für moderne Debatten über die Identitätspolitik in einer globalisierten Welt immer noch ungebrochen ist. Wo Kant sich über metaphysische Gewissheiten skeptisch äußerte und am vernünftigen, autonomen Individuum als Subjekt festhielt, schlug Hegel einen ganz anderen Weg ein. Er wollte den Schleier der Wahrnehmung von bloßen Erscheinungen beiseiteschieben, um zu einem Absoluten durchzudringen, das das individuelle Subjekt in einem größeren, allumfassenden Ganzen aufgehen ließ. Mit dieser Aufgabe stand er nicht allein. Als das Licht der Aufklärung schwächer zu werden begann, machten sich Dichter wie Hölderlin oder die Romantiker – insbesondere Novalis und Friedrich Schlegel – daran, die Einheit des Ganzen zu erfahren und ihr Ausdruck zu verleihen. Doch erst bei Hegel wurde das Absolute zum „Weltgeist", der sich in der Geschichte der Menschheit durch verschiedene Phasen hindurch verwirklichte.

Für Hegel war die Geschichte durch ein allfälliges Entwicklungsmuster bestimmt, das eine begriffliche Verwandtschaft zur christlichen Lehre von Sündenfall und Erlösung besaß: Es hatte ein Zeitalter der Unschuld gegeben, in der die Menschen in Einigkeit und Harmonie miteinander und mit ihrer Umwelt lebten; dem folgte der Sturz in der Erfahrung von Christentum und Aufklärung – Kants Zeitalter der Autonomie des Subjekts ohne Beziehung zu Gemeinschaft oder Natur. Die dritte und damit letzte Phase war jetzt im Gange: Aus der deutschen Kultur würde die Erlösung hin zu einer neuen und höheren Einheit erwachsen, die der Menschheit die wahre und wirkliche Freiheit bescherte. Hegel sah diese Geschichte nicht als reibungslosen, kontinuierlichen Fortschritt, sondern als konfliktreiche Entwicklung, in der Leiden und Übel notwendige Bestandteile darstellten. Dem Individuum fiel dabei die Aufgabe zu, dem umfassenden Ganzen zu dienen (das allerdings bisweilen eine ungemütliche Ähnlichkeit mit dem damals existierenden preußischen Staat annehmen konnte).

Zwar verblasste Hegels Ruhm in den Jahrzehnten nach seinem Tod, doch hatte er eine vielleicht endlose Debatte über Individualität, Gemeinschaft, Fortschritt, Staat und soziale Gerechtigkeit angestoßen, die angesichts des schnellen welthistorischen Wandels im 21. Jahrhundert nichts an Intensität oder Bedeutung verloren hat. Hegel gilt häufig als Apologet des Status quo und des preußischen Staats, doch wird man ihm damit nicht gerecht: Für ihn war die Geschichte ein alle menschlichen Zeitalter überspannender Prozess, der in eine universelle Erfahrung nie gekannten Ausmaßes münden würde. Dieser Prozess, versicherte er, war zu seiner Zeit bereits in sein Endstadium eingetreten, und das wäre das germanische Zeitalter.

Der hässliche Sozial- und Kulturdarwinismus mit seinen rassistischen Zügen, der sich im späteren 19. Jahrhundert lautstark Geltung verschaffte, war nicht auf Deutschland beschränkt und sollte fairerweise nicht Hegel angelastet werden (geschweige denn Herder oder Hölderlin). Aber Hegel verschaffte ihm eine philosophische Grundlage edelster Abkunft, und eine prononciert deutsche dazu. Schwer vorstellbar, dass Hegel im britischen Empirismus oder im cartesischen Rationalismus Frankreichs große Bedeutung erlangt hätte.

All dies vermischte sich, wie wir gesehen haben, mit einem Nationalbewusstsein, das sich als Opfer wähnte und begriff. So schießen unterschiedliche Fäden zusammen: Das Opferbewusstsein untermauert die in sich unsichere Aggressivität des Kaiserreichs. Hegels Begriff der historischen Bewegung wiederum untermauert das dem Reich innewohnende Bewusstsein nationaler Bestimmung. Und diese Bestimmung ihrerseits wird mit einem Pflichtbewusstsein in die Tat umgesetzt, das seine Ursprünge weit in der Vergangenheit sucht und vielleicht gar einen Widerhall in jenem Schwur der Ordensritter findet, der Treue bis in den Tod verspricht.

So also erwachte Germania zur Gedankenwelt des 19. Jahrhunderts. Das von ihr angeschlagene Thema war zutiefst unlutherisch (und noch mehr unkantisch), zugleich aber sehr deutsch. Viel verdankte es der romantischen Bewegung, die vom späten 18. bis ins 19. Jahrhundert florierte, und ihrem philosophischen Herrn und Meister Georg Wilhelm Friedrich Hegel. Dieses Erwachen nährte das, was dann als völkische* Bewegung des deutschen Geistes bekannt werden würde. Diese Bewegung war antiurban und feierte rückwärtsgewandte idealisierte Vorstellungen eines traditionellen Landlebens, wozu es deutliche Parallelen bei zeitgenössischen englischen Künstlern, Dichtern und Komponisten gab. Aber sie hatten keinerlei Bedarf an aggressiven nationalen Bestrebungen, die zuerst auf Einheit, dann auf Anerkennung im Konzert der Weltmächte bedacht waren (Großbritannien verfügte bereits über beides). Für Deutschland jedoch wurde dies im Verlauf des 19. Jahrhunderts zum Höllensturz des Romantizismus, auf dem das Selbstverständnis sich durch ein Terrain von Erinnerungen, Träumen und schließlich Albträumen fortbewegte, in denen es seinen Ausdruck fand. Doch davon berichtet ein späteres Kapitel.

Im Folgenden aber blicken wir zunächst auf das Selbstbewusstsein dieser erwachenden Germania. Denn daraus wurde schließlich das Erwachen des *Volkes** – oder, genauer, einer völkischen* Auffassung vom Volk* und seiner Identität – mit allen bedrohlichen Untertönen und der schrecklichen Verwirklichung am Ende.

5. Dem deutschen Volke

„*Wir sind ein Volk!*" – stand auf den Transparenten der Demonstranten während der rauschhaften Tage von 1989, als Ostdeutsche in immer größeren Mengen auf die Straße gingen, um Freiheit zu fordern. Als der Bundestag nach der Wiedervereinigung schließlich in den renovierten Reichstag einzog, der seit dem Brand von 1933 nicht mehr parlamentarisch genutzt worden war, tagten die Abgeordneten in einem Gebäude, über dessen von neoklassizistischen Säulen getragenem Portikus immer noch deutlich die Worte standen *„Dem deutschen Volke"*. Es war, als wäre das Wort „Volk" aus einer Quarantäne entlassen worden, in der es seit dem Ende des Zweiten Weltkriegs als heikler Begriff ausgeharrt hatte, den nur wenige Deutsche gern im Munde führten.

Der Schlussstein für das Reichstagsgebäude wurde 1894 gesetzt, auf dem Höhepunkt der wilhelminischen Ära. Schwer und überladen, wie der Bau stilistisch war, repräsentierte er den Willen einer neuen Nation, ihre europäischen Nachbarn zu überflügeln. Der Reichstag war das Zeichen einer Behauptung. Damals verbanden viele Deutsche, darunter auch führende Persönlichkeiten, mit dem Begriff „Volk" die Bedeutung einer Überlegenheit, die indes die Nation in den Abgrund reißen sollte. Heute, über ein Jahrhundert später, hat der Begriff all jene „völkischen"* Konnotationen verloren – ja, schon die Verwendung des Wortes wirft, eine Generation nach der Wiedervereinigung, für das neue Deutschland in einem neuen Europa die Frage auf, was das ist – ein „Volk"*. Der Ruf von 1989 nach Wiedervereinigung – „Wir sind ein Volk!" – und die Inschrift auf dem Reichstagsgebäude – „Dem deutschen Volke" – sind nunmehr von allen Konnotationen befreit, mit denen das Wort „Volk" im Kaiserreich und im Nationalsozialismus befrachtet worden war, womit wir am Ende einer Jahrhunderte währenden Suche nach Selbstfindung sind.

Zur Zeit von Friedrich Barbarossa gab es kein deutsches Volk. Das Wort „*deutsch*" bezog sich lediglich auf eine Sprache (die, um genau zu sein, eine Anzahl von Dialekten war, nicht aber eine verbindliche Standardsprache). Erst allmählich bezeichnete „deutsch" eine Bevölkerung mit einer Identität, die über die Tatsache hinausging, dass die Angehörigen dieser Bevölkerung sich des Deutschen als Sprache bedienten. Die Sprache besaß ein geografisch identifizierbares Terrain: Mit der Zeit wurden jene Gebiete, in der diese Sprache gesprochen wurde, als ‚die deutschen Lande' identifiziert. Die Sprache verlieh Geschichten und Liedern eine Stimme, woraus ein gemeinschaftliches Erbe hervorging. Nach und nach wurden diejenigen, die sich dieses Erbe angeeignet hatten, als Volk betrachtet, und sie sahen sich selbst auch so. Sie verstanden sich, um einen Begriff zu verwenden, der im 19. Jahrhundert Mode wurde, als eine „Rasse". Dieser damals in Europa weitverbreitete Begriff wurde unter dem Einfluss vulgärdarwinistischer Theoretiker zunehmend biologisiert. Doch sollte man darauf hinweisen, dass „Rasse" seinen Ursprung im Selbstverständnis der Spanier als „*la raza*" besitzt. Dieser Terminus bezeichnete eine exklusive Reinheit als Abgrenzung zu den Mauren und später den indigenen Bewohnern Süd- und Mittelamerikas. Zweifellos verkörperte sich darin die Idee einer Vorrangstellung. (Noch in den späten 1950er-Jahren trug der spanische Nationalfeiertag den Titel „*Dia de la raza*", bis er in das unproblematischere „*Dia de la Hispanidad*" umbenannt wurde.)

Für Deutschland war die Suche nach Selbstfindung eine Reise mit vielen Windungen und Wendungen und einigen gefährlichen Umwegen, auf deren einem es schließlich in das Todesschattental geriet. Der Reisebeginn hat kein eindeutiges Datum – der erste bekannte Hinweis findet sich 1474, als das „Heilige Römische Reich" mit dem Zusatz „deutscher Nation" versehen wurde: Ab 1512 sollte es der offizielle Name sein. Dann kam Luther, dessen Schriften einen großen Einfluss haben sollten und die Entwicklung der deutschen Identität ebenso förderten wie behinderten. Im 18. Jahrhundert entdeckten die Deutschen – unter Anleitung von Johann Gottfried Herder – die in

Sprache, Tradition und Geschichte der deutschen Territorien präsente kulturelle Identität. Damals begann man auch mit den modernen historischen Forschungen und fing an, sich nach politischer Identität und Freiheit zu sehnen – vor allem Schiller hat dem Freiheitsdrang in seinen Werken Ausdruck verliehen.

Dann kam die Französische Revolution. Viele junge Denker und Dichter in Deutschland reagierten begeistert auf dieses Ereignis, ganz wie ihre englischen Zeitgenossen (*bliss was it in that dawn to be alive* [...] – „gesegnet, wer in jenem Morgenrot gelebt", wie Wordsworth in *The Prelude* schrieb). Andere waren vorsichtiger, wie etwa Schiller, der spätestens nach seiner 1786 verfassten *Ode an die Freude* als leidenschaftlicher Verfechter der Freiheit bekannt war. Der ältere Goethe dagegen war antirevolutionär gestimmt, während Kant, der große Philosoph des Zeitalters, die Begeisterung der jungen Generation guthieß, zugleich aber einer gewaltsamen Revolution die moralische Angemessenheit absprach.

Doch selbst unter den Parteigängern der Revolution machte sich bald Enttäuschung breit. Beethoven tilgte die Widmung seiner „Eroica", als er vernahm, dass Napoleon sich in Paris selbst zum Kaiser gekrönt hatte. Und als die napoleonischen Heere sich daranmachten, deutsche Gebiete zu erobern und zu besetzen, fachte das die Flammen einer neuen Bewegung des deutschen Geistes an, einer *Volksbewegung**, die den Deutschen ein neues Identitätsgefühl als Volk bescherte.

In diesem neuen Bewusstsein fand ein Stolz auf die Geschichte, Tradition und nationale Bestimmung des deutschen Volks seinen Ausdruck. Wie wir gesehen haben, kam dieser Stolz nicht aus dem Nichts. Ab dem 16. Jahrhundert wurden zunehmend Stimmen laut – auch die von Luther –, die betonten, dass die deutsche kulturelle Identität (zumindest die des protestantischen Deutschlands) in der deutschen Sprache wurzele. Dieses neue Bewusstsein verfiel im 19. Jahrhundert dann zunehmend in einen Tonfall nationaler Überlegenheit. Und so entstand die „völkische"* Bewegung. Sollte man für diese Tendenz im Ausdruck deutschen Selbstbewusstseins zumindest aus späterer Sicht einen Ausgangspunkt benennen – einen Punkt, an dem das neue Selbstbewusstsein in einer politisch sensiblen Zeit von einem führenden Denker in Worte gefasst wurde –, dann wäre es jenes Jahr 1807, in dem der Philosoph Johann Gottlieb Fichte im französisch besetzten Berlin seine *Reden an die deutsche Nation* vortrug. Für Fichte war die deutsche Sprache Trägerin einer Kultur, die ihre Ursprünge in der Zeit der Hermannsschlacht fand. Sie war die Errungenschaft eines Volks, das die Freiheit allem, was das Römische Reich an Genüssen und Vorteilen zu bieten hatte, vorzog. Diese Kultur war auf einzigartige Weise geeignet, um eine völlig freie Gesellschaft und Nation zu schaffen, eine nationale Bestimmung, der Fichte in fast mystischen Wendungen Ausdruck verlieh.

Fichte plädierte für einen kulturell verwurzelten Nationalstolz – und für eine *Bildung**, die in dieser Kultur ein nationales Selbstbewusstsein entstehen lassen konnte. Nach 1945 galten Fichtes *Reden an die deutsche Nation* häufig als bedrohlicher erster Schritt auf einem Weg, der in den Nationalsozialismus führte. Doch machte sich ein Gefühl oder Bewusstsein nationaler Bestimmung auch in Großbritannien und Frankreich zunehmend bemerkbar. Es kann also nicht verwundern, dass auch Deutschland in dieser Zeit den Patriotismus entdeckte, insbesondere, wenn man bedenkt, dass die politische Situation den Deutschen die nationale Identität verwehrte und deutsche Territorien von Napoleons Armeen besetzt waren.

Von nun an nahmen dieses Bewusstsein und diese Bewegung an Fahrt auf: Jeder Rückschlag beseelte, jeder Triumph nährte sie. Besonders zehrten die Deutschen vom Gefühl, Opfer der Geschichte zu sein – ein Gefühl, das durch die wachsende Hinwendung zur deutschen Geschichte verstärkt wurde. So entstand ein Narrativ, in dem der „Gang nach Canossa" zum Urmoment der Erniedrigung wurde, während die Religionskriege des 16. und 17. Jahrhunderts zu Deutschlands großer Tragödie gerieten und die Bestrebungen der Franzosen eine fortwährende existenzielle Bedrohung darstellten. Auch geriet dieses Nationalbewusstsein in die Gefahr, abstoßende

Wandlungen zu vollziehen. Von Beginn an war es gemeinschaftlich
und zugleich exklusiv orientiert.

Die Aufklärung hatte sich auf das autonome Subjekt konzentriert,
nicht auf das gemeinschaftliche Ganze, geschweige denn auf einen
kollektiven oder „absoluten" Geist. Nun aber wurde aus dem „Ich"
ein „Wir". Das war zunächst die Menschheit selbst – wie in den Werken von Schiller und Beethoven. Doch dann fand das „Wir" seinen
Gegensatz in: „und daher nicht ihr!" Das betraf insbesondere die Juden. Das „Wir" wurde sehr exklusiv. Es beförderte nicht nur die Hei-
ligsprechung der germanischen Vergangenheit, sondern wurde auch,
unter dem Einfluss von Niederlage und Besatzung, aggressiv und ab-
wehrend im Ton.

1803 besuchte Madame de Staël – die lebhafte und hochintelli-
gente Tochter von Jacques Necker, dem Finanzminister Ludwigs XVI.
– zunächst das Weimar von Goethe und Schiller, sodann das Berlin
von Fichte und August Wilhelm Schlegel. Hier wie dort nahm sie die
Vielfalt deutschen Geisteslebens war – eine Erfahrung, die in ihr den
Entschluss reifen ließ, ein Buch zu schreiben, um den Franzosen die
Augen für eine Kultur zu öffnen, die ihrer Auffassung nach stärker im
Volk und im Land verankert, dazu reiner, lebendiger und dem Geist
der Menschheit näher war als die oberflächliche, urbane, klischeever-
liebte literarische Welt von Paris.

Das Buch, das zuerst 1810 in Paris erschien, trug den Titel *De
l'Allemagne* – „Über Deutschland". Es zeigt mit beträchtlicher Scharf-
sichtigkeit, ganz ohne naive Lobsängerei, die deutsche Kreativität in
den turbulenten und aufregenden Jahren um die Jahrhundertwende.
Es ist eine vergleichende Analyse zweier Kulturen, die sich unter sehr
verschiedenen sozialen und politischen Bedingungen herausgebildet
haben. Auch war die implizite politische Botschaft nicht zu überhören: Während der Despotismus in Frankreich das geistige Leben
zum Erliegen brachte, ließ die politische Fragmentierung Deutschlands in Mitteleuropa einen Leerraum entstehen, der das nationale
Bewusstsein erstickte. Goethe, der das Werk 1814 las, nachdem sich
die napoleonischen Truppen aus den deutschen Territorien zurück-

gezogen hatten, bemerkte, dass das Buch, wäre es schon 1810 erhältlich gewesen, einen bedeutenden Einfluss auf die Befreiungsbewe-
gung genommen hätte.

Aber es war nicht erhältlich, weil die französische Zensur es
gleich nach Erscheinen verbot und sogar die Druckstöcke vernichten
ließ (was den Verleger in den Bankrott trieb). Zwar fand sich im Buch
nichts explizit Kritisches über den Kaiser oder die Regierung, doch
verstanden die Zensoren, zwischen den Zeilen zu lesen. Schließlich
konnte es 1813 in London veröffentlicht werden und war dann von
großem Einfluss auf die romantische Bewegung in Frankreich.

Was Madame de Staël in ihrer Begeisterung für die deutsche
Geistigkeit nicht sah, waren die dieser Geistigkeit inhärenten Gefahren. Sie regten sich schon, während sie noch an ihrem Werk
schrieb und Deutschland von Napoleon gedemütigt wurde. Damals
kursierten patriotische Lieder, deren Texte auch von Gewalt rede-
ten. Ein berühmt-berüchtigtes Beispiel sind die Gedichte von Ernst
Moritz Arndt, einem glühenden Franzosenfeind, der, wie so viele
andere Deutsche, die Französische Revolution zunächst begrüßt
hatte, sich dann aber radikal von ihr abwandte, als sich die *terreur*
in Frankreich ausbreitete und später Napoleons Armeen deutsche
Territorien besetzten. Sein überaus populäres Gedicht von 1813
mit dem Titel „Was ist des Deutschen Vaterland?"* schlägt ganz
neue Töne an:

Was ist des Deutschen Vaterland?
Ist's Preußenland? Ist's Schwabenland?
Ist's, wo am Rhein die Rebe blüht?
Ist's, wo am Belt die Möve zieht?
O nein, nein, nein!
Sein Vaterland muss größer sein![18]

Die folgenden Strophen zählen anhand derselben Frage weitere Länder auf, darunter auch Österreich, Tirol und sogar die Schweiz. Aber
Arndts deutsches Vaterland reicht noch über diese geografischen Be-
stimmungen hinaus. In den Schlussstrophen singt Arndt das Loblied

der deutschen Kultur – der Sprache, der Treue, des Muts und der gottgebenen Bestimmung:

> Was ist des Deutschen Vaterland?
> So nenne mir das große Land!
> So weit die deutsche Zunge klingt,
> Und Gott im Himmel Lieder singt,
> Das soll es sein!
> Das, wackrer Deutscher, nenne dein!
>
> Das ist des Deutschen Vaterland,
> Wo Eide schwört der Druck der Hand,
> Wo Treue hell vom Auge blitzt
> Und Liebe warm im Herzen sitzt –
> Das soll es sein!
> Das, wackrer Deutscher, nenne dein!
>
> Das ist des Deutschen Vaterland,
> Wo Zorn vertilgt den wälschen Tand,
> Wo jeder Franzmann heißet Feind,
> Wo jeder Deutsche heißet Freund –
> Das soll es sein!
> Das ganze Deutschland soll es sein!
>
> Das ganze Deutschland soll es sein!
> O Gott vom Himmel sieh darein,
> Und gieb uns rechten deutschen Muth,
> Daß wir es lieben treu und gut!
> Das soll es sein!
> Das ganze Deutschland soll es sein!

Arndt reicherte seine Frankophobie mit einem tüchtigen Schuss Antisemitismus an, der in der deutschen Öffentlichkeit in direktem Verhältnis zum Anschwellen dieses aggressiven Patriotismus heranwuchs. Waren die Franzosen der äußere Feind, so die Juden das Fremde im Inneren – und damit zumindest potenziell der Feind. (Auch für die Polen hatte Arndt nur Verachtung übrig.) In seinem langen Leben – er starb im Alter von 90 Jahren – wurde Arndt vom deutschen Establishment mit Lob und Ehrungen überhäuft. Die (zumindest partielle) Verwirklichung seiner Hoffnungen durch die Reichseinigung erlebte er nicht mehr.

Arndt stand mit seinem Patriotismus keineswegs allein da. Friedrich Ludwig Jahn zum Beispiel sah in der von ihm nach der Niederlage gegen Napoleon begründeten Turnerbewegung den Weg zu einem gesunden und selbstbewussten nationalen Geist, der an den alten germanischen Tugenden geschult war. So entstand in der deutschen Öffentlichkeit eine Atmosphäre des Patriotismus, der sehr männlich und von seiner Überlegenheit gegenüber den verweichlicht-verweiblichten Nachbarvölkern überzeugt war, und somit von seiner Bestimmung, auf der europäischen Bühne eine herausragende Rolle spielen zu können. Genährt von vergangener Misshandlung war dieser Patriotismus sicher, dass Deutschlands Zeit nunmehr gekommen sei.

Doch ein zeitgenössischer Dichter sah die Gefahren dieses Patriotismus sehr genau. Heinrich Heine, dieser so scharfsinnige wie boshafte Beobachter der deutschen Kultur, schrieb ein Gegenstück zu Germaine de Staëls Buch, das er, unter dem nämlichen Titel – *De l'Allemagne* – zuerst auf Französisch (1833) und kurz darauf auf Deutsch publizierte. Wo Madame de Staël sich für deutsche Mystik, Romantik und Folklore begeisterte, sah Heine Obskurantismus, Engstirnigkeit und Gegnerschaft zu aufklärerischer Freiheit. Doch fürchtete er nicht nur das Zurückweichen vor der Moderne – ein Fluchtmoment, das den deutschen Fürstentümern gut zupasskam. Mit Worten, die wie eine unheimliche Prophezeiung der Schrecken des 20. Jahrhunderts wirken, sah er die Gewalt voraus, die die Wendung des deutschen Geistes ins Völkische von der Leine lassen würde:

> […] so wird der [deutsche] Naturphilosoph dadurch furchtbar sein, dass er mit den ursprünglichen Gewalten der Natur in Verbindung tritt, dass er die dämonischen Kräfte des altgermanischen Pantheismus beschwören kann, und dass in ihm jene Kampflust erwacht, die wir bei den alten Deutschen finden, und die nicht kämpft, um zu zerstören, noch um zu siegen, sondern bloß, um zu kämpfen […] Der Gedanke geht der Tat voraus wie der Blitz dem Donner. Der deutsche Donner ist freilich auch

ein Deutscher und ist nicht sehr gelenkig, und kommt etwas langsam herangerollt; aber kommen wird er, und wenn Ihr es einst krachen hört, wie es noch niemals in der Weltgeschichte gekracht hat, so wisst: der deutsche Donner hat endlich sein Ziel erreicht. Bei diesem Geräusche werden die Adler aus der Luft tot niederfallen, und die Löwen in der fernsten Wüste Afrikas werden die Schwänze einkneifen, und sich in ihren königlichen Höhlen verkriechen. Es wird ein Stück aufgeführt werden in Deutschland, wogegen die Französische Revolution nur wie eine harmlose Idylle erscheinen möchte.

Diese Worte wurden genau 100 Jahre vor der Geburt des „Dritten Reichs" geschrieben.[19]

Aber Heine schrieb in Paris, wo er von 1831 bis zu seinem Tod im Jahre 1856 lebte. Er gehörte zunächst zu den politisch radikalen Kräften: Er war mit Karl Marx bekannt und schätzte, wie dieser, bürgerliche Normen und Einstellungen gering. Den völkisch-patriotischen Bestrebungen, der Sehnsucht nach einer politischen Einheit, die die deutsche kulturelle Identität nähren und stärken könnte, stand er kritisch gegenüber. Aber die Sehnsucht war real, und es stellte sich nur die Frage, wer oder was die geistige Führung übernehmen, welche Form also die völkische Bewegung annehmen würde.

Es musste nicht unbedingt der von Arndt vorgezeichnete Weg sein. Schauen wir uns (und nicht durch das Prisma des 20. Jahrhunderts) eine populäre poetische Manifestation dieser Sehnsucht an. Sie stammt aus der Zeit vor der Reichseinigung von 1870 und hat – zumindest in Teilen – alle Umwälzungen und Tragödien der folgenden eineinhalb Jahrhunderte überlebt. 1841, zu einer Zeit, da die Hoffnung auf ein vereintes und freies Deutschland ihren Höhepunkt erreicht hatte, schrieb Heinrich Hoffmann von Fallersleben, seines Zeichens Bibliothekar, Germanistikprofessor und Poet, ein Gedicht mit dem Titel *Lied der Deutschen*, das später den Text für die deutsche Nationalhymne lieferte:

Deutschland, Deutschland über alles,
Über alles in der Welt,
Wenn es stets zu Schutz und Trutze

Brüderlich zusammenhält.
Von der Maas bis an die Memel,
Von der Etsch bis an den Belt –
Deutschland, Deutschland über alles,
Über alles in der Welt!

Deutsche Frauen, deutsche Treue,
Deutscher Wein und deutscher Sang
Sollen in der Welt behalten
Ihren alten, schönen Klang,
Uns zu edler Tat begeistern
Unser ganzes Leben lang –
Deutsche Frauen, deutsche Treue,
Deutscher Wein und deutscher Sang!

Einigkeit und Recht und Freiheit
Für das deutsche Vaterland!
Danach lasst uns alle streben
Brüderlich mit Herz und Hand!
Einigkeit und Recht und Freiheit
Sind des Glückes Unterpfand –
Blüh' im Glanze dieses Glückes,
Blühe, deutsches Vaterland!

Hoffmann von Fallerslebens Gedicht wird häufig als Ausdruck deutschen Expansionsbestrebens missverstanden, dabei ist es nur ein leidenschaftliches Plädoyer für die Einheit, dafür, dass – mit Willy Brandts berühmtem Diktum zur Wiedervereinigung – zusammenwächst, was zusammengehört. Der berühmte Eingangsvers ist keine Aufforderung, zu den Waffen zu greifen und den Krieg zu beginnen. Es ist vielmehr ein Aufruf an die deutschen Staaten, die Hoffnungen und Bedürfnisse eines gesamten Deutschlands über ihre je eigenen engstirnig-begrenzten Interessen zu stellen. Die geografischen Angaben in der ersten Strophe bezeichnen ungefähr das Gebiet, in dem die Bevölkerung Deutsch oder einen deutschen Dialekt sprach; mit den heutigen Grenzen haben sie nichts zu tun. Die etwas patriarchalische Einstellung zu den Frauen in der zweiten Strophe klingt uns Moder-

nen dagegen sicher unangenehm im Ohr. Aber nichts in diesem Gedicht könnte zu dem Schluss führen, dass es sich um eine Feier des
Expansionismus handelt, und auch von Rassismus oder Fremdenhass
findet sich keine Spur.

Das *Lied der Deutschen* war eine Manifestation dessen, was man
die akzeptable – oder zumindest verständliche – Version des völkischen Gefühlslebens nennen könnte. Es wurde in der Weimarer Republik zur Nationalhymne und behielt diesen Status auch in der westdeutschen Bundesrepublik ab 1949, allerdings unter Streichung der
ersten beiden Strophen. Die letzte Strophe ist seit der Wiederverreini-
gung auch die offizielle Nationalhymne des neuen Deutschlands. Die
Melodie stammt übrigens von Joseph Haydn; er hatte sie für die alte
österreichische Kaiserhymne – *Gott erhalte unsern Kaiser!* – komponiert und auf wunderbar lyrische Weise im zweiten Satz seines
Streichquartetts op. 76,3 verarbeitet. So ist die deutsche Nationalhymne musikalisch sicherlich die schönste der Welt.

Als jedoch das Bewusstsein nationaler Bestimmung in der zweiten Hälfte des 19. Jahrhunderts an Mächtigkeit gewann, nahm die
völkische Tendenz traurigerweise ein anderes, eher düsteres Aussehen an. Was als Suche nach einer auf Sprache und somit Geografie
beruhenden Identität begonnen hatte, wurde mehr und mehr zu
einer Identität der „Rasse“. Nation war die Verbindung von Land
und Rasse, was dann im 20. Jahrhundert als Ideologie von *„Blut und
Boden“* seinen Ausdruck fand. Der Archetypus dieser Ideologie war
der Bauer, dessen ganzes Sein unauflösbar mit dem Land, auf dem er
lebt und das er bearbeitet, verbunden ist. Diese generationenalte Ver-
bundenheit sei der Grund für die Reinheit des Blutes.

Die Historiker haben ihren Teil zu dieser Entwicklung beigetragen. Insbesondere war Heinrich von Treitschke, in der wilhelminischen Epoche auch als Politiker tätig (und berühmt), ein energi-
scher Befürworter der kolonialen Bestrebungen des Kaiserreichs und
interpretierte die internationalen Beziehungen als Zusammenstoß
der Kulturen, verstanden als Auseinandersetzung zwischen Rassen.
Seine Einstellung zum deutschen Kolonialismus verband er mit einer

strikt antibritischen Haltung. Zudem war er Antisemit; seine Abneigung gegen die Juden verkündete er ganz offen. Treitschke beeinflusste eine ganze Generation nationalistisch orientierter Historiker, darunter General Friedrich von Bernhardi, einen Militärhistoriker, dessen populäres und kriegsbegeistertes Buch von 1912 *Deutschland und der nächste Krieg* im Kampf eine „sittliche Forderung" und eine „biologische Notwendigkeit" sah, die mit den Naturgesetzen im Einklang stand. Auch Friedrich Meinecke, auf dessen abwiegelnde Beurteilung des „Dritten Reichs" wir bereits hingewiesen haben, hatte bei Treitschke studiert.

Zur Zeit des Ersten Weltkriegs befand sich der Rassendiskurs in Theorie und Praxis in vielen Ländern Europas im Aufwind. Vielfach sahen seine Vertreter die jeweilige Rasse mit ihrer Reinheit unvermeidlich im Überlebenskampf mit anderen Rassen. Letztlich war es ein – vulgärdarwinistisch interpretierter – welthistorischer Kampf. Diese Auffassungen wurden bald zum Rüstzeug für nationalistische Zirkel in ganz Europa, insbesondere in Deutschland und Russland. In Deutschland waren es Schriftsteller wie Paul de Lagarde und Julius Langbehn, die derlei verbreiteten und, während sie heute so gut wie unbekannt sind, in der wilhelminischen Epoche höchst einflussreich waren.

Lagarde war Professor für Orientalistik und glaubte mit Leidenschaft an die Überlegenheit der deutschen Kultur und ihre welthistorische Bestimmung. Noch viel nachdrücklicher als Hegel trat er für die allumfassende Identität des Staats mit dem von ihm repräsentierten Deutschtum* ein. Am Kaiserreich bedauerte er zutiefst, dass mit der Vereinigung die Deutschen in Österreich verraten und verkauft worden seien. Ferner meinte er, Deutschland solle den Osten germanisieren und zu diesem Zweck die Slawen vertreiben. Dem offiziellen Protestantismus warf er (nicht ganz zu Unrecht) Versagen vor: Er habe es nicht geschafft, für das Deutschtum ein einigendes religiös-kulturelles Band zu erwirken. Insofern plädierte er für die Schaffung einer neuen, germanischen Religion, die auf einem seiner Sanftmütigkeit entkleideten Christentum beruhen sollte. Und selbstverständlich war in seiner Definition von „Volk" kein Platz für all jene, die – wie insbesondere die Juden – ethnisch nicht dazugehörten. Sein Antisemitismus war nicht nur die scheinrationale Ausweitung eines Diskurses, der die nationale Identität in die Reinheit des Bluts verlegte, sondern auch biologistisch, indem er die Juden mit Bazillen verglich, die vernichtet werden müssten.

Julius Langbehn, ein intelligenter Außenseiter aus armer Familie, der nie irgendwo heimisch wurde oder dauerhafte persönliche Beziehungen pflegte, war Schüler von Lagarde. Langbehn wurde zum Vertreter eines antiintellektuellen und antimodernen Populismus, der das *Volk* – die wahren Deutschen – gegen den Staat stellte, von dem es so häufig betrogen worden war. Ferner stellte er die populäre (deutsche) Kunst in all ihren Ausdrucksformen gegen den wissenschaftlichen Rationalismus der urbanen Moderne. Antisemitisch war er auch (wenngleich, anders als Lagarde, nicht aus biologischen Gründen, sondern weil er die Juden mit der von ihm verachteten städtischen Moderne identifizierte). Seine Schriften trafen den Nerv der unzufriedenen Jugend der 1890er-Jahre und erlangten weite Verbreitung. Unbestritten ist sein Einfluss auf die Wandervogelbewegung. Übrigens fand der Nationalsozialismus – der in mancher Hinsicht auch eine Jugendbewegung war – Ideen und Ethos solcher Bewegungen wie „Wandervogel" und „Jungdeutscher Orden" (die während der Weimarer Republik ähnliche Rollen spielten) so kongenial, dass er sie verbot und ihre Mitglieder in die Hitlerjugend übernahm.

Diese und andere Stimmen nutzten die Unsicherheit aus, die unter dem oberflächlichen Selbstvertrauen des Kaiserreichs lag. Immer lauter erscholl die Stimme des Völkischen nach den Siegen Bismarcks über Dänemark, Österreich und Frankreich über die Anfangserfolge von 1914 bis zum Zusammenbruch von 1918 und zu den Demütigungen und Verwerfungen der Weimarer Zeit, die wiederum das schmerzhafte Opfergefühl verstärkten. Am Ende setzte sich eine besonders bösartige Version des Völkischen durch und verlangte von der deutschen Kultur die Preisgabe jeglicher geistiger Autonomie. Doch war dieses Resultat nicht unvermeidlich; in der späten wilhelminischen Epoche gab es zahlreiche andere Stimmen, die Aufmerksamkeit forderten. Ohne die politischen Fehlurteile und -entscheidungen vor dem Ersten Weltkrieg und währenddessen, ohne das soziale Trauma in der Weimarer Republik und die Katastrophe der Weltwirtschaftskrise wäre die völkische Phrasendrescherei nur eine unerfreuliche Fußnote in der deutschen (und europäischen) Geschichte gewesen und Hitlers *Mein Kampf* wäre als das erkannt worden, was es tatsächlich war: das recht umständliche Glaubensbekenntnis eines Gossenpolitikers. So aber wurde es zur Bibel einer diesem Politiker verfallenen Gesellschaft. Von marxistischer Seite ist häufig die Ansicht vorgetragen worden, dass die NS-Herrschaft das notwendige Ergebnis einer unvermeidlichen Krise des Kapitalismus sei. Für einige waren Aufstieg und Fall des „Dritten Reichs" sogar identisch mit dem von Marx vorhergesagten endgültigen Zusammenbruch des Kapitalismus. Heute aber, da wir den Glauben an den wissenschaftlichen Sozialismus verloren haben, können wir damit nichts mehr anfangen. Die Wahrheit ist viel deprimierender: Die schrecklichen Ereignisse waren alles andere als unvermeidlich.

In der zweiten Hälfte des 19. Jahrhunderts und im Vorfeld von 1914 bestand die deutsche Geistesnahrung gewiss nicht nur aus völkischer Literatur und Kunst, die nur einen geringen Bestandteil der Kultur ausmachten. Absurd ist auch die Annahme, die Ideologie des „Dritten Reichs" sei damals schon in den einflussreichen künstlerischen Werken präsent gewesen oder habe dort zumindest ihre Vorläufer gehabt. Fälschlich ist sogar behauptet worden, Brahms habe durch sein überaus erfolgreiches *Deutsches Requiem* zum völkischen Klima beigetragen, allein schon durch den Titel und die vom Komponisten verwendeten Texte aus der Lutherbibel. Ebenso unhaltbar ist die Auffassung, Anton Bruckners Sinfonien hätten einen bedrohlichen Unterton, nur weil sie bei NS-Ideologen wie Alfred Rosenberg beliebt waren.

Vielmehr gewann zu dieser Zeit der bürgerliche Geschmack an Einfluss: Es war die Epoche der romantischen Lieder, der Texte von großen Dichtern, vertont von bedeutenden Komponisten wie Schu-

bert, Schumann, Brahms und Wolf, und der melodienreichen Instru-
mentalwerke von der Kammermusik bis zur Sinfonie – Liszt, Brahms,
Mahler und Bruckner sind nur einige Beispiele. Konzertbesuche
waren an der Tagesordnung und Komponisten wurden zu Berühmt-
heiten; Brahms, der Norddeutsche aus Hamburg, wurde in Wien gefeiert und wohlhabend (und erinnert daran, dass die deutsche Identität umfassender war als die neu erworbene politische Identität.
Wien gehörte immer noch zu den wichtigsten Zentren des deutschen
Kulturlebens). Gustav Mahler war allen antisemitischen Anfeindun-
gen zum Trotz ein höchst erfolgreicher Komponist und Dirigent.

Es war wohl vor allem Beethoven, der die Musik zum machtvollen
Mittel für den Ausdruck individueller Geistigkeit gestaltete. Bei ihm
wird die Musik zum – oft gequälten – Laut des Geistes, sei es der des
Komponisten, des Interpreten oder des Hörers. Als Klangteppich im
Hintergrund taugt sie nicht. Beethovens Werk warf einen langen
Schatten: Alle nachfolgenden Komponisten mussten sich mit ihm
auseinandersetzen, und selbst einige der größten verharrten ihr gan-
zes schöpferisches Leben in Ehrfurcht vor ihm. Die Beziehung der
Individuen zur Musik gewann eine Intensität, die – besonders in
Deutschland (und in Russland, dessen Kultur bei aller Unterschied-
lichkeit manche Parallele zur deutschen aufweist) – die geistige Atmosphäre bis weit ins 20. Jahrhundert hinein beeinflusste.

Vom späten 18. Jahrhundert an schrieben deutsche Komponisten, Musikschriftsteller und -wissenschaftler der deutschen Musik
eine geistige Berufung zu. Sicher war die Musik beim Bürgertum beliebt, doch auf eine umfassendere Weise sprach sie, so wurde behauptet, zum Geist: Es war ihre Berufung, nicht einfach nur schön, sondern darüber hinaus bedeutungsvoll und insofern universell zu sein.
Um die Wende vom 18. zum 19. Jahrhundert trat der Musikschriftsteller Johann Karl Friedrich Triest für den Vorrang der deutschen
Musik, insbesondere der von Bach, ein – ein nationaler, aber nicht
nationalistischer Ansatz. Die deutsche Musik war charakteristischer-
weise „rein" und „absolut", konnte später jedoch einiges von der
Sinnlichkeit der italienischen Musik übernehmen und so eine Syn-

these schaffen, die dem Bedürfnis der Menschen nach einem Gleichgewicht von Sinnlichkeit und Strukturiertheit Genüge tat. Das 19. Jahrhundert dann sah in Bachs Musik die Repräsentation gotischer Architektur – E. T. A. Hoffmann machte hier den Anfang, danach kamen Carl Maria von Weber und andere. Für Schumann verwirklichte sich die Macht dieser Musik in einer Art Einheit von Bach und Beethoven, und der Musikwissenschaftler Franz Brendel sah den Höhepunkt in der Musik von Wolfgang Amadeus Mozart. All dies ist ein Widerhall von Hölderlins und der romantischen Dichter Vision: Triest und Schumann sahen diese Musik als Transformation von Poesie, wenn nicht gar als diese selbst, und schrieben ihr, wie schon Hölderlin in seiner Hymne „Germanien", religiöse Bedeutung zu. Allerdings erreichte die Musik, im Gegensatz zur Poesie, ein breites Publikum.

Auch die Literatur öffnete sich zunehmend dem Geschmack des Bürgertums. Deutsche Autoren schrieben realistische Romane, in denen sich bürgerliche Werte und Aspirationen spiegelten, oder sie boten eskapistische Literatur, die Spannung bot. Vieles davon war gut, sogar treffsicher beobachtet, wie etwa in den Romanen eines der bedeutendsten Autoren: Theodor Fontanes subtil-scharfsinnige Porträts des Lebens im bürgerlichen Berlin und in seiner Heimat Brandenburg vereinen, ähnlich vielleicht wie Jane Austen, das Universelle mit dem Alltäglichen. Andere Beispiele sind der Österreicher Adalbert Stifter oder der Schweizer Gottfried Keller. Beide beschrieben mit lyrischer Raffinesse die innere Entwicklung eines sensiblen jungen Mannes, der heranreift und sich schließlich mit der Welt aussöhnt.

Keiner von diesen Autoren konnte als Fahnenträger für ein völkisches Deutschland Verwendung finden. Fontane stand, wiewohl Preuße, den Anmaßungen und dem Militarismus der Berliner Gesellschaft, insbesondere nach Bismarcks Abgang, ambivalent gegenüber; Stifter starb noch vor Österreichs Ausschluss aus dem neuen Kaiserreich, hätte sich aber keinesfalls einem wie immer gearteten völkischen Nationalismus hingegeben; Keller schließlich war, als Schweizer, Bürger eines Landes, das schon Jahrhunderte zuvor einen eigenen Weg eingeschlagen und dabei eine starke politische Identität entwickelt hatte.

Doch auf ihre je unterschiedliche Weise sprachen sie den deutschen bürgerlichen Geist – mit ihrer feinfühligen und persönlichen Tonart – an, indem sie einerseits die natürliche Ordnung der Dinge betonten und diese andererseits vorsichtig sondierten und auf ihre Belastbarkeit prüften. Fontane schrieb über die kleinen und großen Tragödien des Alltagslebens in Meisterstücken der Beobachtung wie *Effi Briest* und *Irrungen, Wirrungen*, Stifter – *Der Nachsommer* – und Keller – *Der grüne Heinrich* – verfassten literarisch hochrangige Bildungsromane in der Tradition von Goethes *Wilhelm Meisters Lehrjahre*.

Aber das Bürgertum konnte sich auch an den überaus populären eskapistischen Abenteuerromanen von Karl May erfreuen, der ihm An- und Aussichten vom und auf den Wilden Westen und den Orient seiner Fantasie bot, den die Leser so kennenlernen konnten, ohne jemals dorthin reisen zu müssen und seiner Wirklichkeit zu begegnen. Oder sie konnten, bequem im Ohrensessel sitzend, die geisterhafte Natur von Storms Novelle *Der Schimmelreiter* genießen. Sozialkritisch war kaum etwas davon. Nachdem Heine 1844 sein Gedicht *Die schlesischen Weber* über den Weberaufstand in Schlesien geschrieben hatte (das dann von Karl Marx veröffentlicht wurde), gab es keinen bedeutenden Autor, der sich des mühseligen Lebens der ausgebeuteten Klassen angenommen hätte. Verglichen mit den Romanen von Charles Dickens in England oder Emile Zola in Frankreich gab es in Deutschland vergleichsweise wenig realistische Beschreibungen über die Lebens- und Arbeitsbedingungen der urbanen Industriearbeiterschaft. Georg Büchner war bereits 1837 im Alter von 23 Jahren gestorben und hatte in seinem unvollendeten Drama *Woyzeck* nur eine Andeutung dessen hinterlassen, was von ihm noch zu erwarten gewesen wäre. Erst gegen Ende des Jahrhunderts füllte Gerhart Hauptmann diese Lücke mit Stücken wie dem äußerst erfolgreichen *Vor Sonnenaufgang*, in dem er die zerstörischen Folgen des Alkoholismus in einer Bauernfamilie darstellt, die durch Kohlefunde auf ihrem Land plötzlich reich geworden ist. In *Die Weber* geht es, wie bei Heines Gedicht ein halbes Jahrhundert zuvor, um den schlesischen Weberaufstand.

So fand das Bürgertum in der von ihm bevorzugten Literatur zu seiner Beruhigung eine Sichtweise vor, die mit der bürgerlichen Ordnung der Dinge weitgehend übereinstimmte. Allerdings gab es dabei auch bedrohlich wirkende Anzeichen. Ein Bestseller in der zweiten Hälfte des 19. Jahrhunderts war Gustav Freytags Roman *Soll und Haben*. Er erzählt die Geschichte einer im Abstieg begriffenen Aristokratenfamilie, von erfolgreichen jüdischen Unternehmern und – in Gestalt des Protagonisten – vom guten Bürger, der am Ende zu sich selbst und zu einer ehrenwerten Karriere in einem soliden Geschäft findet. Nicht alle Charaktere in diesem Roman, aber doch die meisten, sind an Klischees orientiert. Sicher lassen sich solche auch in der Literatur anderer europäischer Länder finden: Der Verfall der Aristokratie spielt u. a. bei Anton Tschechow, Anthony Trollope und Giuseppe Tomasi di Lampedusa eine Rolle, während der gewinnsüchtige, verschlagene Jude in der europäischen Literatur einen langen Stammbaum aufweist. Aber der Kontrast zwischen *Soll und Haben* und, sagen wir, Anthony Trollopes *The Way We Live Now* ist augenfällig: Bei Trollope handelt es sich um die satirisch-kritische Darstellung einer ganzen Gesellschaft, während Freytag einen Bildungsroman für das Bürgertum geschrieben hat. Insgesamt bestätigt Freytag ein Bild von den Juden, demzufolge sie sich nur schwer, wenn überhaupt, in das bürgerliche Leben, das für das Wohlergehen des Volks* so entscheidend war, integrieren lassen. Damit wird auch Freytags Auffassung bestätigt, dass „die freie Arbeit allein das Leben der Völker groß und sicher und dauerhaft macht". Aus heutiger Sicht muss uns das fast zwangsläufig an das zynische *Arbeit macht frei* über dem Eingangstor von Auschwitz erinnern.

Gehörte *Soll und Haben* zu den erfolgreichsten Romanen der Kaiserzeit (wenn er nicht gar der erfolgreichste war), so erschien der bedeutendste am Vorabend des neuen Jahrhunderts – Thomas Manns

Buddenbrooks. Mann verfolgte den über mehrere Generationen sich hinziehenden Abstieg einer hanseatischen Kaufmannsfamilie und verleiht, indem er die innere Hohlheit des Geisteslebens im Kaiserreich schildert, der wachsenden Unsicherheit eine Stimme. Das bürgerliche Selbstvertrauen, das noch aus Freytags Werk sprach, ist verschwunden, und nun nagte an Thomas Mann, der viel zu gebildet war, um dem Unsinn à la Langbehn auf den Leim zu gehen, die Frage: Womit wird die Leere gefüllt? Am Ende des Romans scheint so etwas wie religiöse Hoffnung auf (ähnlich wie bei Tschechows Stück *Onkel Wanja*). Dies aber ist wohl genauso wenig wirklich wie für Tschechow.

Thomas Mann trieb die Frage um, ob die Kunst eine Antwort zu liefern imstande sei. Mann stand dabei unter dem Einfluss des nach Kant und Hegel wirkungsmächtigsten Philosophen, dessen Werk das deutsche Kulturleben im Kaiserreich entscheidend prägte: Arthur Schopenhauer. Mit den in seinem opus magnum *Die Welt als Wille und Vorstellung* entfalteten Ideen schlug er nicht nur Mann, sondern zuvor auch Richard Wagner und Friedrich Nietzsche in seinen Bann. Zwar hatte Schopenhauer dieses Hauptwerk bereits 1818 veröffentlicht, doch entfaltete es erst nach und nach in den folgenden Jahrzehnten seine Wirkung. Für Schopenhauer ist der Wille des Individuums unvermeidlicherweise eine Quelle von Leiden und Enttäuschung. Wer den Weg aus diesem existenziellen Dilemma sucht, findet ihn in der ästhetischen Kontemplation, mit deren Hilfe das Individuum die Grenzen von Autonomie und Wahrnehmung auflösen und sich gewissermaßen in dem blinden Willen verlieren kann, der den Kosmos belebt und lenkt. Kunst – vor allem die Musik, und ganz besonders die rein instrumentelle – ist der Weg zu dieser Erlösung vom Willen. Schopenhauers Sublimierung des individuellen Selbst ist Kant völlig fremd, und sein an buddhistisches Denken angelehnter Begriff von Erfahrung steht antagonistisch zu Hegels Fortschrittsoptimismus.

Aber Schopenhauers Philosophie taugte nicht als Grundlage für eine umfassendere kulturelle Identität, schon gar nicht im politischen Klima des Kaiserreichs. Am Ende konnte Mann mit der von Schopenhauers Ontologie nahegelegten Loslösung von der Wirklichkeit nicht leben – die Welt ließ sich nicht fortdenken. Schopenhauers berühmter Satz, mit dem er sein Hauptwerk beginnt – „die Welt ist meine Vorstellung" –, führte, wie Mann bald erkannte, in eine geistige Sackgasse.

Thomas Mann war nicht der Erste, der unter den Einfluss Schopenhauers geriet. Auch Richard Wagner fühlte sich durch ihn zur Kunst be- und gerufen, um die unvermeidliche Unvollkommenheit menschlichen Liebens und Begehrens in der Musik zu sublimieren (und zu feiern). Schopenhauers Einfluss auf Wagner ist besonders offensichtlich in *Tristan und Isolde*, wo die Nacht der Raum ist, in dem die beiden Liebenden gemeinsam in einer Seligkeit sich verlieren, die ihren Höhepunkt im Tod findet. Deutlich spürbar ist sie auch in *Die Meistersinger von Nürnberg*. Hier erkennt Hans Sachs, dass der Gesang (die Kunst) die Macht besitzt, die Illusion und Flüchtigkeit der Erfahrung zu überwinden.

Aber für Wagner war seine eigene Kunst weitaus mehr als ästhetische Kontemplation. Sie drehte sich um große Themen, die nicht immer mit Schopenhauers Lebensverneinung in Einklang standen. Es ging um Erfüllung in fleischlicher Liebe, um Erlösung durch Aufopferung, um den einfachen, naiven, vertrauensvollen und doch zugleich charismatischen Helden, um die Verderbnis der Macht und ihren unvermeidlichen Untergang. Überdies sah Wagner, ein Deutscher aus Leidenschaft, sein Werk fast als eine Liturgie oder ein Sakrament deutschen Geistes.

Von all den großen deutschen Künstlern des 19. Jahrhunderts war Wagner die wichtigste Quelle völkischer Inspiration im 20. Jahrhundert, was keinesfalls ausschließt, dass er auch missverstanden wurde. In den *Meistersingern* lobt Hans Sachs die Kunst als Bewahrerin deutscher Kultur vor Bedrohungen von außen:

Ehrt eure deutschen Meister!
Dann bannt ihr gute Geister;
und gebt ihr ihrem Wirken Gunst,

zerging in Dunst
das heil'ge röm'sche Reich,
uns bliebe gleich
die heil'ge deutsche Kunst!

Allerdings war Richard Wagner ein rabiater Antisemit, sodass einige
– ohne wirkliche Begründung – in Gestalten wie Alberich, Beckmes-
ser, Klingsor und Kundry von Wagner mit Vorbedacht gezeichnete
Vertreter jüdischer Verderbnis für die reine deutsche Rasse gesehen
haben. Auch Hitler begeisterte sich für Wagners Opern – insbesondere für *Lohengrin*, den er während seiner armseligen Existenz im
Wien der Vorkriegszeit überaus häufig sah. Obwohl in den Themati-
ken von Wagners Opern ironischerweise nichts zu finden ist, was
dem Programm der Nationalsozialisten entsprochen hätte, schuf der
sinnliche und emotionale Gesamteindruck die perfekte Stimmung
und Atmosphäre für das Deutschland des „Dritten Reichs". In den
Opern *Tannhäuser, Lohengrin* und *Die Meistersinger von Nürnberg*
beschwört Wagner eine weitgehend legendäre deutsche Vergangenheit, die implizite reiner und wahrer ist als die mechanisierte, kon-
taminierte und misslungene Gegenwart. Insofern war diese Vergangenheit à la Wagner bestens geeignet für die Ziele des „Dritten
Reichs", insbesondere für eine kompromisslose völkische Rekon-
struktion der deutschen Kultur im Hinblick auf die geostrategischen
Vorhaben des NS-Regimes.

Wagners Beziehung zu der traurig-romantischen Gestalt des
bayerischen Königs Ludwig II. ist der Beginn einer von Wagner selbst
betriebenen Legendenwebung um seine Person, die mit der Eröff-
nung der Bühnenspiele 1876 in Bayreuth ihren Höhepunkt erreichte.
Damals wie heute war und ist das Opernhaus der Ort, den die Reichen und Mächtigen aufsuchen, um zu sehen und gesehen zu werden. Wagner sah Bayreuth als Zentrum für die Erneuerung deutschen
Geisteslebens – es sollte Opernhaus und zugleich Pilgerstätte sein.
Aber das war eine unrealistische Erwartung – selbst angesichts der
Weihe, die es später durch Hitler persönlich erhielt. Wagner suchte

religiöse Adepten für seine Kunst, doch waren solche damals und auch später nur schwer zu finden. Dafür fühlten sich Hitler und Alfred Rosenberg von seiner Musik angezogen – eine Vorliebe, die nicht von allen NS-Größen geteilt wurde.

Auch Friedrich Nietzsche geriet in Schopenhauers Bann, machte dann aber aus dem blinden, kosmischen Willen etwas ganz anderes, was auf den ersten Blick dem völkischen* Ethos des Nationalsozialismus direkt in die Karten zu spielen schien. Für Nietzsche führte nicht ästhetische Kontemplation, sondern der „Wille zur Macht" ins Freie. Seine individuell-existenzielle Antwort unterscheidet sich grundlegend von Schopenhauers Resignation oder Wagners Sakralisierung des deutschen Geistes. Zwar war Nietzsche anfänglich von Wagner fasziniert, trennte sich dann aber von ihm und lehnte ihn später leidenschaftlich ab. Nietzsches „Übermensch"* ist ein Außenseiter, der nicht in die bestehende Ordnung (oder überhaupt eine Ordnung) eingefügt werden kann. Er steht durchaus im Kontrast zu Wagner, der seinen Erfolg in Bayreuth genoss. Und anders als Wagner ist Nietzsche weder völkisch noch antisemitisch eingestellt. Seine Philosophie ist nicht daran interessiert, Deutschland zu sakralisieren, als habe es eine nationale und historische Bestimmung. Für Nietzsche steht der Prozess der Selbstentdeckung des Menschen in einer zunehmend urbanisierten, entsakralisierten und vernetzten Welt im Vordergrund. Aber es kann nicht überraschen, dass seine Ideen von NS-Ideologen in einem Deutschland, das sich in der ersten Hälfte des 20. Jahrhunderts unterdrückt und an den Rand gedrängt fühlte, aufgegriffen wurden.

Allerdings hätte Nietzsche Leni Riefenstahls Film *Triumph des Willens* ebenso abstoßend gefunden wie Kleist die Verwendung seiner *Hermannsschlacht* durch die Nazis, während Heine sich über die Verbrennung seiner Bücher vielleicht nicht gewundert hätte. Grundsätzlich ist es unfair, aus späterer Perspektive die NS-Katastrophe in den Werken der großen Denker und Künstler des 19. Jahrhunderts vorbereitet zu sehen. Dagegen finden wir bei Schriftstellern wie Lagarde und Langbehn eine Perversion der romantischen Weltsicht, die unumwunden völkisch und antisemitisch war. Sie befürworteten das Führerprinzip und Deutschlands Drang nach Osten. Hitler trägt in *Mein Kampf** alle diese Ideen vor, von denen keine seiner eigenen Denkweise entsprungen ist.

Und wie hat sich das Christentum in einer angeblich christlichen Kultur bemerkbar gemacht? War es von der Aufklärung zum Verstummen gebracht worden? Wer repräsentierte die authentische Interpretation der christlichen Glaubensverkündigung in der wirtschaftlichen, sozialen und politischen Realität des Kaiserreichs? Wie reagierte das institutionalisierte Christentum auf die spirituellen Sehnsüchte jener Epoche?

Zweifellos war die Aufklärung eine grundlegende Herausforderung für das Christentum gewesen. Kant hatte einer ernsthaften theologischen wie ethischen Theorie und Praxis die Grenzen aufgezeigt. 1835 veröffentlichte der Theologe und Philosoph David Friedrich Strauß sein Werk *Das Leben Jesu, kritisch bearbeitet*, in dem er die Wunderberichte der Evangelien als Mythenbildung bezeichnete. Das Buch machte in Europa, ganz besonders aber in Deutschland selbst, Furore – es schien die historischen Fundamente des Christentums so radikal zu beseitigen, wie Kant es mit den Gottesbeweisen gemacht hatte. 1859 dann sprach Darwin in seinem *Origin of Species* (in Deutschland 1860 unter dem Titel *Die Entstehung der Arten* erschienen) dem Menschen eine Sonderstellung ab. Konnte eine Berufung auf die Offenbarung diese Angriffe überleben?

Tatsächlich waren im Deutschland des 19. Jahrhunderts die intellektuellen Angriffe auf die orthodoxe christliche Lehre sehr viel heftiger als in anderen Ländern Europas, nicht jedoch, weil sich hier die Aufklärung auf dem Kampfplatz des Denkens behauptet hätte. Doch machten weder die Romantiker in ihrer Suche nach der Einheit mit dem Absoluten noch Hegel, der das Absolute in der Geschichte sich verwirklichen sah, das traditionelle Christentum zur Grundlage ihrer Philosophie. Zwar mochte Friedrich Schleiermacher als Verteidiger des religiösen Glaubens erscheinen, tatsächlich jedoch fasste er das

religiöse Gefühl „schlechthiniger Abhängigkeit" in christliche Terminologie, ohne für eine objektive Wahrheit der christlichen Lehre ein-
zutreten; insofern stand er den Romantikern nahe.

Zudem gab es in Deutschland eine Reihe von Autoren, die einer
expliziten Feindschaft gegenüber dem Christentum Ausdruck verliehen. Für sie war die von Christus verkörperte Ethik ein schwaches,
veruntüchtigendes Prinzip, das mit der wirklichen Stoßrichtung
menschlichen Unternehmungsgeistes nicht zu vereinbaren war. Sechs
Jahre nach Strauß' *Leben Jesu* trug Ludwig Feuerbach diese neue An-
griffsstrategie vor, und zwar in *Das Wesen des Christentums*, das 1841
in erster Auflage erschien und ebenfalls großes Aufsehen erregte.
Feuerbachs Grundthese läuft, vereinfacht gesprochen, darauf hinaus,
dass die Menschen Gott geschaffen haben, nicht umgekehrt. Mithin
konnten die Menschen Gott gemäß ihren Ideen und Vorstellungen
formen und hatten das auch getan – das jedenfalls war dann Nietzsches Argument, vorgetragen mit einer Verve, die auch heute noch zu
erstaunen vermag. Das Christentum war nicht einfach nur unwahr
und korrupt, sondern tatsächlich gefährlich, weil es eine Ethik der
Schwäche vertrat. Ideologen wie Lagarde entwickelten diese Gedanken auf spezifisch völkische* Weise weiter: Das Christentum war mit
Deutschlands Bestimmung zu Stärke und Vorherrschaft nicht vereinbar. (Ironischerweise, aber vielleicht nicht überraschend, kamen viele
der Denker, die den traditionellen christlichen Glauben in jener Zeit
unterminierten, aus protestantischen Eltern-, wenn nicht gar Pfarr-
häusern oder hatten Theologie studiert: Hölderlin, Hegel, Schleiermacher, Strauß, Feuerbach, Lagarde und Nietzsche.)

Gegen Ende des 19. Jahrhunderts machten sich die Stimmen der
institutionalisierten Kirchen auf höchst unterschiedliche Weise bemerkbar. Da war zum einen die markige Unterstützung der völkischen Tendenz (das gilt ganz besonders für die protestantische Kirche
in Preußen, wo der Hofprediger Wilhelms II. offen antisemitisch war
und für ein vom modernen Kapitalismus samt damit verbundener
sozialer Präsenz der Juden befreites Deutschland eintrat), da war
zum anderen die mehr nach innen orientierte reformierte Kirche

und da war schließlich die katholische Kirche mit ihrem universalistischen Ansatz und ihren Riten. Die später virulent werdenden Gefahren waren damit schon gegeben: einerseits das Ende in der NS-Verstrickung der „Deutschen Christen", andererseits ein Quietismus, der stillhielt, statt laut zu protestieren.

Je stärker völkische Ideen im Aufwind begriffen waren, desto weniger konnten Kunst und Religion neutral bleiben, wie einige ihrer Vertreter bald entdeckten. Thomas Manns geistig-politische Entwicklung zeigt, dass es keinen bequemen mittleren Weg gab – keine Möglichkeit, sich auf die Innerlichkeit zurückzuziehen, um die Wahl zwischen Kompromiss und Gegnerschaft zu vermeiden. Manns Roman *Die Buddenbrooks* reflektiert mit der Schilderung des Niedergangs einer hanseatischen Kaufmannsfamilie seine Erfahrungen in Lübeck: Die tradierte Lebensenergie ging mit dem Verlust jener äußeren und inneren Überzeugungen dahin, die einstmals den Erfolg der Familie in einer von Luthers Zwei-Reiche-Lehre bestimmten Welt garantiert hatten.

Es kann kaum überraschen, dass Mann nie wieder etwas Vergleichbares schreiben sollte. Seine *Betrachtungen eines Unpolitischen* wurden während des Ersten Weltkriegs verfasst. Sie zeigen, wie selbst ein künstlerisch versierter Intellektueller von der romantischen Illusion eines Deutschlands in der Stunde seiner Prüfung verführt werden konnte. Die *Betrachtungen* bieten höchst interessante Einsichten in das deutsche Bewusstsein zu jener schweren Zeit: Sie sind voller von Opfergefühlen genährter Ressentiments (und von Kämpfen mit Thomas Manns Bruder Heinrich, dessen realistische Romane mit ihrer Konzentration auf den Antihelden Thomas Mann als „*Zivilisationsliteratur*"* abtat). Die in den *Betrachtungen* vermittelten Ideen sind alles andere als zeitgebunden: Sie lassen sich z. B. im Russland oder China des 21. Jahrhunderts ebenso finden.

Thomas Mann bedauerte es bald, die *Betrachtungen* verfasst zu haben. In der Nachkriegszeit – im kalten Licht von Niederlage und Erniedrigung – schrieb er den Roman *Der Zauberberg*. Hier erfährt der Protagonist, Hans Castorp, zunächst eine kaleidoskopähnliche

Bildung*, um schließlich eingezogen zu werden und im „Flachland",
der unromantischen Welt des Krieges, möglicherweise im Schützen-
graben zu sterben. Der Berg ist zugleich Symbol der Reinheit der
Kunst und – am Vorabend der eindringlichen Wirklichkeit des Krieges – Symbol einer Trennung von Kunst und Wirklichkeit, die nicht
mehr akzeptiert werden kann. So verliert der künstlerische Intellektuelle seine Unschuld.

Den Roman *Doktor Faustus* wiederum schrieb Thomas Mann im
Exil während des Zweiten Weltkriegs. Der Protagonist, Adrian Leverkühn, ist ein Komponist, der die Schranken der tradierten musikalischen Regeln überwinden will. In vollem Bewusstsein zieht er sich
die Syphilis zu (die Krankheit, an der Nietzsche zugrunde ging) und
schließt so den Pakt mit dem Teufel – künstlerische Inspiration um
den Preis des Wahnsinns. Sein Freund – die Kontrastfigur des treuen,
biederen Serenus Zeitblom – ist im Grunde eine Art Apollo gegen
Leverkühns Dionysos. Der Roman ist die komplexe Metapher für
den moralischen Zusammenbruch Deutschlands und für die Rolle,
die die unterschiedlichen, miteinander konkurrierenden Themen
auf dem Weg in das „Dritte Reich" gespielt hatten. Darüber hinaus
aber ist *Doktor Faustus* das Eingeständnis der Wirklichkeit des Bösen
in den menschlichen Angelegenheiten und der fortwährenden und
universellen Bedeutung des Mythos vom Teufelspakt in einer entsakralisierten Welt. Und schließlich manifestiert er die Erkenntnis,
dass weder Kunst noch Religion Erlösung gewähren oder garantieren
können. Es kann nicht überraschen, dass Thomas Mann in der Gestalt des Komponisten Leverkühn die Musik zum Medium für seine
Parabel über das Fehlschlagen der Erlösung durch Kunst macht. Wie
wir noch sehen werden, war die einzige Kunst, die in der dunklen
Nacht des „Dritten Reichs" zur deutschen Seele hätte sprechen können, die Musik als deutscheste aller Künste. Aber das Innenleben war
nach Luther und Kant zur Ausweglosigkeit verdammt. Eines der beiden Reiche Luthers lag verlassen da.

Oder vielleicht nicht verlassen, sondern unsicher, von Gefühlen
zerrissen, zornig über die moderne Welt und ihre spirituelle Entfrem-

dung. Der deutsche Expressionismus in Kunst und Film vor und nach dem Ersten Weltkrieg war zusammen mit der schroffen Musik der frühen Opern von Richard Strauss (*Salome* und *Elektra*) Bestandteil eines europaweiten Phänomens: eine dissonante Reaktion auf die Industriegesellschaft. Sie war vergleichbar der romantischen Reaktion auf die Moderne ein Jahrhundert zuvor. Doch während die Romantiker den rationalistischen Individualismus der Aufklärung kritisierten, wandten sich die Expressionisten gegen Maschinengesellschaft und völkischen Nationalismus. Kein Wunder, dass im NS-Reich diese Kunst als „entartet"* denunziert wurde.

Andere Intellektuelle und Künstler wandten ihre Aufmerksamkeit stärker dem anderen der beiden Reiche Luthers zu: Klassenstruktur und Kapitalismus waren die Feinde, nicht Ausländer und Außenseiter. Für Künstler und Dichter wie Weill und Brecht war das Individuum vom System unterjocht worden. Es gab keinen deutschen *Sonderweg*, keine nationale historische Bestimmung – außer vielleicht in der Avantgarde, deren unvermeidliche Revolution das System zerstören würde. Aber diese Revolution hatte bereits in einem Land stattgefunden, das der wissenschaftliche Sozialismus für viel ungeeigneter gehalten hätte als Deutschland. Abgesehen davon, war Stalin nicht daran interessiert, die Revolution nach außen zu tragen.

Brecht war einer der einflussreichsten Dichter und Stückeschreiber des 20. Jahrhunderts; seine Größe ist unbestritten, doch lebte er nicht lang genug, um den endgültigen Zerfall des Sozialismus in der DDR noch zu erleben (geschweige denn das moralische Vakuum im postkommunistischen Russland). Dass der Sozialismus, sei er „wissenschaftlich" oder einfach nur revolutionär, es nicht vermag, den Geist zu nähren und die Fragen „Wer bin ich?" beziehungsweise „Wer sind wir?" zu beantworten, wurde in Deutschland erst in den 1980er-Jahren deutlich (obwohl es eigentlich schon in der Sowjetunion der 1930er-Jahre offenkundig war). Als mögliche Alternative zum völkischen Weg in der Weimarer Republik war der Sozialismus bereits durch die zynische Manipulation der KPD seitens der sowjetischen Kommunisten korrumpiert worden.

1933 war endlich das erreicht, was Joseph Goebbels „das völkische Zeitalter" nannte. „Das Einzelindividuum wird ersetzt durch die
Gemeinschaft des Volkes", betonte er. Die kulturellen Aktivitäten
sollten, wie alles andere auch, in den Dienst dessen treten, was er in
so schlauer wie perverser Verdrehung eines kantischen Begriffs das
„Volk als Ding an sich" nannte.[20]

Angesichts der Realität der NS-Herrschaft schlugen die Reprä-
sentanten der deutschen Kultur unterschiedliche Wege ein. Da gab
es diejenigen, die sich mit den neuen Machthabern arrangierten: die
Deutschen Christen, Leni Riefenstahl, der Bildhauer Arno Breker.
Andere spielten bestimmte Rollen im öffentlichen Leben oder im
akademischen Bereich, fühlten sich dabei aber mehr oder weniger
unwohl: Martin Heidegger, Wilhelm Furtwängler, Werner Heisenberg. (Furtwängler und Heisenberg wurden zu Protagonisten in Stücken der 1980er-Jahre, die die Zweideutigkeit solchen Verhaltens und
die damit verbundene Selbsttäuschung erkundeten.) Wieder andere
gingen ins Exil, verließen Deutschland, wie Bertolt Brecht und Kurt
Weill, Heinrich und Thomas Mann, oder flüchteten sich in das, was
später das „innere Exil" genannt wurde, sie duckten sich also weg, wie
Ernst Jünger, Gerhart Hauptmann und, nach anfänglichem Zögern,
Richard Strauss. Und schließlich gab es jene wenigen, die ihr Leben
riskierten, indem sie Widerstand leisteten: Dietrich Bonhoeffer, die
Geschwister Scholl, der Kreisauer Kreis, Claus Schenk Graf von
Stauffenberg und seine Mitverschwörer. Am Abend vor seinem Freitod nach dem Fehlschlag des Attentats auf Hitler zitierte Henning
von Tresckow die biblische Erzählung von Abraham, der mit Gott
über das Schicksal von Sodom verhandelte: Würde Jahwe die Stadt
verschonen, wenn er wenigstens ein paar Gerechte dort fände?

Zu dieser Zeit hatten sich, wie wir im nächsten Kapitel sehen
werden, die Erinnerungen und Träume, die den deutschen Geist auf
seinem Weg ins „völkische Zeitalter" nährten, bereits in schreckliche
Albträume verwandelt.

6. Erinnerungen, Träume, Albträume

Je mehr sich die Sehnsucht nach Identität und das Bewusstsein nationaler Bestimmung verstärkten, desto mehr besann man sich in Deutschland auf Erinnerungen und Träume zurück – Erinnerungen mit Goldrändern und Träume von altgermanischen Zeiten.

Die Erinnerungen, die sich im Kaiserreich ausbreiteten, waren durch die von Herder initiierte Wiederaneignung der Geschichte und Überlieferung der deutschen Territorien zu neuem Leben erweckt worden. Insbesondere zwei Gestalten aus der fernen Vergangenheit spielten dabei eine gewichtige Rolle: Arminus beziehungsweise Hermann der Cherusker und Friedrich Barbarossa. Ihnen wurden physische wie poetische Denkmäler errichtet, und der Tribut, der diesen beiden Gestalten mit mittlerweile fast mythischem Status gezollt wurde, zeigt in aller Deutlichkeit, welche symbolische Macht sie für das neue Deutschland auf seiner Suche nach einem Platz an der Sonne der Weltgeschichte besaßen.

Arminius wurde während der letzten Jahrzehnte des 19. Jahrhunderts zum Nationalhelden befördert, während Kleist sein Drama *Die Hermannsschlacht* bereits zur Zeit der napoleonischen Kriege und deutschen Niederlagen geschrieben hatte. Er wollte es als Aufruf zum Widerstand verstanden wissen, doch wurde es zu seinen Lebzeiten weder veröffentlicht noch aufgeführt. Als es endlich 1821 publiziert wurde, war die napoleonische Bedrohung Geschichte. Auf die Bühne kam es erst 1860, hatte aber keinen Erfolg. Doch nach der Reichseinigung wurde es rasch populär und die Aufführungen häuften sich. Während des Ersten Weltkriegs fanden Inszenierungen im Beisein der kaiserlichen Familie statt, und es gab Unterbrechungen für Nachrichten von der Front. Noch mehr Verbreitung fand es, wenig überraschend, im „Dritten Reich". Nach dem Zweiten Weltkrieg gab es dann nur noch wenige Aufführungen, in denen Beziehungen zur jüngsten Vergangenheit möglichst ausgeblendet wurden, oder politisch korrekte Neuinterpretationen, die dezidiert den Bruch mit der jüngsten deutschen Vergangenheit suchten.

In Kleists Drama ist Hermann eine Anführerfigur, die erst dazu überredet werden muss, gegen die militärisch überlegenen Römer zu den Waffen zu greifen. Diese spielen ein doppeltes Spiel, indem sie einerseits Hermanns Stammesrivalen unterstützen und andererseits, in Gestalt des römischen Legaten Ventidius, Hermanns Frau Thusnelda umgarnen – der Römer stiehlt heimlich eine Locke von Thusneldas Blondhaar. Dieses verräterische Tun führt schließlich zur Vereinigung der germanischen Stämme und zum Sieg über die Römer in der Schlacht im Teutoburger Wald.

Es ist kein literarisch bedeutendes Stück, aber die zeitgenössischen Bezüge – der antifranzösische Impetus – treten deutlich genug hervor. Die streitenden Stämme sind die uneinigen deutschen Staaten, und die verräterischen Römer stehen für die Franzosen. Vor wie auch nach dem Preußisch-Französischen Krieg stand die ressentimentgeladene Feindschaft gegen Frankreich ganz oben auf der Tagesordnung.

Südwestlich von Detmold steht im Teutoburger Wald das *Hermannsdenkmal*, gekrönt von der riesigen Hermannsstatue. Von der Sockelbasis bis zur Schwertspitze misst es über 53 Meter.[21] Es verdankt sich der Vision eines engagierten Bildhauers namens Ernst von Bandel, der über 30 Jahre daran arbeitete und zeitweise an der Baustelle wohnte. 1875 fand die feierliche Einweihung statt. Sinnigerweise blickt Hermann nicht nach Süden zum römischen Italien, sondern nach Südwesten – in Richtung Frankreich. Auf einer Tafel am Fuß der Statue wird Frankreich als „*Erzfeind*" bezeichnet.

Die nationale Glorifizierung der Schlacht im Teutoburger Wald blieb nicht unwidersprochen. Im Gegensatz zu Kleist war für Heinrich Heine in seinem Versepos *Deutschland – ein Wintermärchen* das Ereignis Gegenstand satirischer Betrachtung. Wie Kleist war auch Heine ein Außenseiter der Gesellschaft, aber aus völlig anderen Gründen. Kleist entstammte einer distinguierten preußischen Familie mit berühmten Militärs als Mitgliedern, während Heine jüdischer Herkunft war und zudem, als Radikaler, guthieß, was Napoleon den von ihm besetzten deutschen Territorien an politischem Fortschritt bescherte. Heine verbrachte fast die Hälfte seines Lebens in Paris. Seine satirische Reise durch ein politisch reaktionäres Deutschland von 1844 – vier Jahre vor der Revolution, die dann scheitern sollte – führt ihn auch zu der Baustelle, wo das *Hermannsdenkmal* entsteht:

> Das ist der Teutoburger Wald,
> Den Tacitus beschrieben,
> Das ist der klassische Morast,
> Wo Varus steckengeblieben.
>
> Hier schlug ihn der Cheruskerfürst,
> Der Hermann, der edle Recke;
> Die deutsche Nationalität,
> Die siegte in diesem Drecke.
>
> Wenn Hermann nicht die Schlacht gewann
> Mit seinen blonden Horden,
> So gäb' es deutsche Freiheit nicht mehr,
> Wir wären römisch geworden!
>
> [...]
>
> Wir hätten Einen Nero jetzt,
> Statt Landesväter drei Dutzend,
> Wir schnitten uns die Adern auf,
> Den Schergen der Knechtschaft trutzend.
>
> [...]
>
> Gottlob! Der Hermann gewann die Schlacht,
> Die Römer wurden vertrieben,
> Varus mit seinen Legionen erlag,
> Und wir sind Deutsche geblieben.
>
> [...]
>
> O Hermann, dir verdanken wir das!
> Drum wird dir, wie sich gebühret,

Zu Detmold ein Monument gesetzt;
Hab selber subskribieret.

Heines satirische Strophen änderten nichts daran, dass Hermann im späten 19. Jahrhundert zum Volkshelden wurde. Im deutschen Pantheon erhielt er Gesellschaft durch Friedrich Barbarossa, den letzten der deutschen Kaiser des Mittelalters, der noch mit Macht die deutschen Lande regierte. Nun aber schlief er in einer Höhle tief im Kyffhäuser. Eines Tages aber würde er auferstehen, um all jene zu bestrafen, die für das Unglück des deutschen Volkes verantwortlich waren. Im 19. Jahrhundert war die Legende durch das faszinierte Interesse am deutschen Mittelalter zu neuem Leben erwacht. Zwar gibt es Parallelen in der englischen Literatur – Ossian, die Romane von Walter Scott, die Legende von König Arthur – und auch in Frankreich weckte Victor Hugos Roman *Der Glöckner von Notre Dame* das Interesse am Mittelalter. Doch im deutschen Kaiserreich wurde die Barbarossa-Legende zum Mythos, der die neue Identität entscheidend beeinflusste.

Noch vor der Reichseinigung hatten die Romantiker ihre Hoffnungen auf ein vereintes und gestärktes Deutschland mit der Barbarossa-Legende in Verbindung gebracht. Friedrich Rückert, ein Dichter, dessen anmutig fließende Verse deutsche Komponisten von Schubert bis Mahler zu Vertonungen angeregt haben, schrieb jenes Gedicht, das die Barbarossa-Legende für das 19. Jahrhundert festschrieb:

Der alte Barbarossa,
Der Kaiser Friederich,
Im unterird'schen Schlosse
Hält er verzaubert sich.

Er ist niemals gestorben,
Er lebt darin noch jetzt;
Er hat im Schloss verborgen
Zum Schlaf sich hingesetzt.

Er hat hinabgenommen
Des Reiches Herrlichkeit,
Und wird einst wiederkommen
Mit ihr, zu seiner Zeit.

Gefühlsmäßig aufgeladener war das Stück *Kaiser Friedrich Barbarossa* (1829) des jungen Dramatikers Christian Dietrich Grabbe, das die vielschichtige Beziehung des Kaisers zu seinem politischen Hauptrivalen Heinrich dem Löwen zum Gegenstand hat. Häufig kreisten Grabbes Stücke um Themen im Bannkreis des neuen deutschen Nationalismus – er schrieb wie Kleist eine *Hermannsschlacht,* ebenso wie ein Stück über Napoleons berühmte 100 Tage nach der Flucht von Elba. Stilistisch war er stark von Shakespeare und dem „Sturm und Drang" des späteren 18. Jahrhunderts beeinflusst. Seine Stücke sind bisweilen von einer Grandiosität, die eine Aufführung nahezu unmöglich macht (obwohl andererseits der schnelle Wechsel von kurzen Szenen gewisse Techniken des modernen Dramas vorwegnimmt). Zu Beginn des 20. Jahrhunderts wurde Grabbes *Barbarossa* häufiger aufgeführt. Seine Themen wie auch sein Antisemitismus kamen den NS-Ideologen gut zupass.

Im Kaiserreich wurde Barbarossa zu einer Art Wächter oder Schutzengel. Er taucht an der Berliner Siegessäule auf, mit deren Bau nach dem Sieg über Dänemark 1864 im Krieg um Schleswig-Holstein begonnen wurde. Die Säule wurde 1873 vollendet, nachdem die Franzosen geschlagen und das Kaiserreich gegründet worden war. Barbarossa ist auch in den Mosaiken des alten Turms der Kaiser-Wilhelm-Gedächtniskirche zu finden, die zu Beginn der 1890er-Jahre errichtet wurde. Natürlich war es willkürlich, eine Verbindung vom Kaiser des mittelalterlichen Reichs zu den Herrschern des Kaiserreichs von 1870 zu ziehen. Aber einige patriotische Schriftsteller waren kühn genug, zu behaupten, dass die neuen – und entschieden unromantischen – Gestalten ein lebender Beweis für die Wahrheit der Legende seien, Barbarossa also tatsächlich erwacht sei, um Deutschland in schwerer Stunde beizustehen. Der alte Kaiser Wil-

helm I. wurde sogar liebe- und bedeutungsvoll *Barbablanca* – Weiß-
bart – genannt. Der Mythos „Barbarossa" hatte im Vorfeld des Ersten
Weltkriegs auf ein patriotisches Deutschland sicherlich den nämlichen Effekt wie Lawrence Olivier in seiner Rolle als Heinrich V. in
der Schlacht von Agincourt für Großbritannien im Zweiten Weltkrieg.

Zur selben Zeit, da die Gedächtniskirche in Berlin fertiggestellt
wurde, errichtete man bei den Überresten der alten Reichsburg Kyff-
hausen in Thüringen ein riesiges Barbarossa-Denkmal. Dort sitzt der
Kaiser, schwer vor sich hinbrütend, gerade aus langem Schlaf erwacht, und elf Meter über ihm das Reiterstandbild Wilhelms I.
Darüber ein 57 Meter hoher Turm mit einer Kaiserkrone als Spitze.
Der Turm überragt die bergige Umgebung und ist schon aus weiter
Entfernung sichtbar. Dieses so monumentale wie unschöne Ensemble
wies überdeutlich darauf hin, dass der alte Kaiser Wilhelm der Vater
des neuen Kaiserreichs ist, das so ruhmvoll werden würde, wie das
Alte Reich zu Barbarossas Zeit gewesen war.

Bezeichnenderweise blickt Barbarossa auf dem Kyffhäuser nach
Osten, nicht nach Süden. Während die Kaiser des Heiligen Römischen Reiches, darunter auch Barbarossa, sich nach Italien orientierten, hatte sich das deutsche Streben im wilhelminischen Deutschland nach Osten gewandt. Darin zeigte sich die Dominanz Preußens,
das immer noch vom Drang der Deutschordensritter beeinflusst war.
Der Osten war das Kernland des Königreichs Preußen; seine östlichen Gebiete waren die Bastion einer konservativen Gesellschaft,
die nach dem Scheitern der Revolution von 1848 fast einhundert Jahre lang das öffentliche Leben in Deutschland bestimmen sollte. Diese
Gesellschaft pflegte das Bewusstsein, jahrhundertelang in einem von
Feinden umgebenen Land zu leben – lange, bevor das Kaiserreich
dieses Bewusstsein für sich übernahm. In den 1870er-Jahren wurden
rund um Königsberg nicht weniger als 15 Festungen zur Verteidigung angelegt; das Geld dafür stammte aus französischen Reparationszahlungen. Und im 20. Jahrhundert erhielt die NSDAP nirgendwo mehr Stimmen als in Ostpreußen.

Der Verlust der Ostgebiete nach 1945 hat über den 700 Jahre währenden Drang nach Osten einen Schleier der Nostalgie gelegt. Dieser Drang war eine seltsame Mischung aus zivilisatorischer Mission, Furcht vor „asiatischen Horden" und der Sehnsucht nach weiten Räumen, die man kultivieren konnte. Gerade hier – und gerade weil es um Land ging, das in blutigen Kämpfen erobert werden musste – besaß die Ideologie von „Blut und Boden" wirkliche Macht über die deutsche Vorstellungskraft, hier mehr als anderswo in Deutschland. Den Osten malte man sich in Gestalt von hübschen Städtchen, bewohnt von Deutschen, umgeben von Feldern, fruchtbar gemacht durch *Kulturarbeit* (ein nahezu unübersetzbares Wort, das die ganze disziplinierte, pflichtbewusste Wissenskraft, die in die Arbeitsleistung eingeht, umfasst), inmitten von sanft gewellten Landschaften mit Wäldern und Seen – nicht zu vergessen die epischen Schlachten, die gegen die Slawen mal gewonnen und mal verloren wurden. Symbol dieses deutschen Drangs nach Osten war die Marienburg – die große Festung der Ordensritter vom 13. bis zum 16. Jahrhundert. Sie wurde im 19. Jahrhundert aufwendig restauriert – Deutschland versicherte sich seiner Wurzeln. 1903 konnte Kaiser Wilhelm II. mit allem Pomp die Fertigstellung feiern. Im Zweiten Weltkrieg wurde die Marienburg schwer beschädigt, als die SS den Vormarsch der Roten Armee aufzuhalten suchte. Danach wurde sie wieder restauriert – diesmal von den Polen, in deren Land sie jetzt steht.

Aus *Mein Kampf* geht hervor, dass Hitler diese strategische Ausrichtung nach Osten voll und ganz befürwortete. Die Deutschen brauchten, so die Begründung, Lebensraum*; hinzu trat ein ethnisch ausgerichteter Darwinismus (beide waren, wie wir noch sehen werden, nicht Hitlers eigene Ideen):

> Damit ziehen wir Nationalsozialisten bewusst einen Strich unter die außenpolitische Richtung unserer Vorkriegszeit. Wir setzen dort an, wo man vor sechs Jahrhunderten endete. Wir stoppen den ewigen Germanenzug nach dem Süden und Westen Europas und weisen den Blick nach dem Land im Osten. Wir schließen endlich ab die Kolonial- und Handelspolitik der Vorkriegszeit und gehen über zur Bodenpolitik der Zukunft.

Hitler unterstrich diesen Strategiewechsel, als er seinem militärischen Großvorhaben – dem Überfall auf die Sowjetunion – den Codenamen „Unternehmen Barbarossa" gab. Das ostwärts orientierte Barbarossa-Denkmal zeigt, dass Hitler diese Strategie nicht aus dem Hut zauberte, sondern an eine Neuausrichtung deutscher Identität anknüpfte, die allerdings vor Jahrhunderten in Ostpreußen gegründet worden war. Nach dem Zweiten Weltkrieg wollten manche das Kyffhäuser-Denkmal in die Luft sprengen, seltsamerweise jedoch verbot es der damalige russische Kommandant vor Ort. Immerhin vertrieb der grauenhafte Fehlschlag des „Unternehmens Barbarossa" diesen Mythos ein für alle Mal aus dem deutschen Bewusstsein.

Im Hintergrund der Mythen von Barbarossa und Hermann/Arminius stand der deutsche Wald. Die Identität eines Landes hängt eng mit seiner Geografie zusammen, auch wenn das Land stark urbanisiert ist. Für die Briten ist immer noch das Meer eine bestimmende Macht in der folkloristisch gefärbten Erinnerungskultur; für Russland sind es die Steppen, für China die großen Ströme. Die gleichermaßen starken Erinnerungen und Vorstellungsbilder der Deutschen ranken sich vor allem um die Wälder. Sie haben das Bewusstsein in langen Jahrhunderten auf die eine oder andere Weise geprägt und ihre Spuren in der Seele, Kultur und Geschichte der Deutschen hinterlassen. Heine hat einmal gesagt, die geheime Religion der Deutschen sei der Pantheismus – ein Kommentar, der, so sehr er auch zu Missverständnissen Anlass geben mag, doch eine bedeutsame Wahrheit über die deutsche Seele enthüllt.

Noch heute ist Deutschland ein Land voller Wälder. Obwohl die Bevölkerungsdichte so hoch ist wie in Großbritannien und doppelt so hoch wie in Frankreich, ist der Waldbestand höher als in Frankreich und dreimal so hoch wie in Großbritannien. Die Wälder haben im Gedächtnis der Bevölkerung immer eine doppelte Rolle gespielt – sie dienten (und dienen) den Deutschen zur Erholung und sie sind Orte, an denen düstere und gewalttätige Dinge sich ereignen.

Seit Arminius sind die Wälder in der deutschen Geschichte, in den Geschichten, die über die Deutschen erzählt werden, präsent.

Für Tacitus, der über die Niederlage des Varus schreibt, sind sie end-
los, undurchdringlich und verräterisch, während sie für die Deutschen Schutz und Sicherheit bedeuteten. Als Luther auf Befehl des
sächsischen Kurfürsten zu seiner eigenen Sicherheit in der Wartburg
an der Bibelübersetzung sitzt, kann er aus dem Fenster die bewalde-
ten Berge und Hügel der Landschaft Thüringens überblicken. Auch
dienten die Wälder lustvollen Betätigungen. Gemälde deutscher
Künstler seit Lukas Cranach zeigen häufig Jagdszenen; und ab dem
späten 19. Jahrhundert wird in ihnen gewandert. Das war der Sport
der neuen Zivilisation – in diesem Sinn betätigte sich die Wandervogelbewegung, mit der große Gruppen von jungen Menschen aus
den Städten in die Wälder zogen, um die Nähe der Natur zu suchen
und sich dadurch geistig und seelisch zu erneuern.

Wälder aber waren auch die Stätte von bedrohlichen und un-
heimlichen Phänomenen. Die Bewohner dörflicher Gemeinschaften
hielten die Wälder für von Geistern bewohnt, deren Verhalten unvor-
hersehbar und bösartig sein konnte. Und für die Romantiker des
19. Jahrhunderts, die ein starkes Gespür der Ehrfurcht vor den Ge-
heimnissen der Natur hatten, waren die Wälder jener Ort, an dem die
Begegnung mit der so verstandenen Natur möglich wurde – davon
zeugen, um ein Beispiel zu nennen, einige der tiefsinnigsten Bilder
von Caspar David Friedrich. Der Blick fällt auf bewaldete Berge, ein-
gehüllt in Nebelschwaden oder in Mondlicht, bisweilen taucht eine
gotische Ruine auf, die mit ihrer natürlichen Umgebung verwachsen
scheint: Diese Bilder waren Darstellungen einer deutschen Seelen-
landschaft (und so können wir sie auch heute noch verstehen), wie
andererseits die Landschaftsbilder von John Constable (eines Zeitgenossen Friedrichs) mit ihren zumeist alltäglichen Szenen und tages-
lichtnahen Farben die englische Seele spiegeln.

Wälder konnten auch die Szenerie für alle möglichen seltsamen
Begegnungen in Volkserzählungen abgeben, ein Schatz, den vor allem
die Brüder Grimm hoben. Jacob und Wilhelm Grimm waren hauptsächlich als Universitätslehrer tätig. Noch als Studenten an der Universität Marburg lernten sie durch einen ihrer Professoren Achim

von Arnim und Clemens Brentano mit ihrer Sammlung von Volksliedern namens *Des Knaben Wunderhorn* kennen und durch sie die
Forschungen Johann Gottfried Herders. Die Beschäftigung mit deutscher Volkskultur ließ sie nie wieder los. 1812 veröffentlichten sie den
ersten Band der *Kinder- und Hausmärchen*, deren Bestand in folgenden Ausgaben überarbeitet und erweitert wurde. Mit der Verbreitung
der Hausmärchen wuchs auch der Ruhm der Grimms. Viele der Märchen sind in das kulturelle Erbe der Welt eingegangen: *Rotkäppchen,
Hänsel und Gretel, Schneewittchen und die sieben Zwerge, Aschenput-
tel, Der Froschkönig, Dornröschen* und viele andere. Der Einfluss auf
die deutsche Kultur war beträchtlich: Die *Kinder- und Hausmärchen*
wurden in den preußischen Lehrplan für Schulen aufgenommen, und
später forderten NS-Kulturideologen, dass jeder deutsche Haushalt
ein Exemplar besitzen solle. Seit dem Kaiserreich war es in vielen
Familien das beliebteste Buch nach der Bibel.

In vielen dieser Märchen spielt Gewalt eine große Rolle; in ihrer
originären Form können sie – jedenfalls unter Berücksichtigung
heutiger Empfindlichkeiten – für Kinder, die doch ihr eigentliches
Zielpublikum sind, als ungeeignet erscheinen. So gibt es z. B. in „Rotkäppchen" wie auch in „Hänsel und Gretel" Elemente von Grausamkeit und Gewalt, und die Versionen von „Schneewittchen" und „Der
Froschkönig" sind in der uns heute vertrauten Form sorgfältig von
allen möglichen Anstößigkeiten gesäubert worden (vor allem in den
Disney-Filmen).

Die Wälder tauchen in so vielen dieser Märchen auf, weil sich in
ihnen die Lebensform einer ländlichen Gesellschaft spiegelt. Mit
ihren Lichtungen und dann wieder dichten Baumbeständen, wo
Geister und wilde Tiere lauern und Menschen sich ausweglos ver-
irren können, stellten sie eine fortwährende existenzielle Bedrohung
dar. Im 19. Jahrhundert waren diese atavistischen Ängste zwar auf
dem Rückzug, doch konnten die Märchen immer noch ein Kind erschauern lassen. Und vielleicht spürten sogar aufgeklärte Stadt-
bewohner, dass sie hier auf tief im Gedächtnis begrabene Überliefe-
rungen stießen, die immer noch Albträume verursachen konnten.

Es gibt noch weitere Beispiele für den Einfluss des Waldes auf deutsche Kulturschöpfungen im 19. Jahrhundert. Carl Maria von Webers Oper *Der Freischütz*, uraufgeführt 1821, war sofort ein Riesenerfolg in Deutschland, später auch im übrigen Europa. Das Libretto beruht auf einer deutschen Volkssage und erzählt von den Bemühungen des Jägerburschen Max, die Hand seiner geliebten Agathe, der Tochter des Erbförsters Kuno, zu gewinnen. Nachdem er zunächst bei einem Schützenfest als Schütze versagt hat, lässt er sich auf eine gefährliche Liaison mit dem finsteren Kaspar, dem ersten Jägerburschen, ein. Kaspar hat mit dem Teufel eine Art faustischen Pakt geschlossen und bietet Max an, ihn in die *Wolfsschlucht* zu führen, wo ein böser Geist ihm zauberkräftige „Freikugeln" gießen wird. Die siebte und letzte Kugel tötet scheinbar seine Geliebte, wird aber wundersamerweise umgelenkt und trifft stattdessen Kaspar, der dem Teufel verfallen ist. Max soll Buße tun und ein Jahr warten, bis er Agathe mit Erlaubnis von Fürst Ottokar heiraten darf.

Dank Webers kompositorischen Könnens wird aus der eher trivialen Vorlage ein hochemotionales Meisterwerk, ein natürlicher wie übernatürlicher Kampf zwischen Gut und Böse. Weber bedient sich mancher Motive, die tief in die deutsche Seele mit ihren Erinnerungen an die Wälder (und an den faustischen Pakt) eingelassen sind. Die Wolfsschluchtszene gehört zu den in ihrer Schaurigkeit überzeugendsten musikalischen Porträts des Übernatürlich-Bösen, die je komponiert worden sind.

Düster sind auch die mit einem anderen Waldversteck verbundenen Umstände: Hitler verbrachte die meisten Kriegstage weder in Berlin noch in seinen geliebten Berchtesgadener Bergen, sondern in der *„Wolfsschanze"* tief in den Wäldern Ostpreußens. Die Assoziation mit der „Wolfsschlucht" drängt sich geradezu auf.

So wachsen die Wälder in das Historische, das Legendäre oder das ganz und gar Imaginäre hinein: Hermann im Teutoburger Wald, Barbarossa in seiner Höhle, Webers Freischütz, schließlich der emotional so berührende erste Akt von Richard Wagners *Die Walküre*. Der Einfluss von Webers Oper auf den jungen Richard Wagner ist deutlich erkennbar. Und Wagner widmete wie kein Zweiter seine Musik der anderen großen landschaftlichen Prägeform, die für die Entwicklung der deutschen Identität im 19. Jahrhundert von entscheidender Bedeutung war: dem Rhein. Dieser Fluss bildet den Hintergrund für Wagners großen Opernzyklus *Der Ring des Nibelungen.* Die bemerkenswerten 137 Eingangstakte des ersten Teils dieses Zyklus, *Das Rheingold,* beschwören den ewig rollenden Strom, der den Strebungen und Zielen von Göttern und Menschen so gleichgültig davonströmt wie nichts sonst auf der Welt.

Im Reich Karls des Großen war der Rhein der große zentrale Verkehrsweg. Nach der Spaltung des Frankenreichs wurde er zum Gegenstand von Konflikten – war er Deutschlands Strom oder eine von den Franzosen kontrollierte Grenzzone? Das deutsche Bewusstsein kannte die Antwort. Die strategische Bedeutung des Rheins zeigt sich schon in den vielen märchenhaft aussehenden Burgen und Schlössern an seinen Ufern und im Umkreis. Dazu gehört die spektakuläre Hohkönigsburg, die jetzt im französischen Elsass liegt. Kaiser Wilhelm II. ließ sie im ersten Jahrzehnt des 20. Jahrhunderts sorgfältig restaurieren, als das Elsass ein *Reichsland** war. Hohkönigsburg war im 12. Jahrhundert unter Barbarossas Vater erbaut worden, um die Westflanke der Reichsgebiete zu schützen. Im Dreißigjährigen Krieg hatten schwedische Truppen die Burg belagert, erstürmt und niedergebrannt. Als sie Ende des 19. Jahrhunderts Wilhelm II. von der Stadt Schlettstadt geschenkt wurde, war sie nur eine Ruine. Ihre Wiederherstellung war, wie die der Marienburg, ein Zeichen für die sorgsame Pflege des Mythos vom mittelalterlichen Kaiserreich durch das neue Reich.

Mehr als jeder andere große europäische Strom zog der Rhein die Aufmerksamkeit der Romantiker auf sich. Deutsche Dichter widmeten ihm im 19. Jahrhundert eine Unzahl von Gedichten. Die meisten waren nichts Außergewöhnliches und einige sind von jener Art idyllischer Volkstümlichkeit wie etwa „Old Father Thames" im englischen Kontext. Aber einige Gedichte ragen heraus. Zwei von ihnen verdanken wir zwei der bedeutendsten literarischen Gestalten Deutschlands.

Hölderlins Hymne „Der Rhein" (entstanden 1801) ist in seiner Aura mit „Germanien" vergleichbar. Der Rhein entspringt in den Bergen, stürzt durch Wälder und über gefährliche Fälle, bis er ruhig durch bebautes Land fließt, vorbei an „Städten, die er gegründet". Hölderlin spricht aber durch den „Vater Rhein" vom Verlust der Götter und einem dennoch gebliebenen Sehnen nach dem Aufstieg in geistige Höhen, das sich niemals mit der Häuslichkeit alltäglichen Lebens bescheiden kann. Er zeichnet den Fluss als Halbgott, der, den Turbulenzen seiner frühen Zeit entronnen, seinen Frieden in der Fruchtbarkeit und Schöpferkraft der Regionen findet, die er durchfließt. Doch kann er seinen Ursprung nicht vergessen und nicht vermeiden das Streben nach Unsterblichkeit. Der Preis seiner Sehnsucht aber ist die Zerstörung all dessen, was er kennt und liebt.

> Es haben aber an eigner
> Unsterblichkeit die Götter genug, und bedürfen
> Die Himmlischen eines Dings,
> So sind's Heroen und Menschen
> Und Sterbliche sonst. Denn weil
> Die Seligsten nichts fühlen von selbst,
> Muß wohl, wenn solches zu sagen
> Erlaubt ist, in der Götter Namen
> Teilnehmend fühlen ein andrer,
> Den brauchen sie; jedoch ihr Gericht
> Ist, daß sein eigenes Haus
> Zerbreche der und das Liebste
> Wie den Feind schelt und sich Vater und Kind
> Begrabe unter den Trümmern,
> Wenn einer, wie sie, sein will und nicht
> Ungleiches dulden, der Schwärmer.

Wie sonst, sind auch hier Hölderlins Gedanken kaum in einfachen Worten auszudrücken. Aber in dieser so sehr deutschen Vision des Rheins macht sich das Verlangen nach einem Absoluten, Ungeteilten, Ewigen bemerkbar – doch gibt es auch ein Bewusstsein davon, dass das Streben nach Gleichheit mit den Göttern einen schrecklich hohen

Preis kosten und letztlich nicht einzulösen sein wird. Eine drohende deutsche Tragödie wirft ihren Schatten voraus, und das erscheint aus späterer Perspektive umso scharfsichtiger.

Zwei Jahrzehnte später entstand Heines Gedicht über die „Lore-Lei", das dann im *Buch der Lieder* veröffentlicht wurde und sich an eine Ballade von Clemens Brentano anlehnt. Bei Heine wird die Loreley zu einer Art von Sirene, die an der engsten und gefährlichsten Stelle des Rheins die Männer mit ihrem Gesang in den Tod lockt. Wo Hölderlin die Möglichkeit des Absoluten erspäht – und der Tragödie für diejenigen, die versuchen, es zu ergreifen –, zeigt Heine die Bedrohlichkeit des Schönen. In beiden Gedichten schwingt ein Unterton von Verhängnis und Melancholie mit, der sein Echo in der deutschen Seele findet. Während aber Hölderlins Hymne die Komplexität moderner Dichtung aufweist, bevorzugt Heine die (täuschende) Einfachheit des von einem Meister geschriebenen Volkslieds:

Ich weiß nicht, was soll es bedeuten,
Daß ich so traurig bin;
Ein Märchen aus alten Zeiten,
Das kommt mir nicht aus dem Sinn.

Die Luft ist kühl und es dunkelt,
Und ruhig fließt der Rhein;
Der Gipfel des Berges funkelt
Im Abendsonnenschein.

Die schönste Jungfrau sitzet
Dort oben wunderbar,
Ihr goldnes Geschmeide blitzet,
Sie kämmt ihr goldenes Haar.

Sie kämmt es mit goldenem Kamme,
Und singt ein Lied dabei;
Das hat eine wundersame,
Gewaltige Melodei.

Den Schiffer im kleinen Schiffe
Ergreift es mit wildem Weh;

Er schaut nicht die Felsenriffe,
Er schaut nur hinauf in die Höh.

Ich glaube, die Wellen verschlingen
Am Ende Schiffer und Kahn;
Und das hat mit ihrem Singen
Die Lore-Lei getan.

Deutet Hölderlin den Rhein als Metapher für das gefährliche Streben der Menschen nach Unsterblichkeit, so ist er bei Heine eine Metapher für das im Schönen lauernde Bedrohliche. Aus späterer Sicht wirken beide, als beschwörten sie – unabsichtlich – das Unheil.

Doch schon bald wurde der Rhein für die Deutschen zum Symbol einer sehr greifbareren Bedrohung ihrer fragilen Identität – befürchtet wurde ein Angriff des Erzfeindes. Im späten 19. Jahrhundert zeugte das überaus populäre Lied „Die Wacht am Rhein" vom Gefühl der Verwundbarkeit und dem Bewusstsein nationaler Bestimmung in Deutschland. Der Text war 1840 von einem schwäbischen Kaufmann namens Max Schneckenburger verfasst worden. Zu dieser Zeit betonte die französische Regierung, dass der Rhein Frankreichs natürliche Grenze sein solle. Vor diesem Hintergrund war das Gedicht Ausdruck eines machtvollen neuen Geistes in Deutschland – eines Geistes, der gleichermaßen vom Groll über die lange Geschichte französischer Übergriffe auf das Rheinland wie von der leidenschaftlichen Sehnsucht nach politischer Einheit geprägt wurde. Dieser Geist befeuerte Ehrgeiz und Hoffnung der Deutschen in den Jahrzehnten vor dem Ersten Weltkrieg.

1854 wurde das Gedicht von Karl Wilhelm, seines Zeichens Chorleiter in Krefeld, vertont und geriet bald zu einer Art inoffizieller Nationalhymne. Die Verse finden sich auf dem Niederwalddenkmal bei Rüdesheim am Rhein, das 1883 zur Feier der Reichseinigung von 1871 errichtet worden war. Hier hält die Statue der Germania Kaiserkrone und Schwert, und im Hauptrelief unterhalb des Sockels ist Kaiser Wilhelm I., begleitet von den führenden Fürsten und Militärs des

Kaiserreichs, in Lebensgröße dargestellt. Und unter dem Hauptrelief ist der Text der „Wacht am Rhein" eingemeißelt:

Es braust ein Ruf wie Donnerhall,
Wie Schwertgeklirr und Wogenprall,
Zum Rhein, zum Rhein, zum deutschen Rhein,
Wer will des Stromes Hüter sein?

Lieb Vaterland, magst ruhig sein,
Lieb Vaterland, magst ruhig sein,
Fest steht und treu die Wacht, die Wacht am Rhein,
Fest steht und treu die Wacht, die Wacht am Rhein!

Von Hölderlins mysteriös-komplexer Rheinhymne über die unheimliche Einfachheit von Heines „Lore-Lei" bis zur „Wacht am Rhein" – wir werden noch sehen, wie der völkische Geist sich von grellen Trivialitäten wie diesem Lied nährte, das logischerweise auch im „Dritten Reich" überaus beliebt war. Zudem gibt es eine ironische Variante: In dem Filmklassiker *Casablanca* aus der Zeit des Zweiten Weltkriegs findet sich die berühmte Szene, in der deutsche Offiziere die „Wacht am Rhein" anstimmen, dann aber mit Billigung des Cafébesitzers Rick Blaine (wunderbar gespielt von Humphrey Bogart) durch die „Marseillaise", mit patriotischer Inbrunst gesungen von den Franzosen, übertönt werden. (Die Marseillaise war, wie wir gesehen haben, ursprünglich das Kriegslied der französischen Invasionsarmeen im Rheinland.)

Diese Landschaften mit ihren Mythen und Erinnerungen – die Wälder und der Rhein – waren von prägender Bedeutung für die deutsche Seele, auch aufgrund ihres tragischen Untertons. Sie bilden Szenerie und Hintergrund für eine mythische Gestalt, die für das deutsche Selbstverständnis eine wichtige Rolle spielen sollte (und deren Geschichte weltweite Resonanz erfuhr, weil sie in eine künstlerische Schöpfung allerersten Ranges Eingang fand): Siegfried.

Das *Nibelungenlied*, ein vielschichtiges, auf altgermanischen und nordischen Sagen beruhendes, in mittelhochdeutscher Sprache verfasstes Epos ohne erkennbaren historischen Kern rückte seit dem Beginn des 19. Jahrhunderts immer stärker in den Mittelpunkt der Aufmerksamkeit. Auch Hegel äußerte sich bereits dazu, meinte aber, es sei von geringerer kulturuniverseller Bedeutung als die Ilias – ein zweifellos richtiges Urteil. Das Lied erzählt von der schwierigen Beziehung zwischen verschiedenen hochadligen Personen. Da ist Gunther, der König von Burgund, Siegfried, der Kronprinz von Xanten, Kriemhild, Gunthers Schwester, die später Siegfried heiratet, und Brünhild, eine isländische Königin, die mit Siegfrieds Unterstützung Gunther zuerst im Wettkampf besiegt und dann heiratet. Eifersucht und Misstrauen führen zu Siegfrieds Tod durch Hagens Hand. Hagen, ein Gefolgsmann von Gunther, vollbringt die Tat mit Wissen Gunthers und der unabsichtlichen Hilfe Kriemhilds. Siegfried ist, wie Achilles, unverwundbar bis auf eine Stelle, die Hagen zielgerecht mit dem Speer durchbohrt – das wird zu einem der bedeutendsten Ereignisse im deutschen Mythos. Hagen bemächtigt sich des Schatzes, der eigentlich Siegfried gehört, und versenkt ihn im Rhein, um zu verhindern, dass er gegen Hagen oder Gunther verwendet wird. Kriemhild wälzt Rachepläne und fordert ihren Bruder auf, Hagen auszuliefern. Der aber und die anderen Brüder verweigern dies, weil sie die Pflicht zu völliger Loyalität gegenüber Hagen als Vasallen des Königs haben – das ist die *Nibelungentreue*. Jahre später lädt Kriemhild, nunmehr Gattin von König Etzel, ihre Brüder und Hagen mit deren Heer zu sich ein. Es kommt zum Kampf auf Leben und Tod; Gunther und Hagen sterben in der Festhalle, in die sie geladen wurden, und schließlich wird auch Kriemhild umgebracht, weil sie ihre Pflicht gegenüber den Gästen wie auch ihren Blutsverwandten verletzt hat.

Richard Wagner machte daraus den *Ring der Nibelungen*, wobei er die Geschichte substanziell verändert und universalisierend erweitert. Er greift auf nordische Sagen zurück, um die Götter ins Spiel zu bringen; zudem sind die Rheintöchter, die am Anfang und am Ende des Zyklus auftreten, Wagners eigene Erfindung. Gunther und Kriemhild (die bei Wagner „Gutrune" heißt) spielen eher Nebenrollen, und das Ende ist nicht einfach die blutige Niederlage der Nibelungen, sondern die Götterdämmerung, die „*ragnarök*", das Schicksal der Götter – ein bestimmendes Element der nordischen Mythologie: die vollständige Vernichtung der Welt mitsamt den Göttern im Feuer als Vorspiel zu einer neuen Ära von Frieden und Überfluss.

Nur allzu leicht ließe sich Wagners außergewöhnliches und einzigartiges Werk als Quelle der Energie für die Bestrebungen des Kaiserreichs und dann des „Dritten Reichs" verstehen. Aber das hieße, den tief gehenden Pessimismus zu übersehen, mit dem Wagner die Frage der Macht behandelt: Siegfried stirbt, Hagen wird besiegt, und schließlich sterben auch die Götter im alles vernichtenden Feuer. Wotan ist im *Ring des Nibelungen* eine eher zwielichtige Gestalt, deren Machtgelüste schließlich zur Weltkatastrophe führen. Nur der Rhein strömt, unberührt von den Zeitläuften, weiter, und das blutige Schlachten endet erst, als der Ring in die Tiefe des Stroms zurücksinkt. Mögen die letzten Takte der *Götterdämmerung* auch von Erlösung künden, so ist das doch nicht mehr als eine vage Hoffnung, die nur möglich wird, weil Brünnhilde in einem letzten Opfergang in die Flammen geritten ist. Diese Version von „ragnarök" ist von der Großspurigkeit des Kaiserreichs ebenso weit entfernt wie von dem verheerenden Ehrgeiz des „Dritten Reichs", der im Mai 1945 zu dessen Vernichtung führte. In Hitlers „politischem Testament" steht kein Wort von der Korrumpierbarkeit der Macht, geschweige denn vom Bösen oder irgendeiner Möglichkeit erlösender Hoffnung.

Allerdings versorgten sowohl das *Nibelungenlied* als auch Wagners Ringzyklus die politische Kultur Deutschlands zu Beginn des 20. Jahrhunderts mit Denkbildern, die benötigt wurden, um angesichts der zunehmend gefährlicher und blutiger werden internationalen Verstrickungen Begeisterung zu wecken und die Kampfmoral aufrechtzuerhalten. Besonders die „Nibelungentreue"* wurde für die Außenpolitik der Jahre vor dem Ersten Weltkrieg fast zum Leitmotiv. 1909 berief sich der damalige Reichskanzler Bernhard von Bülow explizit darauf, um während einer der zahlreichen Balkankrisen, die schließlich zum Krieg führten, Deutschlands Unterstützung für Österreich-Ungarn zu rechtfertigen. Und im Geiste eben dieser Nibe-

lungentreue* versprach Wilhelm II. am 5. Juli fatalerweise den Österreichern unbedingte Unterstützung, nachdem sein Freund, Erz-
herzog Franz Ferdinand, in Sarajewo erschossen worden war. Später
erhielt die im Winter 1916/17 an der Westfront errichtete Vertei-
digungslinie den Namen „Siegfried".

Nach der Niederlage wird der Stoß in den Rücken zum Leitmotiv
der Zwischenkriegspolitik. Hitler ist nicht der Erste, der diese Metapher mit Begeisterung in *Mein Kampf* verwendet. Geprägt wurde sie
zuerst von Erich Ludendorff. Demnach waren die deutschen Armeen
nicht besiegt, sondern heimtückisch von hinten (durch die bürgerlichen Politiker) ‚ermordet' worden. Zunehmend gewann die *Dolchstoßlegende** in rechtsgerichteten und militärischen Kreisen an Zustimmung, und allmählich breitete sich die Verbindung zur Nibelun-
gensage und zu Siegfried auch in der Bevölkerung aus. Dass aus dem
Speer ein Dolch wurde, macht die Untat noch heimtückischer, denn
der Speer ist für alle sichtbar, während der Dolch aus dem Verborge-
nen aufblitzt – die ideale Waffe für doppelzüngige zivile Politiker. Die
Wiener Universität errichtete für ihre Kriegsgefallenen ein Denkmal
in Form einer Büste des toten Siegfrieds – ein wenig subtiler Hinweis
auf die Dolchstoßlegende.

Im Zweiten Weltkrieg wurden Nibelungentreue und Siegfrieds
Loyalität und Heldentum rücksichtslos zu Vorbildern stilisiert – am
zynischsten während der grauenhaften letzten Wochen der Schlacht
um Stalingrad, als Göring explizit die Entschlossenheit des Nibelun-
genheers, bis zum Ende zu kämpfen, ins Feld führte:

> Auch sie standen in einer Halle von Feuer und Brand und löschten den
> Durst mit dem eigenen Blut – aber kämpften und kämpften bis zum
> Letzten.[22]

Im Bewusstsein der deutschen Bevölkerung war der Siegfried-Mythos
so mächtig, dass er sogar von Widerstandskämpfern verwendet wurde. Nicht zufällig griffen die Verschwörer vom 20. Juli auf die Bilderwelt von Wagners *Ring* zurück, als sie ihren Plan zur Tötung Hitlers
den Codenamen „Operation Walküre" gaben – in Anspielung auf

Brünnhilde, deren Selbstaufopferung die Erlösung möglich macht. Nach dem Krieg hieß es in der Todesanzeige einer Opferorganisation (1947), die Verschwörer

> ... starben den Heldentod im freien, ehrenvollen Kampfe für Wahrheit und Recht, für des Deutschen Volkes Freiheit, für der Deutschen Waffen Reinheit und Ehre, als bewusste Sühne für das vor Gott verübte Unrecht unseres Volkes ...

Für Hitler hätten die Angehörigen der Sechsten Armee bei Stalingrad wie das Heer der Nibelungen bis zum Ende kämpfen und sich lieber selbst das Leben nehmen als sich ergeben sollen. Und mehr noch: Solches wäre auch die Pflicht des gesamten deutschen Volkes. Die Alliierten hatten die bedingungslose Kapitulation gefordert – auch um jegliche Wiederholung der Dolchstoßlegende zu vermeiden. Doch für Hitler konnte es keine Kapitulation geben. Das Resultat war dann tatsächlich eine Art von Götterdämmerung* – die Opferung von Deutschland.

Immerhin starb, wie zuvor schon der Mythos von Barbarossa, nun auch in der Stunde Null der Siegfried-Mythos. Zwar lebt der Mythos an sich noch fort – und trotz Hegels abschätzigem Urteil lebenskräftiger vielleicht als die *Ilias* –, aber nicht als politische Kraft, sondern aufgrund von Wagners unübertrefflicher Musik.

Nicht alle Mythen wurzeln in uralten Zeiten. Deutschlands führende Herrscherpersönlichkeit des 18. Jahrhunderts, Friedrich der Große, wurde schon zu Lebzeiten Gegenstand von Heldenverehrung, mehr aber noch nach seinem Tod. Zweifellos war er ein für das Kaiser- wie für das „Dritte Reich" passendes Idol. Immerhin war er eine Gestalt der frühen Moderne, nicht des Mittelalters oder der Legende, und er konnte selbst für die Darstellung seiner Person in der Öffentlichkeit sorgen, so, wie es Hitler später auf brillante Weise gelang. Friedrich II. war Alleinherrscher und zugleich der „erste Diener des Staates"; er regierte absolutistisch, war aber an der Philosophie der Aufklärung interessiert, war ein Atheist, der an Luthers Forderung, der

Fürst habe die Pflicht, zu herrschen, nichts auszusetzen gehabt hätte. Er war ein begabter Flötenspieler und Komponist, ein tapferer Soldat, der mit seinen Leuten in die Schlacht zog, ein Landesherr, der unermüdlich seine Gebiete bereiste, um mit den gewöhnlichen Leuten über ihre Nöte und Bedürfnisse zu sprechen, schließlich der Alte, der mit seinen geliebten Windhunden allein im Schloss Sanssouci bei Potsdam wohnte.

Nach seinem Tod wurde die Aura, die ihn umgab, sogar noch heller. Der Grund dafür liegt auf der Hand. Er war der Held, den der kleine, mit Zinnsoldaten spielende Junge ebenso verehren konnte wie die Elite, die das neue Deutschland auf seinem Sonderweg ins 20. Jahrhundert sah: stark, gut organisiert, entschlossen und ehrgeizig, aber auch kultiviert und zivilisiert. 1851 wurde auf dem Berliner Prachtboulevard Unter den Linden eine Reiterstatue Friedrichs des Großen errichtet, die nach Osten zum preußischen Kernland seines Herrschaftsgebiets blickte. Bei Beginn des Ersten Weltkriegs galt Friedrich unwidersprochen als größter Führer, den Deutschland bis dahin gekannt hatte. Er hätte gewiss dem Land die Erniedrigung durch Napoleon erspart, hätte er zu der Zeit noch gelebt. Kein Wunder, dass Hitler den Mythos Friedrich nutzte, um sich selbst in Szene zu setzen. So inszenierte er sorgfältig die erste Zusammenkunft des Reichstags nach dem Brand des Reichstagsgebäudes im Februar 1933 in der Garnisonkirche von Potsdam, wo Friedrich begraben liegt. Das Reiterstandbild überstand den Zweiten Weltkrieg unbeschädigt, wurde aber von den ostdeutschen Behörden entfernt. So wurde Friedrich zunächst „verehrt, verklärt"* und dann – nach der Stunde Null – „verdammt"*.

Aber mit der Zeit wich die Entschlossenheit, sich der Vergangenheit zu entledigen, anderen Einstellungen. 1980 ließ die ostdeutsche Regierung die Statue wieder an ihrem alten Platz auf dem Boulevard Unter den Linden aufstellen – sogar in der ursprünglichen Position mit dem ostwärts gerichteten Blick. Und so lebt – anders als Arminius, Barbarossa und Siegfried – „der alte Fritz" bis heute als Denkbild fort: mit der Macht, zu faszinieren, als Schöpfer der Schönheit von Potsdam, als Archetyp des aufgeklärten Despoten und als erster Diener des Staates – mithin als eine Gestalt, die in diesem demokratischen Zeitalter viele Menschen gern als Vorbild für ihre Politiker sähen, auch wenn Friedrich dem schönen Bild, das man sich von ihm macht, nicht ganz entspricht.

Es gibt noch einen weiteren einflussreichen deutschen Mythos, dessen Ausgangspunkt weder der Wald ist noch der Rhein oder der lockende Osten, und ebenso wenig ein glänzender historischer Erfolg. Am Anfang steht vielmehr ein wurzelloser Quacksalber aus einer kleinen Ortschaft. Aber der Mythos wurde zur Metapher für die Art und Weise, in der diese deutschen Erinnerungen und Träume zum Albtraum wurden. Faust war möglicherweise ein Alchemist und Magier, der 1480 in der (auch heute noch) unbedeutenden Stadt Knittlingen bei Stuttgart geboren wurde. Er mag intelligent und unternehmungslustig gewesen sein – jedenfalls bereiste er Stadt und Land und verdiente sich seinen Lebensunterhalt auf Jahrmärkten. In jenem abergläubischen und leichtgläubigen Zeitalter gab es viele wie ihn, nicht nur in Deutschland. Der einzige Grund, aus dem er Aufmerksamkeit erregte, ist die Legende, der zufolge er für alle Freuden und Zauberkräfte dieser Welt seine Seele dem Teufel verkaufte.

Was hinter dieser Legende steckt, ist unbekannt, für ihre weitere Entwicklung jedoch bedeutungslos. Schon gegen Ende des 16. Jahrhunderts war Faust der Protagonist eines der ersten deutschen Romane. In England erschien er als Übersetzung 1592. Christopher Marlowe machte aus der Legende als Erster ein bedeutendes Theaterstück. Doch ist „Faust" ein wesentlich deutsches Thema, das in einer metaphysikbesessenen Kultur, für die diese Gestalt zu so etwas wie einem finsteren Alter Ego wird, leitmotivisch wiederkehrt. Vor allem steht Faust natürlich für Goethes Meisterwerk, in dem die Figur eine Art prometheischer Jedermann wird und eine endlose Diskussion über die unerschöpfliche Vieldeutigkeit seiner Errungenschaften und seines Schicksals hervorruft. Doch auch der Teufel ist präsent, und ebenso Gretchen (die, wie die Faustlegende selbst, auf einer his-

torisch verbürgten Person beruht). Gretchens Schicksal gemahnt uns
daran, dass die Tragödie des Bösen nicht einfach in eine metaphysische und politische Spekulation darüber, welcher Zweck welche Mittel heilige, aufgelöst werden kann. Das Böse hat Folgen: in mensch-
lichem Leid.

Mithin ist Goethes bedeutendstes Werk – und sicherlich das bedeutendste Werk der deutschen Literatur – so vielgestaltig, dass niemand es für seine Zwecke nutzbar machen kann, schon gar nicht die
Nazis, die sich nicht in der Lage sahen, Goethes *Faust* ideologisch zu
verwerten. In einer Hinsicht gehört Faust, wie Hamlet, keiner Kultur
ausschließlich. In anderer Hinsicht jedoch sollte Deutschland diesen
deutschesten aller Mythen ausleben – bis zu seiner augenscheinlich
letzten Wendung, und vielleicht noch darüber hinaus.

Goethes Faust verwirft Religion und Philosophie und findet im
Streben nach dem Schönheitsideal keine Befriedigung. Erst am Ende
(des zweiten Teils) findet er eine moralisch fragwürdige Erfüllung in
einem Projekt der Landgewinnung. Es ist moralisch fragwürdig, weil
seine Verwirklichung die Tötung eines alten Ehepaars voraussetzt,
das dem Projekt im Wege ist. Und wie lässt sich die zweideutige Apotheose verstehen, in der Faust in einen Himmel ohne Gott empor-
gehoben wird, wo er eine neue Art von Erlösung findet und wo das
Weibliche die führende Rolle spielt? (Wir werden darauf im letzten
Kapitel zurückkommen.) Einstweilen wollen wir darauf hinweisen,
dass der Schluss die stereotype männliche Vorherrschaft in der deutschen Kultur infrage stellt (und eben dadurch die Aufmerksamkeit
darauf lenkt). Diese Vorherrschaft ist in der traditionellen deutschen
Ikonografie tief verwurzelt und sie war ein herausragendes Element
der völkischen Bildwelt. Die Betonung des Männlichen spiegelt sich
in der aggressiven Sozialpsychologie eines unsicheren Deutschland,
als es im Kaiserreich volljährig wurde, und dann schließlich im
„Dritten Reich", als es Amok lief.

Diese männliche Vorherrschaft hat es natürlich in allen Kulturen
(auch außerhalb Europas) gegeben. Wird sie in der deutschen Bild-
und Vorstellungswelt stärker und aggressiver betont als in anderen

europäischen (oder in den asiatischen) Kulturen? Einerseits gibt es offensichtliche Parallelen in anderen Literaturen und Kulturen, so etwa den seelischen Verfall der Lady Macbeth oder die Überwindung der Eiseskälte von Prinzessin Turandot (Stoff einer Pekingoper, lange bevor sich Puccini des Themas annahm; man vergleiche auch Effi Briest mit Madame Bovary). Doch gibt es ein augenfälliges Ausmaß von Gewalt in der deutschen Bildwelt. Im *Nibelungenlied* wird Brünhild von Siegfried praktisch vergewaltigt, um sie gefügig zu machen. Und Wagner zähmt Brünnhilde auf seine Weise – bei ihm ist sie eine Gestalt von angemessen heldenmütiger weiblicher Treue gegenüber einem geistig nicht allzu hellen Mann, den zu verachten sie allen Grund hat. In Goethes Drama geschieht jedoch etwas anderes: Gretchen gebühren die letzten verwandelnden Worte und der Chorus mysticus singt: „Das Ewig-Weibliche / Zieht uns hinan." Was immer das heißen mag, es ist jedenfalls nicht mit der männlich dominierten Bilderwelt vereinbar, an der der deutsche Geist sich in den tragischen Jahrzehnten des Kaiserreichs und des Nationalsozialismus berauschte.

Weil die von Faust gestellten geistigen und moralischen Fragen von universeller Bedeutung sind, kann es nicht erstaunen, dass seine Geschichte im menschlichen Bewusstsein auf ganz andere Weise fortlebt, als Barbarossa und Siegfried dies tun. Die fortwährende Faszination an dem Mann, der seine Seele verkauft – der Macht oder Lust den Segnungen der Ewigkeit vorzieht, dessen Erfahrungshunger nie gesättigt werden kann, für den Tun viel wichtiger ist als Sein, für den dieses Leben das einzige ist, was es gibt und was zählt –, dieser Mann hat von Marlowe bis heute unzählige Dichter und Komponisten inspiriert. Goethes Werk wurde mehrfach zu einer Oper verarbeitet (von Berlioz, Gounod, Boito und Busoni), von Friedrich Wilhelm Murnau 1926 verfilmt und von Thomas Mann in dem Roman *Doktor Faustus* gestaltet. Das Adjektiv „faustisch" ist ins Wörterbuch eingegangen. Das Faust-Drama ist eines der reichsten und dauerhaftesten Geschenke der deutschen Kultur an die Menschheit.

Die Bedeutung des Werks und der Gestalt für das Deutschland

des 20. Jahrhunderts ist augenfällig. Die deutschen Erinnerungen und die durch sie genährten Träume verwandelten sich in einen höllischen Albtraum. Barbarossa und Siegfried wurden von der unsicheren Führung einer neu gebildeten und unsicheren Nation in aggressiver Weise benutzt, um das Selbstvertrauen im Umgang mit wirklichen wie eingebildeten Feinden zu stärken. Die Niederlage im Ersten Weltkrieg gab dem tief sitzenden Opfergefühl neue Nahrung. Entkommen wollte man dem durch den faustischen Pakt mit dem Teufel – der dann das ihm Gebührende forderte.

7. Der Pakt mit dem Teufel

Wir leben in einem neuen Jahrtausend, zu einer Zeit, da keiner unter 80 noch eine deutliche Erinnerung an den Zweiten Weltkrieg haben kann. Bald wird keiner mehr leben, der sich überhaupt noch daran erinnert, und nur wenige werden sich noch ihrer Eltern erinnern, die den Weltkrieg in irgendeiner Weise noch erlebt haben. Was werden die Leute dann über diese Episode in der Menschheitsgeschichte denken? Die Tatsachen sprechen natürlich weiterhin für sich – sowohl die schreckenerregenden Statistiken über Tod und Zerstörung als auch die Berichte über individuelle grauenhafte Erlebnisse. Und bisweilen werden Historiker fragen: War das einzigartig? Die endgültige Antwort wird bejahend sein.

Bejahend, auch wenn im 20. Jahrhundert (und davor, wiewohl in kleinerem Maßstab und weniger gut dokumentiert) viele grausame Untaten begangen wurden. Wäre das Kriterium lediglich die Anzahl der von Menschen begangenen Tötungen, stünde die Sowjetunion unter Stalin genauso in der Verantwortung wie Deutschland unter Hitler, und auch die chinesische Geschichte der letzten zweihundert Jahre bis zu Maos Tod verzeichnet Millionen Tote – Opfer des Taiping-Aufstands, des Boxeraufstands, der japanischen Besatzung und des „Großen Sprungs nach vorn", um die wichtigsten Ereignisse zu nennen. Wäre das Kriterium eine Kombination aus zahlenmäßigem Umfang und der zielgerichteten Vernichtung bestimmter Gruppen, wäre wiederum die Sowjetunion Anwärter auf den ersten Platz. Des Weiteren ist Kambodscha ein neueres und ebenso schreckliches Beispiel, ebenso Ruanda. In beiden Fällen war der Prozentsatz der von Gewalt und Tod betroffenen Bevölkerung ähnlich hoch wie bei einigen der schlimmsten Ereignisse in Europa während des Zweiten Weltkriegs. Hinzu kommt der Völkermord an den Armeniern, zu dem der Nachfolgestaat auf dem Gebiet des ehemaligen Osmanischen Reichs, die Türkei, sich bis heute nicht bekennt.

Worin also besteht die Einmaligkeit? Liegt sie vielleicht nur im Auge des Betrachters? Nein: Wohl fast jeder (und ganz sicher fast jeder Deutsche) würde die Einmaligkeit dieser außergewöhnlichen Epoche anerkennen, und wir sollten hoffen, dass unsere Nachfahren in 50 Jahren keinen Grund haben, dieses Urteil zu revidieren. Aber wenn sie auf mehr als ein Jahrhundert alte Ereignisse zurückblicken, dürften sie das mit ebenso viel Verwirrung wie Erschrecken tun. Auch wir kennen dieses Gefühl bereits: Wenn wir alte Nazi-Wochenschauen ansehen, fällt es uns schwer, uns an die Stelle derer zu versetzen, die damals gejubelt haben, können wir ihre Emotionen kaum nachvollziehen. Hitlers mit rauer Stimme vorgetragene Phrasendrescherei ist ermüdend bis komisch, Göring wirkt in seinen Prachtuniformen lächerlich. Doch ein junges Mädchen bricht in Tränen aus, als Hitler an ihr vorübergeht, und er tätschelt auf väterliche Weise ihre Wange. Jungen salutieren feierlich, bevor sie vor den Parteigrößen ihr sportliches Können demonstrieren. Ungeachtet der Intelligenz und Propagandakünste von Goebbels, war Hitlers Charisma nicht nur eine Sache von Kameraaufnahmen. Trotzdem aber ist heute kaum noch zu spüren, wo die Macht seiner Persönlichkeit gelegen haben mag.

Die Verwirrung späterer Generationen aber wird sicherlich schnell einem ganz anderen Gefühl Platz machen – so wie es uns heute noch ergeht, über siebzig Jahre nach der Stunde Null. Egal wie vertraut man mit dem Geschehenen zu sein meint, muss man angesichts des schieren Umfangs und Wesens der expansionistischen Ambitionen von Nazideutschland ebenso ein zutiefst spirituelles Erschrecken empfinden wie angesichts der Möglichkeit einer erfolgreichen Etablierung ihres „Tausendjährigen Reichs", angesichts der Brutalität und Effizienz ihrer Aggression, angesichts des Holocausts, angesichts dessen, wie vergeblich der Widerstand der wenigen Tapferen war, angesichts der Götterdämmerung am Ende und schließlich angesichts der völligen Leere all dessen – der vollständigen Abwesenheit irgendeiner Hinterlassenschaft von auch nur geringstem Wert.

Die brutale Aggression, mit der die Nazis ihre ehrgeizigen Ziele verfolgten, war sicherlich einzigartig: anders – wenn nicht der Art, so sicherlich dem Umfang nach – als alles, was zuvor in der Geschichte sich ereignete. Weder der preußische Staat noch das Kaiserreich hatten sich auf diese Weise verhalten. Zwar waren sie in Europa keine friedlichen Nachbarn gewesen, doch Deutschlands Ziele und Taktiken im 19. Jahrhundert und im Ersten Weltkrieg unterschieden sich erheblich von denen des „Dritten Reichs". Vorboten gab es allerdings: so das Vorgehen in den deutschen Afrikakolonien und in Belgien, als man in den ersten Wochen nach Kriegsbeginn 1914 den Schlieffen-Plan in die Tat umsetzte. Aber diese Episoden waren kein Sonderfall in der Geschichte menschlicher Aggression, und ihr Ausmaß war nichts im Vergleich zu dem, was kommen sollte.

Schon zuvor hatte es Zeiten gegeben, als sich Völkerschaften zu einer so plötzlichen wie aggressiven und schnellen Expansion entschlossen: die muslimischen Araber im 7. Jahrhundert, die Mongolen im 13. Jahrhundert, in jüngerer Zeit die Franzosen unter Napoleon. Die Araber betrieben eine von religiösem Eifer befeuerte missionarische Eroberung, die Mongolen verfolgten kein klares Ziel außer Beutemacherei und Tributerpressung, die Franzosen hatten unterschiedliche Motive, waren aber sichtlich vom Geist und der Energie der Revolution inspiriert. Die internationalen Ambitionen des Sowjetkommunismus waren, anfänglich jedenfalls, ähnlich umfassend wie die der Franzosen unter Napoleon: Auch dort wohnte der Ideologie die Überzeugung inne, dass es für die Kommunisten den Auftrag gab, alte Strukturen aufzubrechen und den Fortschritt der Menschheit voranzutreiben.

Dann gab es noch die japanische Expansion im 20. Jahrhundert. Doch ihre Besetzung Chinas folgte weder missionarischem Eifer noch ideologischen Triebkräften. Sie waren auf ein Imperium aus, das sie politisch und ökonomisch beherrschen konnten. Die von ihnen angestrebte „großostasiatische Wohlstandssphäre" hatte mit der nationalsozialistischen Suche nach „Lebensraum"* nichts zu tun.

All dies unterschied sich von den Zielen, die Nazideutschland verfolgte. Hitler und den Seinen ging es nicht nur darum, Europa zu beherrschen. Vielmehr wollten sie sich im Osten große Gebiete aneignen und sie durch den Einsatz von brutaler Gewalt und Umsiedlungsaktionen germanisieren. Selbst da ließe sich noch anführen, dass es in bestimmten Verhaltensweisen von Europäern gegenüber indigenen Völkern in der Neuen Welt Vorläufer gegeben habe, doch waren die deutschen Vorhaben in ihrem brutalen ethnischen Darwinismus und den expliziten Absichten der Regierung völlig anders geartet.

Hätten die Nazis Erfolg haben können? Die Annahme, das „Unternehmen Barbarossa" sei von Anfang an zum Scheitern verurteilt gewesen, ist sicherlich zu einfach. Unvermeidlicherweise werden Parallelen zwischen Napoleons Grande Armée und dem Schicksal der deutschen Wehrmacht gezogen. Beide wurden von Russlands berühmtem „General Winter" katastrophal geschwächt. Hinzu kamen Planungs- und Strategiefehler der Deutschen sowie der Erfolg der Sowjetunion bei der Verlagerung der Kriegsproduktion in den Osten und der unnachgiebig-zielstrebigen Mobilisierung massiver Reserven, sodass Ende 1942 die deutschen Anstrengungen wohl zum Scheitern verurteilt waren. Doch lassen sich auch andere Szenarien ausmalen, z. B. die Möglichkeit eines japanischen Angriffs im Norden der Sowjetunion Ende 1941; seit Beginn des 20. Jahrhunderts hatten einflussreiche Persönlichkeiten in Japan darauf gedrängt. Am Ende konnten sie sich nicht durchsetzen, was auch an schlechten Erfahrungen im Grenzkrieg mit der Sowjetunion 1939 lag. Aber wenn sie sich nun behauptet hätten? Hätte die Sowjetunion dann einen Zweifrontenkrieg durchstehen können? Wären die USA in den Krieg eingetreten, ohne vorher angegriffen worden zu sein? Und was wäre in diesem Fall aus Großbritanniens einsamem Widerstand am westlichen Rand Europas geworden?

All dies geschah nicht. Stattdessen begab sich Japan auf einen blitzartigen Feldzug durch die Kolonialreiche Großbritanniens und der Niederlande und setzte schließlich mit dem Angriff auf Pearl Harbor alles auf eine Karte. Das führte zum Eintritt der USA in den

Krieg und machte den Ausgang unvermeidlich. Dennoch lässt sich fragen, was gewesen wäre, wenn Hitler den USA nicht den Krieg erklärt hätte? Doch auch das hätte deren Eintritt bestenfalls hinausgezögert. Immerhin lässt die kontrafaktische Annahme erkennen, dass zumindest bis zum Winter 1942/43 der Krieg gegen das „Dritte Reich" im Sinne von Wellingtons berühmtem Ausspruch über Waterloo auf Messers Schneide stand. Selbst dann noch, als der Krieg aus späterer Perspektive schon als verloren gelten musste, kämpfte die Wehrmacht mit erschreckender Entschlossenheit und Disziplin, sodass bei fast allen Auseinandersetzungen an praktisch allen Fronten die Verluste der Gegner höher waren als die der Wehrmacht selbst.

Zu Beginn der 1940er-Jahre wurde der berüchtigte *Generalplan Ost* entwickelt, der das Ziel verfolgte, Osteuropa zu kolonisieren und ethnisch zu säubern. Er entwirft das Schreckensszenario, das die Nazis für die Zeit nach dem militärischen Erfolg planten. Seine pseudowissenschaftliche Einteilung der Rassen gemäß ihrer größeren oder geringeren Verwendbarkeit für die Germanisierung (mit Esten, Letten und Tschechen an einem Ende des Spektrums sowie Polen – und natürlich den Juden – am anderen Ende) lässt einen erschauern. Die expliziten Zielvorgaben für die jeweiligen prozentualen Anteile von Bevölkerungen, die umgesiedelt oder vernichtet werden sollten, sind beispiellos. (Selbst die von Stalin in verschiedenen Stadien vor, während und nach dem Krieg angeordneten Deportationen waren zwar erschreckend, erreichten jedoch nicht den vom *Generalplan Ost* vorgesehenen Umfang.) Die finstere Arroganz des Vorhabens nimmt einem den Atem.

Hätte der Plan überhaupt umgesetzt werden können? Wahrscheinlich nicht. Zum einen hätte es wohl nie Deutsche in ausreichender Zahl gegeben, um die riesigen von der Wehrmacht eroberten Gebiete zu besiedeln. Und ganz allgemein hätten die Germanisierungs- und Umsiedlungspläne nur mit einer – von der Wehrmacht und mehr noch den *SS-Einsatzgruppen* regelmäßig gezeigten – unnachgiebigen Effektivität in die Tat umgesetzt werden können, einer

Effektivität, die von der Bürokratie der lokalen Regierungen über Jahrzehnte hätte aufrechterhalten werden müssen (wobei diese Regierungen unter der Herrschaft des „Dritten Reichs" häufig ebenso ineffizient oder korrupt waren wie in vielen anderen okkupierten Ländern vorher oder seitdem). Allerdings fingen die Deutschen in Polen mit der Umsetzung des Plans an: Was das Land im Westen und im kolonial verwalteten Rumpfgebiet um Warschau erleiden musste, lässt sich kaum in Worte fassen. Die brutale Denkweise bestimmte das Verhalten an der Front, hinter den Linien sowie in den zahllosen Kriegsgefangenen- und Konzentrationslagern. Das Muster ist deutlich – es zieht sich eine Linie von den Entwürfen des Generalplans Ost über die Aktionen der Einsatzgruppen bis zur einverständigen Willfährigkeit der Wehrmacht.

Eine zentrale Komponente des Generalplans Ost wäre beinahe vollständig in die Tat umgesetzt worden: die methodisch betriebene Vernichtung des europäischen Judentums. Der Antisemitismus war, wie wir sahen, keine rein deutsche Angelegenheit, er war dort nicht einmal ungewöhnlich bösartig. Der Antisemitismus gehörte zur kommunikativen Ausstattung der bürgerlichen und aristokratischen Gesellschaft – so war es in Großbritannien und ganz sicher in Frankreich. Doch immer mehr Menschen identifizierten die Juden mit Kapitalismus einerseits und Bolschewismus andererseits. Der Kapitalismus wurde für die völkische* Bewegung in den späteren Jahrzehnten des 19. Jahrhunderts zur *bête noire*, wie der Bolschwismus für die Rechte in der Weimarer Republik. Jedenfalls wurden die Juden auf die eine wie die andere Weise zum leicht erkennbaren Ziel von Aggressionen. Hitler machte aus ihnen Monster, und die Nazis wurden in ihren Feldzügen zur Marginalisierung und späteren Auslöschung des europäischen Judentums immer radikaler.

Steht man in dem Salon, in dem im Januar 1942 die Wannseekonferenz abgehalten wurde, spürt man immer noch ein inneres Frösteln. Vor dem Haus befindet sich eine Terrasse und dahinter ein Rasenstück, das sanft zum Seeufer hin abfällt. Ein schönes Ambiente, heute würde man dort vielleicht geschäftliche Treffen abhalten. Am

Abend wurde Champagner gereicht, und am nächsten Tag setzte man sich an den Konferenztisch, um zu arbeiten. Was haben sich diese Leute dabei gedacht? Nicht so sehr Reinhard Heydrich und die anderen beteiligten Naziführer (die ihren Teufelspakt wahrscheinlich ohne große Bedenken und Gewissensbisse geschlossen hatten), sondern die Beamten, die sich um die Ausrichtung der Konferenz kümmerten und Sekretariatsdienste leisteten. Was glaubten sie zu tun? Wozu diese überaus sorgfältige Klassifizierung – Kategorien für gemischte Ehen von Juden und Nichtjuden, für die Kinder und Enkelkinder solcher Ehen? Hat einer von den Subalternen das Böse oder wenigstens das Absurde dieser Veranstaltung erfasst? Oder waren sie so mit dem reibungslosen Ablauf der Veranstaltung beschäftigt, dass nur noch diese selbst zählte und sonst nichts?

Das eigentlich Schreckliche lässt sich statistisch nur unzureichend erfassen. Es liegt in den Geschichten der Einzelnen – oder selbst nur in den Namen der Menschen, deren Geschichten wir gar nicht kennen (aus Yad Vashem), oder in Kinderzeichnungen, die das Leben in den Lagern wiedergeben (aus der Synagoge in Prag) –, die die Aufmerksamkeit erregen. Anfänglich taten sich die Einsatzgruppen schwer, was auch an der räumlichen Nähe zu den Opfern lag. Das Töten ging zu langsam voran und war bisweilen schwer zu verarbeiten. In ihren bemerkenswerten Erinnerungen gibt Christabel Bielenberg, eine mit einem Deutschen verheiratete britisch-irische Frau, das Gespräch mit einem lettischen SS-Mann wieder, den sie im Winter 1944/45 zufällig in einem Zug traf. Er hatte in Polen Juden zusammengetrieben und erschossen.

> Was sagen Sie, wenn ich Ihnen erzähle, dass dort ein kleiner Junge, nicht älter als mein jüngster Bruder, in Habachtstellung stand und mich fragte: ,Stehe ich aufrecht genug, Onkel?' Ja, das fragte er mich; und einmal trat ein alter Mann nach vorne, er trug langes Haar und einen Bart, er war irgendein Priester, glaube ich. Jedenfalls kam er langsam, Schritt für Schritt, über das Gras zu uns herüber und blieb kurz vor den Gewehren stehen und sah uns an, einen nach dem anderen, mit direktem, tiefen, düsterem, schrecklichen Blick. ,Meine Kinder', sagte er, ,Gott sieht, was

ihr tut.' Dann wandte er sich ab, und jemand schoss ihn in den Rücken, nachdem er einige Schritte gegangen war.[23]

Seine Erfahrungen richteten den Letten allmählich zugrunde, und wir wissen, dass es anderen auch so ging.

Somit wurde der Vernichtungsprozess industrialisiert, um die Effizienz zu erhöhen und die Distanz zwischen Mördern und Opfern im Augenblick des Tötens zu vergrößern. Daher die Gaskammern. Die Vernichtung ging bis zum Winter und Frühling 1944/45 weiter, auch als schon längst klar war, dass Deutschland sich an allen Fronten auf dem Rückzug befand und alle noch verfügbaren Ressourcen zur Verteidigung benötigte. Von Bahnsteig 17 des in den waldumgebenen Vororten Westberlins gelegenen Bahnhofs Grunewald fuhren die Transportzüge mit den deportierten Juden ab – jetzt sind dort Tafeln angebracht, die angeben, wie viele es Woche für Woche in den Kriegsjahren waren. Die letzten Opfer wurden am 27. März 1945 in die Waggons gestoßen, als die Rote Armee schon dicht vor Berlin stand!

Bahnsteig 17 gehörte zu einem stark frequentierten Umsteigebahnhof, der nur einen Steinwurf von Wohnhäusern entfernt lag – Vorstadtvillen, die vor dem Krieg zum nicht geringen Teil von wohlhabenden Juden bewohnt gewesen waren. Es gibt keinen Hinweis auf irgendwelche Proteste. Überhaupt regte sich in Deutschland nur wenig Protest. Berühmt wurde der Widerstand einer Gruppe nichtjüdischer Frauen, die die Gestapo zwangen, ihre für die Deportation vorgesehenen jüdischen Ehemänner freizulassen. Die Männer wurden in einem Haus in der Rosenstraße gefangen gehalten und die Frauen protestierten vor diesem Haus so lautstark wie beharrlich. Aber das war eine Ausnahme. Es gibt noch Geschichten von einzelnen Familien, die ihr Leben riskierten, indem sie verfolgte Juden versteckten. Aber warum waren es so wenige? Christabel Bielenberg erzählt von einer Gelegenheit, als man sie bat, einem jüdischen Ehepaar Unterschlupf zu gewähren: Sie nimmt die beiden für zwei Nächte auf, kann es aber, im Interesse der Sicherheit ihrer eigenen Familie, nicht länger riskieren. Sie hat nie erfahren, was aus dem Paar geworden ist, doch ihre Erinnerungen lassen durchblicken, dass sie ihr weiteres Leben schwer an dieser Entscheidung zu tragen hatte.

Warum aber gab es so wenig Widerstand gegen das Regime – selbst als eine wachsende Zahl annahm, dass Hitler Deutschland in die Katastrophe führen würde (auch wenn sie nicht alles für seinem Wesen nach böse hielten)? Bei einer Beantwortung ist zu berücksichtigen, dass das Regime für seine anfänglichen Erfolge und zumindest einige seiner proklamierten Ziele großen Rückhalt in der Bevölkerung genoss. Wäre Hitler nach dem Sieg über Frankreich im Sommer 1940 gestorben, hätte er in der Erinnerung der Deutschen als Nationalheld weiterleben können – als genialer Führer, der sogar Bismarck überstrahlte. Später, als der Himmel sich verdunkelte, wurde dieser Rückhalt immer mehr zu einem geduckten Gehorsam, und der Horizont der Deutschen verengte sich auf die Sorge ums tägliche Überleben wie auch, als die Bomben fielen und die Russen vorrückten, auf die Angst vor der Zukunft. Die Kultur des pflichtbewussten Gehorsams, die dabei eine Rolle spielte, haben wir bereits kennengelernt. Aber die Deutschen lebten auch in einem Polizeistaat, in dem jeder Protest gnadenlos verfolgt und unterdrückt wurde: In dieser Hinsicht unterschied sich Nazideutschland kaum von anderen Staaten, in denen totalitäre Regierungen mit Terror herrschen – von der Sowjetunion unter Stalin über Saddam Husseins Irak bis zu Nordkorea.

Umso bemerkenswerter sind mithin die wenigen Geschichten über Widerstandsaktionen, die sich von dem grauen Hintergrund der Passivität abheben. Am berühmtesten wurde die kleine Gruppe namens „Weiße Rose": Studenten mit ihrem Philosophieprofessor an der Universität München. Sie verteilten Flugblätter, in denen sie zum Sturz eines Regimes aufriefen, dessen furchtbares Vorgehen einige als Medizinstudenten an der Ostfront Ende 1942 erlebt hatten. Ihre Aktionen währten nicht lange: Hans und Sophie Scholl wurden verhaftet, als sie das sechste von der Gruppe verfasste Flugblatt verteilten. Sie kamen vor den Volksgerichtshof, wo der berüchtigte Nazirichter Roland Freisler sie zum Tode verurteilte. Die meisten Mitglieder der

Weißen Rose wurden wegen „Vorbereitung zum Hochverrat" hingerichtet.

Es gab noch weitere, weniger bekannte Widerständler, z. B. Otto
und Elise Hampel, ein Ehepaar aus der Arbeiterklasse, deren tapferer
Protest wohl weitgehend unbekannt geblieben wäre, hätte Hans Fallada nicht 1947 den Roman *Jeder stirbt für sich allein* veröffentlicht
(der auf Englisch unter dem enttäuschend nichtssagenden Titel *Alone
in Berlin* erschien). Sie schrieben (natürlich unsigniert) Postkarten,
auf denen sie zum Sturz des Regimes aufforderten. Sie ließen diese
Karten an öffentlich zugänglichen Orten in Berlin liegen: Die meisten
Postkarten wurden pflichtschuldigst der Polizei übergeben, die dann
genaue Ermittlungen einleitete. Schließlich wurden die Hampels fest-
genommen, gefangen gesetzt und zum Tode verurteilt, ohne zu wissen, ob ihre Aktionen überhaupt etwas bewirkt hatten. Wir wissen
heute, dass das nicht der Fall war, aber das Ehepaar hat in der moralischen Nacht des „Dritten Reichs" eine kleine Kerze der Menschlichkeit entzündet.

Das Verhalten der Kirchen war nicht eindeutig. Im Protestantismus bildeten die nazitreuen „Deutschen Christen" eine kleine, laut-
starke Minderheit; ebenfalls nicht groß war die nazifeindliche „Bekennende Kirche". Zwar zeigten ihre führenden Persönlichkeiten
bemerkenswerte Tapferkeit, die einige von ihnen das Leben kostete,
doch hielten sich Pastoren und Kongregationen mehrheitlich be-
deckt. Viel zu wenige wandten sich öffentlich gegen die Menschen-
rechtsverletzungen, die jeden Tag vor ihren Augen begangen wurden.
Auch in der katholischen Kirche gab es einige, die sich heldenhaft zur
Wehr setzen: so etwa Bischof Galen in Münster und Bischof Preysing
in Berlin. Die päpstliche Enzyklika „Mit brennender Sorge" wurde
am Palmsonntag 1937 in allen katholischen Kirchen verlesen. Es war
ein deutlicher Angriff auf all jene Rassenideologen, die eine Rasse
über alle anderen erhoben. Aber unter den Millionen von protestantischen oder katholischen Kirchgängern gab es nur wenige, die für
ihre jüdischen Nachbarn auch nur einen Finger rührten. Noch weniger bekundeten ihren Protest. Aber die Geschichte der Weißen Rose

zeigt, dass es Widerstand in den Kirchen gab: Unter den Mitgliedern der Gruppe waren überzeugte Protestanten und Katholiken sowie ein (konvertierter) Orthodoxer. Und auch Dietrich Bonhoeffer war, wie wir gleich sehen werden, leidenschaftlicher Christ.

In der Gesellschaft selbst gab es ebenfalls Widerstand. Er kam nicht aus einer homogenen Gruppe: Viele gehörten, wie Stauffenberg und seine Mitverschwörer, der traditionellen sozialen und militärischen Elite an, andere, wie Julius Leber und Wilhelm Leuschner, waren Sozialdemokraten. Auch Kommunisten bildeten Widerstandsgruppen. Carl Goerdeler war Beamter und entstammte einer Beamtenfamilie. Ihre Auffassungen vom Regime und darüber, wodurch es ersetzt werden sollte, waren so verschieden wie ihre Herkunft und ihr soziales Umfeld: Viele wollten die geschichtliche Uhr lieber bis zur wilhelminischen Zeit als bis zur Weimarer Republik zurückdrehen. Nicht wenige hatten anfänglich das „Dritte Reich" unterstützt und einige pflegten antisemitische Vorurteile. Einige wenige waren den Sirenentönen Hitlers gar nicht erst gefolgt und arbeiteten aus tiefer christlicher Überzeugung oder unerschütterlichem Glauben an das Recht Deutschlands auf eine demokratische (oder sozialistische oder kommunistische) Zukunft insgeheim für eine grundlegende Veränderung.

Aus der Perspektive des 21. Jahrhunderts (und im Zusammenhang mit einigen Fragen zur Identität, mit denen sich das moderne Deutschland konfrontiert sieht) ist eine der interessantesten (und profiliertesten) Gruppen die später als „Kreisauer Kreis" bekannte Widerstandsorganisation. Ihren Namen erhielt sie von der Gestapo nach dem Landsitz eines ihrer Anführer, Helmuth James Graf von Moltke. Den Mittelpunkt bildeten von Moltke selbst und Peter Graf Yorck von Wartenburg, Nachfahren alteingesessener preußischer Junkerfamilien, die schon im 19. Jahrhundert Geschichte geschrieben hatten. Moltke gehörte zu den wenigen, die Frankreichs Niederlage von 1940 nicht als Grund zur Freude, sondern als unzweideutiges Übel betrachteten. Manche ihrer Vorstellungen über eine Neuordnung nach dem „Dritten Reich" dürfen als überholt gelten (vor allem, weil sie von der damals weitverbreiteten Auffassung genährt wurden, dass an Deutschlands sozialem und moralischem Zusammenbruch und dem Aufstieg der Nazis auch das parlamentarische System der Weimarer Republik schuld gewesen sei). Bemerkenswert ist jedoch zweierlei. Zum einen bekannten sie sich zu einer Neuordnung, die Selbstbestimmung und öffentliche Verantwortung vorsah – sie wollten, mit anderen Worten, dem Konzept der Staatsbürgerschaft mehr moralischen Inhalt geben und folgten so eher einer kantischen als einer hegelschen Gesellschaftstheorie. Und zum anderen traten sie für ein politisch geeintes Europa ein, in dem regionale Entitäten mit jeweils einheitlicher kultureller und historischer Identität friedlich und in gegenseitigem Vertrauen zusammenleben könnten. Diese Vorstellungen sind auch für das moderne Deutschland und Europa von Bedeutung: Der Kreisauer Kreis ist sehr viel mehr als nur eine historische Kuriosität oder eine Fußnote in der Geschichte des „Dritten Reichs".

Von all den Versuchen solcher zum adlig-militärischen Establishment gehörenden Gruppen, noch eben rechtzeitig eine grundsätzliche Veränderung herbeizuführen, ist die Verschwörung vom 20. Juli 1944 wohl am bekanntesten. Die Folgen eines Fehlschlags waren natürlich auch den Verschwörern bekannt, die mit unbeugsamer Tapferkeit in den Tod gingen. Hunderte verloren ihr Leben, als die Gestapo in immer größerer Zahl auch jene verhaftete, die nur am Rand in die Verschwörung einbezogen waren. Die Episode ist in der Nachkriegszeit sehr häufig analysiert worden, wobei die amateurhafte Durchführung des Attentats ebenso diskutiert wurde wie die Motive der Hauptverschwörer oder die Chancen für einen ihnen vernünftig erscheinenden Friedensschluss mit den Alliierten. Jedenfalls erfuhren sie gleichermaßen Zustimmung wie Kritik. Doch bleibt die Tatsache, dass sie um Deutschlands Weg in die Katastrophe wussten, etwas dagegen tun wollten und sich über das große persönliche Risiko des Unternehmens vollkommen im Klaren waren. Bezeichnend ist, dass unmittelbar nach dem Anschlag die Unterstützung für Hitler anwuchs; noch für zwei Jahrzehnte nach Kriegsende hielt ein beträcht-

licher Teil der öffentlichen Meinung in Deutschland die Verschwörer
für Verräter, die ihren Hitler geschworenen Treueeid gebrochen hatten.

Insgesamt waren es zu wenige, die Widerstand leisteten. Zu wenige aus der Jugend, zu wenige gewöhnliche Bürger, zu wenige Kir-
chenmitglieder, zu wenige aus dem Establishment. Immerhin gab es
überhaupt welche. Zwar schien Tresckows Gebet unerhört zu bleiben,
doch konnte Deutschland wenigstens eine neue Art von Heldentum
ehren, das vielleicht nicht vollkommen war, sich aber grundlegend
von den falschen völkischen Helden des Nationalsozialismus unterschied: In der Walhalla, dem Tempel für die Helden des Deutsch-
tums*, der sich, in neoklassischem Glanz erstrahlend, über den Ufern
der Donau östlich von Regensburg erhebt, steht nun neben den Köp-
fen all der deutschen Geschichtsgrößen eine Büste von Sophie Scholl.

Unter den nachgelassenen Schriften Dietrich Bonhoeffers findet
sich ein Meisterwerk, das sicher nicht vergehen wird, solange noch an
christlicher Tradition festgehalten werden kann: *Nachfolge* (englisch
als *The Cost of Discipleship*) ist immer noch eine der herausfor-
derndsten Meditationen über das, was es heißt, sich christlich zu engagieren, die je geschrieben wurden. Seine Bedeutung für die Lebens-
umstände im „Dritten Reich" liegt auf der Hand. In dieser 1937
erstveröffentlichten Schrift verwirft Bonhoeffer Luthers Lehre von
den zwei Reichen, die, wie wir sahen, deutsches Denken und Handeln
über vier Jahrhunderte lang maßgeblich beeinflusst hat:

> Jesus aber ist diese Unterscheidung zwischen mir als Privatperson und
> als Träger des Amtes als maßgeblich für mein Handeln fremd. Er sagt
> uns darüber kein Wort. Er redet seine Nachfolger an als solche, die alles
> verlassen hatten, um ihm nachzufolgen. ‚Privates' und ‚Amtliches' sollte
> ganz und gar dem Gebot Jesu unterworfen sein. Jesu Wort hatte sie un-
> geteilt in Anspruch genommen.[24]

Daraus zieht Bonhoeffer den Schluss, dass die von Christus vorgeleb-
te Liebe mit Patriotismus oder Freundschaft oder beruflicher Verantwortung weder in eins gesetzt noch darauf reduziert werden oder

darin aufgehen kann. Kein Christ sollte wem auch immer einen unbedingten Treueeid schwören – unverkennbar bezieht er sich damit
auf den Eid der Wehrmachtsangehörigen. Während des Zweiten
Weltkriegs war Bonhoeffer als Widerstandskämpfer im Untergrund
tätig und zahlte schließlich den Preis für sein Verhalten: Im April
1945 wurde er im KZ Flossenbürg hingerichtet. Das Regime verfuhr
bis zum Ende gnadenlos mit seinen Gegnern.

Die Nationalsozialisten betrieben die Germanisierung des Ostens
und die Vernichtung (nicht nur) der Juden im Namen eines ethnisch
interpretierten Darwinismus, der besagte, dass die deutsche Identität
sich in einem Kampf auf Leben und Tod bewähren musste. Wenn
Deutschland den historischen Kampf gegen die Slawen verlor, hatte
es den Untergang verdient – das ist ein weiterer Aspekt seiner Einzigartigkeit. Immer expliziter bekundete Adolf Hitler, dass das Schicksal
Deutschlands direkt mit dem des Nationalsozialismus und letztlich
mit seinem eigenen zusammenhing – eine neue und äußerst zu-
gespitzte Version des arroganten „Après moi le déluge". Auch andere
mochten den Tod der Kapitulation vorgezogen haben, doch gibt es
keine Parallelen zu diesem Führer, der die Zukunft eines ganzen Volkes – einer ganzen Kultur – einem Kampf auf Leben und Tod mit dem
von ihm selbst auserwählten Feind anheimstellte, der, wenn der Feind
die Übermacht gewann, seine außerordentlichen Fähigkeiten einsetz-
te, um die gehorsam vollzogene Verteidigung bis zum letzten Mann
zu befehlen, und der schließlich, als auch die Verteidigung sinnlos
geworden war, immer noch die Kapitulation verweigerte. Doch entging er dem für alle anderen angeordneten Heldentod, indem er sich
auf seine Weise aus dem Leben stahl.

Das war wirklich die Götterdämmerung, die alte nordische „ragnarök", die Deutschland bis zum Ende im Feuerbrand erlebte. Können wir uns vorstellen, dass Hitler auf den Abwurf einer Atombombe
auf eine deutsche Stadt so reagiert hätte, wie es der Kaiser von Japan
tat? Wohl kaum. Für Hitler war nichts und niemand es wert, die
Niederlage zu überleben, vielmehr wurde, als Nazideutschland sich
dem Ende näherte, seine Gewalt noch intensiver. Ab dem Sommer

1944 wurde die Bombardierung deutscher Städte verstärkt und ausgeweitet. Anfang 1945 starben pro Monat mehr deutsche Soldaten als in jedem anderen Kriegsmonat (Stalingrad eingeschlossen). Obwohl sich die Niederlage deutlich abzeichnete, gab es kein Ende der Gewalt. Selbst nach dem 8. Mai ging der Todeskampf noch weiter. Durch Vergeltungsaktionen sowie durch die Deportationen von Deutschen aus den nunmehr verlorenen Ostgebieten starben noch über zwei Millionen Menschen nach Kriegsende. Dies war ein ganz und gar beispielloser moralischer und physischer Zusammenbruch.

Gab es etwas aus diesen zwölf Jahren, das als Errungenschaft überdauerte? Gab es irgendetwas von positivem Wert, dass das „Dritte Reich" außer massenhaftem Mord und Zerstörung der Menschheit hinterlassen hätte?

Es mag uns heutzutage beleidigend und unmoralisch vorkommen, nach positiven Resultaten, die aus solch unsagbar Schlechtem hervorgehen könnten, auch nur zu fragen. Doch wenn diese Frage tatsächlich gestellt wird, muss die Antwort – was einen erschauern lässt – negativ ausfallen. Was ist übrig geblieben? Ein paar Autobahnen? Der Volkswagen? Einige Gebäude von architektonischem Wert – das Olympiastadion in Berlin, das heutige Finanzministerium (früher Görings Luftfahrtministerium), ebenfalls in Berlin, das „Haus der Kunst" in München? Allein die Idee, dass diese Dinge alles sind, was an Positivem in die Waagschale geworfen werden könnte, lässt den moralischen Bankrott des Unternehmens nur umso stärker hervortreten. Wie kann es sein, dass ein paar Straßen, ein Pkw-Entwurf und einige Gebäude alles sind, was von zwölf Jahren außerordentlicher Umbrüche im Leben einer der einstmals größten Kulturen der Welt übrig bleibt?

Überhaupt – wie erging es der Kultur unter dem Gewicht des „Dritten Reichs"? Antwort: Sie schrumpfte gewaltig, als das Regime sie durch die Gründung der *Reichskulturkammer* (Präsident: Joseph Goebbels) der Kontrolle ihrer Ideologie unterstellte. Vergeblich wäre der Verweis auf den zweifellos glänzend gemachten Film *Triumph des*

Willens, dessen Kunstanspruch durch seinen Zweck irreparabel beschädigt wird. Vergeblich ist auch der Verweis auf ausgezeichnete musikalische Einspielungen der Berliner Philharmoniker unter Wilhelm Furtwängler. Das lässt lediglich die Frage offen, die ihm bei seinem Verhör in Nürnberg gestellt wurde: Wie konnte er von der Wirklichkeit des „Dritten Reichs" eine innere Welt der Ästhetik abgrenzen? In seinem Stück *Taking Sides* von 1995 lässt Ronald Harwood den Dirigenten von einem amerikanischen Armeeoffizier, der über dessen musikalische Welt wenig weiß, verhören und enthüllt so die tiefe Zweideutigkeit von Furtwänglers Haltung.[25] Grundsätzlich wird damit jede Behauptung, die Kultur könne verhärtete Geister humanisieren und dadurch von ihren ideologischen Fesseln erlösen, infrage gestellt.

Natürlich brachte das „Dritte Reich" Kunst hervor, Kunst, die in seinem Rahmen politisch akzeptabel war und in einigen Beispielen dem in der Sowjetunion gepflegten sogenannten Sozialistischen Realismus ähnelte. Aber diese Werke waren oberflächlich, langweilig und konformistisch. Der Expressionismus mit seiner Energie und Spannung war Geschichte. Auch gab es keine große Dichtung oder Literatur – hier ist der Kontrast zur Sowjetunion unter Stalin augenfällig. Wo waren die deutschen Pendants zu Anna Achmatowa, Alexander Block, Michail Bulgakow, Ossip Mandelstam, Boris Pasternak, Marina Zwetajewa und anderen? Alle diese Autoren schrieben unter den schwierigen bis widerwärtigen Bedingungen, die in der Sowjetunion herrschten. Ihr Geheimnis bestand darin, dass sie geistig frei und damit schöpferisch blieben, bisweilen unter großen persönlichen Kosten. Verglichen damit war Nazideutschland praktisch stumm.

Es kann vielleicht nicht überraschen, dass es in jenem Bereich, den die Deutschen so lange Zeit für absolut und universell gehalten und dem sie poetische, wo nicht gar religiöse Bedeutung zugesprochen hatten, mehr vorzuweisen gab – in der Musik. Tatsächlich hatte Furtwängler hart gearbeitet, um der Musik ihre humanisierende Macht zu bewahren (und jüdische Musiker zu schützen). Aber unvermeidlicherweise wurde auch die Musik von einem Regime, das den

Jazz für entartet hielt und von der Musik die Förderung der vorgeschriebenen völkischen Stimmung verlangte, in Dienst genommen. Trotzdem lebten im „Dritten Reich" etliche Komponisten von Bedeutung – vor allem Richard Strauss, Paul Hindemith und der Österreicher Anton Webern. In der deutschen Musikwelt der damaligen Zeit aber war Hindemith eine umstrittene Persönlichkeit. Einige Jahre lang kam ihm Furtwänglers Protektion zugute, doch 1938 emigrierte er. Weberns Musik galt als entartet und wurde verboten, allerdings verfasste er weiter höchst anspruchsvolle, von Schönberg beeinflusste Kompositionen. Er versuchte zwar, sich mit den Machthabern zu arrangieren, doch nützte ihm das nichts. Immerhin konnte er einige Werke in der Schweiz uraufführen lassen. Carl Orffs höchst erfolgreiches Chorwerk *Carmina Burana* feierte 1936 in Frankfurt am Main Premiere.

Aber der wirklich interessante Fall ist Deutschlands bedeutendster Komponist im 20. Jahrhundert, Richard Strauss. Nachdem er 1935 als Präsident der *Reichsmusikkammer* hatte zurücktreten müssen, konnte er als Privatmann – mittlerweile schon in seinen Siebzigern – einen späten Kreativitätsschub erleben. Zumindest eines seiner Werke, die 1938 uraufgeführte Oper *Friedenstag*, ist ein deutlicher, wenn auch indirekter Appell gegen den Krieg. Nach Kriegsbeginn wurde das Werk im „Dritten Reich" nicht mehr aufgeführt. Strauss' letzte Oper, *Capriccio*, ist ein heiterer Blick auf verschiedene Ausdrucksformen in Musik, Tanz und Dichtung – komponiert und uraufgeführt 1942 in München in sich verdunkelnden Zeitläuften.

Vielleicht ist Strauss die Ausnahme, die die Regel bestätigt. Oder besser: Er verweist auf die Ausnahme, die die Musik darstellt. Schließlich ging der Konzertbetrieb weiter. Die Regierung investierte beträchtliche Summen in musikalische Aufführungen, und Bayreuth genoss mehr Zuwendung als je zuvor, was auch mit Hitlers Wertschätzung der Opern Richard Wagners zusammenhing. Dass die „deutscheste aller Künste" auch im „Dritten Reich" gepflegt wurde, sagt einiges über die Kontinuität im deutschen Geistesleben – und vielleicht auch über die Universalität der deutschen Musik –, die wir später noch bedenken müssen, wenn wir die deutsche Suche nach Identität im 21. Jahrhundert erörtern.

Allerdings fand wahre Kreativität im „Dritten Reich" nicht genug Luft zum Atmen. Weder der Literatur noch den bildenden Künsten gelang irgendetwas von wirklichem Wert, und das gilt auch für die grundlegenden Naturwissenschaften: Die ruhmreiche Ära hervorragender Leistungen entdeckerischer und erfinderischer Provenienz war im Wesentlichen vorüber, ganz grundsätzlich auch, weil es die im universitären Wissenschaftsbetrieb so zahlreich tätigen Juden nicht mehr gab. Die Wahrheit dürfte sein, dass der Niedergang von Kunst und Wissenschaft in jenen Jahren das sicherste Zeichen für die Leere jenes Bösen ist, das Deutschland erfasste. Und das Schweigen wirkt umso lauter eingedenk der Blüte vorangegangener Jahre.

Das Böse: Selbst heute verwenden wir das Wort nicht leichtfertig. Erstaunlicherweise hat es selbst in diesem säkularisierten Zeitalter der Entmystifizierung seine Kraft nicht verloren. Nennt man eine Handlung oder Person böse, bedient man sich eines starken und beunruhigenden sprachlichen Ausdrucks. Es ist ein Urteil mit Absolutheitswert, folglich sollten wir darüber nachdenken. Was ist das Böse? Was dient ihm? Vielleicht finden wir die Antwort, wenn wir erkennen, dass es unauflöslich mit dem Selbst verbunden ist. Ihrer selbst bewusste Wesen sind in der Lage, andere Menschen als Zweck an sich zu respektieren (um es mit Kant zu sagen), oder vermögen, Liebe zu empfangen und zu geben (in den Worten von Bonhoeffers *Nachfolge**, die eine stärkere und innigere Herausforderung darstellen). Aber das Selbst ist auch fähig zu Eigenliebe und Egozentrik, die andere Menschen nur als Hindernisse oder Instrumente betrachtet. Tatsache ist, dass wir als Menschen beides vermögen: zu respektieren und zu manipulieren, Liebe und Eigenliebe zu pflegen. Wir wissen, was es heißt, Kants kategorischen Imperativ zu akzeptieren, und was es heißt, ihn zu verwerfen.

Und diese explizite Verwerfung ist das Wesen des Bösen. Ihr Resultat ist, um mit Bonhoeffer zu sprechen, das Gegenteil von Liebe. Wo Liebe gibt, nimmt das Böse. Wo Liebe Mitgefühl zeigt, demonstriert das Böse stumpfe Gleichgültigkeit oder Schlimmeres. Wo Liebe vergibt, sinnt das Böse auf Rache. Wo Liebe zum Opfer bereit ist, wappnet sich die Verwerfung gegen alle, die sich nahen. Wenn Liebe das Gute hervorbringt, dann bringt die Egozentrik als Abwesenheit von Liebe das Böse hervor. Wir alle sind auch egozentrisch veranlagt. Insofern kennen wir alle – in uns selbst – das Böse, obwohl wir uns die meiste Zeit über diese Einsicht hinwegtäuschen. Darum ist das Urteil über das „Dritte Reich" so beunruhigend. Egozentrik war das Wesen des „Dritten Reichs": In seinem Selbstverständnis lag die explizite Verneinung des Werts der anderen. Die völlige Verwerfung von Respekt und Liebe lag seinem Bösen zugrunde. Wenn uns das beunruhigt, dann auch, weil wir erkennen, dass das „Dritte Reich" am Ende eines Spektrums lag, auf dem wir alle uns irgendwo befinden. Beurteilen wir das „Dritte Reich" als böse, so beurteilen wir uns damit selbst.

Anders gesagt: Das „Dritte Reich" gehörte keiner eigenen Klasse an. Seine Führer waren keine Automaten, sondern menschliche Wesen. Wir wissen wenig genug über das Innenleben von normalen Freunden und Bekannten. Wir wissen sehr wenig – wohl praktisch nichts – über das Innenleben einer Person wie Hitler. Aber er war ein Mensch. Er ließ sich von Wagners Musik verzaubern – so viel zumindest hatte er mit uns gemein. Von ihm selbst und von denen, die ihn kannten, als seine Mutter noch lebte, wissen wir, dass er sie liebte. Sie starb an Brustkrebs, als er 18 Jahre alt war, und ihr Tod erschütterte ihn. Für viele Menschen ist das eine vertraute Erfahrung. Sein Leben lang stand ein Bild der Mutter auf seinem Nachttisch, selbst noch im Bunker in Berlin. Aus Dankbarkeit schickte er dem (jüdischen) Familienarzt, der sich bis zu ihrem Ende um sie gekümmert hatte, eines seiner Aquarelle von Wien. Diese menschlichen Züge verleihen dem Bösen sein quälendes Geheimnis. Es gibt da etwas, was wir mit ihm teilen. Wir kennen Egozentrik, auch wenn unsere eigene begrenzt und wenig prägnant ist und häufig durch bessere Instinkte wie Fürsorge und Liebe ausgeglichen wird. Solch extreme, größenwahnsinnige Egozentrik setzt uns in Bestürzung – eine Egozentrik, die sich im

Bewusstsein ihre eigene Welt schafft, eine Welt, bewohnt von eigens dafür geschaffenen Teufeln und Feinden, eine Welt, die alle Tatsachen und Erfahrungen ausschließt oder verdreht, die mit ihrer inneren Wirklichkeit in Konflikt geraten könnten. Aber wir sind so bestürzt, weil wir uns mit dem egozentrisch Bösen im selben Spektrum befinden, auch wenn der Abstand beträchtlich ist. Genau darum wird die Geschichte des „Dritten Reichs" auch in fernerer Zukunft keine Angelegenheit von rein akademischem Interesse sein.

Und was gibt nun Anlass zu dieser Egozentrik? Zum Teil natürlich die Geschichte: Geschichten vom Unrecht, das uns, wie wir glauben, angetan wurde – Geschichten, an die wir uns nicht erinnern oder die entstellt und tief im Unterbewusstsein vergraben sind. Wie wir gesehen haben, gehört das Opfer, das selbst zum Täter wird, zu den ältesten Mustern der menschlichen Erfahrung. Das gilt für persönliche wie für gemeinschaftliche Zusammenhänge. In den Gemeinschaften, denen wir angehören, kursieren häufig Erinnerungen an erlittenes Unrecht oder verweigertes Recht. Seit alters und bis in die heutige Zeit sind diese Geschichten Anlass gewesen, Gewalt, Rache und Krieg zu rechtfertigen. Das „Dritte Reich" war die Inkarnation dieses omnipräsenten menschlichen Instinkts. Die Menschen ließen sich davon fortreißen und eine ganze Kultur wurde dadurch pervertiert: Der Führer* selbst schien diesen Instinkt zu verkörpern. Hitler bleibt ein extremes – und immer noch erstaunliches – Beispiel dafür, wie weit größenwahnsinnige Egozentrik gehen kann, wenn er am Ende, nach all den Schrecken, die die Deutschen (zu schweigen vom übrigen Europa) ertragen haben, sein Volk verurteilt, weil es sich seiner als unwürdig erwiesen hat. Das war das Böse in Reinkultur.

Doch führt nichts an der Frage vorbei, wo die Schuld liegt. Ist sie einem einzigen Menschen zuzuschreiben? Immerhin hatte er die Macht, innezuhalten – oder weiterzumachen. Der Bannstrahl der Pflicht „bis in den Tod" wirkte bis zum Ende. Doch beginnt und endet die Schuld nicht mit einem einzigen und einzelnen Menschen. Es gab die Nazigrößen, es gab die Tausenden von SS-Leuten, die Parteifunktionäre der mittleren Ebene, die KZ-Wächter usw. Der Kreis wird, wie bei menschlichen Angelegenheiten üblich, immer größer. Wann fängt das alles an? Und wer ist daran beteiligt? Sicher beginnt es nicht erst im Januar 1933, als eine kleine Gruppe von Angehörigen der aristokratischen und militärischen Elite meinte, sie könne Hitler in ihre Mitte nehmen und kontrollieren; und beteiligt waren mehr Personen als nur die relativ kleine Gruppe, die bis zum Mai 1945 die Führung stellte. Wie ein Baum, dessen Äste sich ausbreiten und dessen Wurzeln tief in die Erde reichen, breitete sich die Schuld am Geschehen auf viele Personen aus, und der Beginn reicht tief in die Vergangenheit zurück.

Vollkommen klar ist, dass die Anführer viel zu viele willige Gefolgsleute hatten, und viel zu viele waren stillschweigende Komplizen, weil sie vom Unrecht wussten, aber nichts taten, und es gab zu viele, die nichts wussten, aber unsicher waren und auch nichts taten. Zu viele wechselten einfach die Straßenseite und schauten weg. Max Frischs Drama *Biedermann und die Brandstifter* ist eine düstere Komödie über Leute, die Feuer legen, während ihre Opfer in Gutgläubigkeit verharren. Es ist eine Parabel über die Bereitschaft der ehrenwerten Bürger des „Dritten Reichs", denen zur Hand zu gehen, die ihre Welt schließlich in Flammen aufgehen ließen.

Ist das vergleichbar der Kollektivschuld einer ganzen Gesellschaft, eines ganzen Volkes? Sicher waren nach dem Krieg in beiden Teilen Deutschlands allzu viele bereit, die Schuld auf andere zu schieben. Besonders im Westen war der Prozess der Vergangenheitsbewältigung* mit der schmerzhaften Entdeckung verbunden, dass sehr viele Personen auf aktive oder passive Weise an den Taten und Untaten des „Dritten Reichs" beteiligt gewesen waren.

Aber das lässt sich nicht zu einer Kollektivschuld in dem Sinne ausweiten, dass jeder schuldig war (und ist), nur weil er in diese Kultur hineingeboren wurde. Und umgekehrt dürfen wir auch nicht blind sein gegenüber den Sünden all jener, die zur Katastrophe das Ihre beigetragen haben, sowohl im Vorfeld des Zweiten Weltkriegs als auch währenddessen.

Das führt zu der ungemütlichen Überlegung, dass es auf allen Seiten Opfer gibt, selbst in einem Krieg, der zweifellos gegen ein unbestreitbar Böses geführt werden musste. Es gibt die unabweisliche Frage nach den Sünden anderer in der ferneren und näheren Vergangenheit: Das Gefühl, Opfer zu sein, wurde nicht aus dem Hut gezaubert. Insbesondere hätten die Sieger in Versailles die allzu rüde Verurteilung Deutschlands vermeiden können. Auch Stalin trägt Mitschuld: Der von Molotow und Ribbentrop 1939 geschlossene Nichtangriffspakt gab Hitler wie gewünscht freie Hand im Westen wie auch in Polen (und die Russen standen den Deutschen dort an Brutalität in nichts nach). Und warum war Papst Pius XII. mit seinem Einfluss auf das katholische Deutschland so vorsichtig in seinen öffentlichen Äußerungen? Er, der so stark am Entwurf der von seinem Vorgänger veröffentlichten Enzyklika *Mit brennender Sorge** beteiligt gewesen war, verurteilte niemals *coram publico* und explizit die Behandlung der Juden durch die Nazis, obwohl er des Öfteren von den Amerikanern dazu aufgefordert wurde.

Ferner: Was ist mit den Kriegsgeschehnissen? Wahrscheinlich gibt es so etwas wie einen moralisch sauberen Krieg niemals – und der Zweite Weltkrieg war es ganz und gar nicht. Aus der Perspektive eines neuen Jahrtausends und derer, die nicht persönlich involviert waren, können wir unbefangener die Frage nach den Opfern stellen – nach der Kriegführung gegen die Zivilbevölkerung, nach Vergeltungsmaßnahmen und Deportationen.

Betrachten wir zuerst den Bombenkrieg der Alliierten. Die Nationalsozialisten entwickelten diese Strategie, die Terror verbreiten und den Zusammenbruch der jeweiligen Gesellschaft herbeiführen sollte, bei ihren Angriffen auf Guernica, Warschau, Rotterdam, Coventry, London oder Stalingrad. Die Alliierten zahlten dann mit gleicher Münze heim, mit zunehmender Macht und Heftigkeit – besonders rücksichtslos ab Juli 1943 (dem ersten großen Angriff, der in Hamburg zu einem Feuersturm führte). Der Bombeneinsatz weder der Deutschen noch der Alliierten kann auch nur im entferntesten durch das legitime Vorgehen gegen Produktionsstandorte und die entsprechende Infrastruktur gerechtfertigt werden. In Großbritannien gab es Unbehagen und sogar Gegnerschaft gegen diese Strategie (was ausreichte, um dem *Bomber Command* – im Gegensatz zum *Fighter Command* – eine militärische Auszeichnung vorzuenthalten, obwohl die Piloten große Tapferkeit gezeigt und hohe Verluste zu beklagen hatten). Doch die Bombardierung wurde bis zum April 1945 mit besessener und unnachgiebiger Entschlossenheit durch „Bomber-Harris" weitergeführt und nahm an Intensität sogar noch zu, als es schon längst keine vernünftige militärische Rechtfertigung mehr gab. Infam ist der Angriff auf Dresden (Februar 1945), und auch die Angriffe auf Pforzheim (ebenfalls Februar 1945 – fast 20 Prozent der Einwohner kamen dabei zu Tode, die höchste Rate überhaupt), Würzburg und Magdeburg (März 1945), oder Halberstadt und Potsdam (April 1945) sind nur weitere und spätere Beispiele dessen, was heute wohl als Kriegsverbrechen gewertet würde.

Wie beurteilen wir das heute? Ein Brite, der alt genug war, um sich der Geschehnisse zu erinnern, meinte: „Sie hätten doch nur kapitulieren müssen."[26] Vielleicht unterschätzen wir den Hass und Abscheu, die im Osten von den unsagbaren Grausamkeiten der Deutschen und im Westen von den entsetzlichen Kämpfen nach dem D-Day und der Entdeckung der KZ-Verbrechen genährt wurden. Wie auch immer – fast bis zum Ende war die Situation uneindeutig und ungewiss; nur wenige wären bereit gewesen, jegliches Risiko auf sich zu nehmen, um die Zahl der zivilen Opfer zu verringern oder gar schöne Barockbauten vor der Zerstörung zu bewahren, wenn es gegen einen Feind ging, der zu allem entschlossen war.

Oder müssen wir einräumen, dass Unrechttun nicht dadurch gerechtfertigt werden kann, dass es sich gegen das Böse richtet? Bei den Luftangriffen auf Stalingrad gab es mehr Tote als bei der Bombardierung von Dresden, doch ist das sicher keine Rechtfertigung. Als 1992 in London für Bomber-Harris eine Statue vor der Kirche St Clement Danes – der Kirche der Royal Air Force – errichtet wurde, gab es umfassende Proteste. Als 2012 an der Hyde Park Corner ein sehr viel auffälligeres Denkmal für die jungen Männer des Bomber Command

erbaut wurde, gab es ruhige und respektvolle Akzeptanz: eine über-
fällige Katharsis?

Und dann: Wie ist das Verhalten der Alliierten bei ihrem Ein-
marsch in die deutschen Gebiete ab 1944 zu bewerten? In den letzten
Jahren hat das bei deutschen Autoren für vielleicht mehr Aufmerksamkeit gesorgt als die Bombardierungen. Die Vergewaltigung Hun-
derttausender Frauen durch die Rote Armee war ein atavistisches
Wüten, gegen das die Befehlshaber kaum einschritten. Und das Verhalten der Franzosen in Freudenstadt war kaum besser. Beide Länder
waren von Deutschland besetzt worden, in beiden hatte sich beträchtlicher Hass angestaut. Aber was war das für eine Rache? Es gibt, wie
gesagt, kein Schuldmonopol.

Und schließlich gab es die Deportationen und Vertreibungen. An
die sechzehneinhalb Millionen Deutsche wurden aus den Ostgebieten
vertrieben, zumeist unter schrecklichen Bedingungen. Mehr als zwei
Millionen starben an Groll und Hass, die sich in Osteuropa über die
Jahre aufgebaut hatten. Ein besonderes Ereignis, der Untergang der
„Wilhelm Gustloff" im Januar 1945 durch Torpedobeschuss, hat für
das Bewusstsein der Deutschen ikonische Bedeutung gewonnen. Das
Schiff war nach dem Gründer des Schweizer Ablegers der NSDAP
benannt, der 1936 ermordet worden war und dem „Dritten Reich"
als Held und Märtyrer galt. Das Schiff wurde von einem sowjetischen
U-Boot versenkt, als es mit Tausenden Flüchtlingen an Bord den Ha-
fen von Königsberg verließ. Es ist bis heute die schwerste Katastrophe
der Seefahrt. (Ein junges Mädchen verpasste das Schiff, weil ihre
Schwester krank geworden war; sie sah es gleich außerhalb des
Hafens versinken – und bestieg dann das nächste Schiff, um zu
fliehen.[27])

All diese Toten müssen nicht nur den Russen, sondern auch den
Polen, Tschechen und anderen zur Last gelegt werden. Sicher können
die von den Deutschen an ihnen verübten Verbrechen diese Reaktionen erklären, aber nicht rechtfertigen. Es gibt – noch einmal sei es
gesagt – kein Schuldmonopol. Die Schwierigkeit mit dem Vergel-
tungsrecht – „Auge um Auge, Zahn um Zahn" – besteht darin, dass

die Angelegenheit damit nicht erledigt ist. Die Menschheitsgeschichte schreit es heraus, dass Vergeltung immer Vergeltung provoziert. Hitler lebte das Vergeltungsprinzip, es war sein Elixier: Er ließ es die Juden in der „Kristallnacht" und im Warschauer Ghetto erleiden; er sah vor, dass Widerstandskämpfer („Werwölfe") im Untergrund nach dem Fall von Berlin den Kampf weiterführen sollten und dass Deutschland Rache an den Slawen nehmen würde, auch wenn dies noch ein paar Generationen dauern sollte.

Doch es geschah etwas seltsam anderes: Zumindest in diesem Sinne – dass ein Gesetz der menschlichen Natur außer Kraft gesetzt wurde – war die Stunde Null von wirklicher Bedeutung, wie wir im nächsten Kapitel sehen werden.

8. Zerstörung, Erneuerung, Erlösung, Versöhnung

Bei Kriegsende schien es nur allzu offensichtlich, dass „Stunde Null" das Ende all dessen bedeutete, was gewesen war. Unwahrscheinlich, dass es der Beginn von etwas Neuem sein könnte. So umfassend war die Zerstörung, so tief das Trauma, so gewaltig die Herausforderung, eine funktionierende Gesellschaft wiedererstehen zu lassen, dass man leicht hätte verzweifeln können. Über 150 Städte lagen in Trümmern; Transport- und Versorgungssysteme – vor allem Wasser und Elektrizität – waren schwer beschädigt, die Währung wertlos, Nahrungsmittel in vielen städtischen Gebieten knapp, die Kindersterblichkeit stark ansteigend, Millionen Menschen heimatlos.

Erst in den letzten Jahrzehnten, insbesondere nach der Wiedervereinigung, ist damit begonnen worden, die Geschichte dieser Leiden umfassender aufzuarbeiten: die Brutalität der Vertreibung, der Vergewaltigungen und Morde (vor allem im Osten), der willkürlichen Verhaftungen und des unerklärten Verschwindens von Personen. Doch bereits in der Nachkriegszeit schufen Autoren wie Heinrich Böll und Wolfgang Borchert – bisweilen stoisch, bisweilen voller Verzweiflung – atmosphärisch dichte Darstellungen der Situation. Borcherts Drama *Draußen vor der Tür* handelt von einem Soldaten, der von der Ostfront zurückkehrt und seine Frau mit einem anderen Mann im Bett vorfindet. Seine Eltern sind tot, weil sie nach verweigerter Entnazifizierung aus der Wohnung geworfen wurden, und sein ehemaliger Kommandant, dem es jetzt gut geht, will nichts mit ihm zu tun haben. Im Roman *Der Engel schwieg* erzählt Heinrich Böll die Geschichte eines Soldaten, der in eine zerbombte Stadt zurückkehrt, um der Frau seines Kameraden die Nachricht von dessen Hinrichtung wegen Fahnenflucht zu überbringen. Die Frau leidet an Magenkrebs und ihr skrupelloser Schwager bringt das Testament ihres Mannes gewaltsam an sich, damit er und nicht eine karitative Organisation vom Nachlass profitiert. Der Soldat erfährt Hilfe von einer Frau, die ihr Kind verloren hat, und sie nehmen zusammen den Lebenskampf in den Ruinen auf. Böll zeichnet ein düsteres Bild, aufgehellt jedoch durch die Beziehung zwischen dem Soldaten und der Frau, die am Ende einander heiraten.

In Borcherts Stück wie in Bölls Roman spiegelt sich die Wirklichkeit all der Millionen Menschen, deren Energie und Aufmerksamkeit vom täglichen Kampf ums Überleben völlig in Anspruch genommen wurden. Allzu viele brauchten lange, um mit dem Geschehenen zurechtzukommen. Nicht nur die Traumata der heimkehrenden Soldaten brachten Verstörungen und Auseinandersetzungen mit sich. Es kam zu Spannungen zwischen den Vertriebenen, die alles verloren hatten, und denen, auf die sie nun im zerstörten Deutschland trafen. Und dann waren da noch die Schrecken der Konzentrationslager, mit denen man konfrontiert war. Sehr viele Menschen waren belastet durch Erinnerungen an das, was sie getan oder unterlassen hatten. Die Reaktionsmechanismen reichten von Selbstbetrug über Verteidigungshaltungen bis zu sorgfältiger Vertuschung und Verheimlichung. In vielen Fällen handelte es sich einfach um Passivität, um die Sünde der Untätigkeit (die aber, wie im Falle der Tätigkeit, auch Sünde ist). Etwa zwölf Millionen NSDAP-Mitglieder mussten in Verhören detaillierte Angaben über ihre Aktivitäten machen. Ein kleiner Prozentsatz von ihnen hatte klarerweise seine Seele dem Teufel verkauft, und von diesen wurden einige – allerdings nur sehr wenige – in Nürnberg angeklagt. Andere hatten sich in einer komplizierten und kompromittierten Lage befunden und – um es so zu sagen – beim Essen mit dem Teufel einen zu kurzen Löffel in der Hand gehabt. Beispielhaft ist die Geschichte von Werner Heisenberg: Der berühmte Physiker und Entdecker der Unschärferelation spielte im deutschen Atomwaffenprogramm eine höchst zweideutige Rolle. In Michael Frayns packendem Stück *Copenhagen* über Heisenbergs umstrittenes Treffen mit Niels Bohr in der besetzten Hauptstadt von Dänemark erzählt der Deutsche mit bildhafter Deutlichkeit von seinen Erfahrungen in den letzten Tagen des „Dritten Reichs":

Drei Tage und drei Nächte bin ich gefahren. Von Württemberg über die schwäbische Alb bis zu den Vorläufern der Alpen. Durch meine zerstörte Heimat. Hatte ich mir das für mein Land ausgesucht? Diese endlosen Trümmer? Diesen Himmel, ewig voller Rauch? Diese von Hunger gezeichneten Gesichter? War das mein Tun? Und all die verzweifelten Menschen auf den Straßen [...] Die zweite Nacht und dann ist sie plötzlich da – die furchtbare schwarze Uniform, die aus dem Zwielicht vor mir auftaucht. Auf den Lippen, als ich innehalte – das eine schrecklich vertraute Wort. „Deserteur", sagt er. Er hört sich so erschöpft an, wie ich es bin. Ich gebe ihm den Reisebefehl, den ich für mich selbst ausgestellt habe. Doch ist das Licht so trübe, dass er das Dokument kaum lesen kann, und überdies ist er zu müde, um sich damit zu beschäftigen. Stattdessen öffnet er sein Holster [...] da fällt mir das Päckchen amerikanischer Zigaretten in meiner Manteltasche ein. Und schon hab ich es in der Hand – halte es ihm hin. Der bislang wohl verzweifeltste Lösungsversuch für ein Problem [...] Er schließt das Holster und nimmt stattdessen eine Zigarette [...] Für 20 Zigaretten hat er mich am Leben gelassen. Und ich fuhr weiter. Drei Tage und drei Nächte. Vorbei an den weinenden Kindern, an den verlorenen und hungrigen Kindern, die in den Kampf geschickt und dann von ihren Anführern verlassen wurden. Vorbei an den ausgehungerten Zwangsarbeitern, die zurück wollten nach Frankreich, nach Polen, nach Estland. Durch Gammertingen und Biberach und Memmingen. Mindelheim, Kaufbeuren und Schöngau. Durch mein geliebtes Heimatland. Mein in Trümmern liegendes, entehrtes und geliebtes Heimatland.[28]

Unter diesen Umständen hatten nur wenige die Zeit oder Energie, Visionen für eine neue Zukunft zu entwickeln oder ein Bewusstsein dafür, wie eine Zukunft auf Werten, die in der Vergangenheit einmal Geltung gehabt hatten, aufzubauen sei. Interessiert fragte ein alter katholischer Priester den britischen Dichter Stephen Spender, ob er sich vorstellen könne, dass die britische Besatzungszone später ein Dominion des britischen Empire werde – eine Erneuerung der Verbindung von England mit dem Haus Hannover?

Auch die Sieger hatten keinen einheitlichen Plan. Stalin verfolgte die Interessen der Sowjetunion: Er war entschlossen, eine Einflusssphäre einzurichten – im Endeffekt einen die UdSSR umschließenden *cordon sanitaire* unter Moskauer Kontrolle, um sicherzugehen, dass Deutschland nie wieder eine Bedrohung darstellen würde. Das war allerdings keine gute Nachricht für die Anrainer der Sowjetunion, die später allesamt Marionettenstaaten mit von Stalin erzwungenen kommunistischen Regierungen wurden. Einige von ihnen verloren Gebiete, die sich die Sowjetunion einverleibte. Das betraf auch Polen, das auf diese Weise am meisten verlor – ein großes Territorium im Osten. Kompensiert wurde der Verlust durch den Zugewinn von etwa zwei Dritteln von Ostpreußen und den deutschen Gebieten östlich der Oder-Neiße-Linie. Damit sah die polnische Westgrenze wieder genau so aus wie eintausend Jahre zuvor.

Aber was all das für Deutschland wie auch für Österreich bedeuten würde, war nicht sofort klar. Österreich wurde zunächst, nach Aufhebung des „Anschlusses", als unabhängiges Land wiederhergestellt und galt als „erstes Opfer" der nationalsozialistischen Aggression.[29] Die düstere Ironie dieses Anspruchs dürfte keinem, der die begeisterte Begrüßung der Wehrmacht 1938 erlebt hatte, entgangen sein, vor allem, wenn er das Schicksal Österreichs mit dem Polens und der Tschechoslowakei verglich. Deutschland und Österreich wurden in alliierte Besatzungszonen eingeteilt; wobei es auch für Österreich keine einheitliche Zukunftsplanung gab. Allerdings war das Land für Stalin nur ein kleiner und letztlich unwichtiger Nebenschauplatz; er hatte kein Interesse daran, den Export des kommunistischen Modells als eigenständiges Ziel zu betreiben. So war ein einheitliches und bündnismäßig neutrales Österreich für die Sowjets völlig akzeptabel, und die Republik Österreich erlangte 1955 ihre volle Souveränität.

Aber mit Deutschland war das etwas anderes. Selbst nach dem Verlust von 25 Prozent seines Staatsgebiets blieb das Land groß. Flächenmäßig war es nicht mehr das größte Land auf dem Kontinent, aber der Bevölkerungszahl nach – und weiterhin das, was es bisher gewesen war: die Mitte Europas. Stalin schien eine Weile geneigt, ein vereintes, doch neutrales (und jeglicher Macht beraubtes) Deutschland in Betracht zu ziehen, doch ließ sich das aufrechterhalten? Deutschland besaß wie Österreich keine gemeinsame Grenze mit der Sowjetunion. Könnte all dies aber ein eher sowjetgeneigtes Deutschland gewährleisten, ohne es sehr viel enger an sich zu binden, als dies bei authentischer Neutralität der Fall wäre? Und wenn dies gelänge – könnte die Sowjetunion den Behemoth gefesselt halten? Zudem hatte Stalin keine Gewissheit über die Einstellung der Westalliierten, insbesondere der Amerikaner. Würden sie ein vereintes, aber neutrales Deutschland befürworten? Wie würden sie auf Versuche reagieren, Deutschland enger an die Einflusssphäre der Sowjetunion zu binden?

Unterdessen wurde den Westalliierten, die sich über Deutschlands Zukunft noch nicht im Klaren waren, erst allmählich die wahre Bedeutung der sowjetischen Realpolitik* bewusst. Als die Amerikaner begriffen, wie wichtig es war, einem kapitalistischen Deutschland auf die Beine zu helfen, indem sie zuerst den Marshallplan und dann die Währungsreform lancierten, die die deutsche Wirtschaft vor dem drohenden Zusammenbruch bewahrte, unternahm die Sowjetunion in der von ihr besetzten Zone Schritte zur Etablierung eines eigenen Regierungs- und Wirtschaftssystems. Tatsächlich hatte keine Seite anfänglich die späteren Geschehnisse geplant, doch waren beide Seiten mit dem jeweiligen Resultat durchaus einverstanden. So lief es denn bei den Manövern der Westalliierten und der Sowjetunion in den ersten Nachkriegsjahren auf ein geteiltes Deutschland hinaus, dessen ideologische Verwerfungslinie das Land spaltete, wie es 400 Jahre zuvor von religiösen Verwerfungslinien gespalten worden war. Die Teilung wirkte nicht so, als würde sie in absehbarer Zeit aufgehoben werden; vielmehr boten sich dem Betrachter nunmehr zwei ganz unterschiedliche Visionen und Versionen eines wiedererstandenen Deutschlands dar. Dadurch stabilisierte sich ein Machtgleichgewicht, das schon bald in den Kalten Krieg überging. Wieder einmal verlief eine Frontlinie der europäischen Geschichte quer durch die deutschen Lande. Deshalb stand wieder einmal die Frage der deutschen Identität und ihrer Verortung im Nachkriegseuropa auf der Tagesordnung.

Die grundlegende Frage war, ob es einen klaren und vollständigen Bruch mit der Vergangenheit geben solle oder nicht – und falls nicht, welche Grundlagen der Vergangenheit stabil genug wären, um als Fundament für einen Neuaufbau dienen zu können. Die sowjetische Besatzungszone verfolgte gegenüber den drei Westzonen (die in zwei Schritten, 1947 und 1949, zu einer Zone verschmolzen wurden) eine gänzlich andere Strategie. Die Sowjets holten deutsche Kommunisten aus Moskau, um in ihrer Zone politische und sozioökonomische Reformen nach sowjetischem Muster einzuführen. In großer Zahl wurden ehemalige Nazis und andere mögliche Opponenten verhaftet und viele von ihnen in die Sowjetunion deportiert. Es wurde die vollständige Neugründung einer Gesellschaft vorbereitet. Auch im Westen gab es Entnazifizierungs- und Umerziehungsprogramme, doch keine so radikale Sozialtechnik oder umfangreichen Verhaftungen und Deportationen wie im Osten. Der Neuerungseifer der Westalliierten wich allmählich einem Pragmatismus, der auf die Schaffung einer eigenständigen, selbstverwalteten, offenen Gesellschaft hinauslief, die der US-amerikanischen Einflusssphäre angehören und mit dem übrigen Europa friedlich zusammenleben sollte.

Zumindest oberflächlich blieb so die Kontinuität mit der Vergangenheit im Westen sichtbarer als im Osten. So konnten viele Menschen aus einer vom „Dritten Reich" geprägten Vergangenheit auftauchen und zu Bürgern mit neuer Acht- und Ehrbarkeit werden, die augenscheinlich mit der demokratischen Nachkriegswirklichkeit auf gutem Fuß standen. Unzählige Personen müssen eine derartige Wandlung vollzogen haben.

Die Geschichte von August Winnig, einer nicht ganz einflusslosen Gestalt im völkischen Denken der Vorkriegszeit, kennt wohl mehr Windungen und Wendungen als die meisten anderen Lebensgeschichten. Sie zeigt, dass die Stunde Null für viele, die dem „Dritten Reich" zumindest nicht feindselig gegenübergestanden hatten, nicht das Ende bedeuten musste. Winnig war vor und nach dem Ersten

Weltkrieg aktiver Sozialdemokrat und während der turbulenten
Frühzeit der Weimarer Republik eine Zeit lang Oberpräsident von
Ostpreußen gewesen. Doch wurde er in seiner politischen Haltung
zunehmend konservativ, nationalistisch und antiparlamentarisch.
1928 veröffentlichte er *Das Reich als Republik*, dessen Eröffnungssatz
die Wendung enthielt, die später in der Rhetorik der Nationalsozialisten eine so bedeutende Rolle spielen sollte: *„Blut und Boden sind
das Schicksal der Völker.“* Über die Juden äußerte er sich nicht anders
als die nationalistische Rechte mit ihren pseudohistorischen rassistischen Klischees. Winnig trat nie in die NSDAP ein, sondern ging zu
einem christlichen Konservatismus über, der ihn möglicherweise in
Kontakt zu den Widerstandskämpfern des 20. Juli brachte, aber von
Verfolgung blieb er verschont. Er gehörte zu den ersten Mitgliedern
der nach dem Krieg gegründeten CDU und erhielt von der Universität Göttingen den Ehrendoktortitel in Theologie. Von der Regierung Adenauer wurde er mit dem Großen Verdienstkreuz ausgezeichnet. Nach seinem Tod 1956 wurde ihm zu Ehren eine Schule
benannt (und nach der Wiedervereinigung eine Straße in seiner Heimatstadt Blankenburg).

Solche von Kontinuität unterfütterten Wandlungen gab es in den
Lebensgeschichten vieler Menschen. Die Vorteile lagen auf der Hand:
Die Individuen wie auch die Gemeinschaft, der sie angehörten, konnten ihr Leben fortsetzen. Dennoch stellte sich im Westen wie im Osten gleichermaßen die Frage, wie mit der Vergangenheit umzugehen
sei – nicht nur mit der unmittelbaren Vergangenheit des „Dritten
Reichs“, sondern auch mit den weiter zurückliegenden Epochen: mit
dem Kaiserreich, mit Friedrich dem Großen, den Religionskriegen,
Martin Luther bis hin zu Arminius. Wie konnte man sich die Kultur
aneignen ohne das Böse darin? Wie war die deutsche Identität jetzt zu
denken? Im Osten suchte die offizielle Haltung eine Zeit lang Zu-
flucht in der Auffassung, man habe sich der Vergangenheit auf eine
Weise entledigt, die es gestatte, die Kultur – oder zumindest bestimmte Elemente – aus dem Kontext zu lösen und so zu übernehmen. Im
Westen wurden die Probleme von Geschichte und Kultur zum Grund

vieler in den folgenden Jahrzehnten offen geführter Auseinandersetzungen. Am Ende konnten weder Ost noch West, individuell wie kollektiv, die Konfrontation vermeiden.

Unterdessen hatte Österreich im Rahmen der Nachkriegsvereinbarungen einen Weg eingeschlagen, der schließlich zur Entstehung einer eigenen österreichischen Identität führte. Das Land, das sich am Ende des Ersten Weltkriegs noch „Deutsch-Österreich" genannt hatte und sich gerne vom Deutschen Reich als „Ostmark" hatte vereinnahmen lassen, war jetzt ganz schlicht zur Republik Österreich geworden. Immer mehr Bewohner der Republik, so zeigten Umfragen, verstanden sich als Österreicher statt als Deutsche oder als österreichische Deutsche. Diese Identitätsfindung hatte natürlich eine Vorgeschichte – der Ausschluss aus dem Kaiserreich, die lange Geschichte der Habsburger Regenten, der Katholizismus, die Erinnerungen an die Vorherrschaft im Heiligen Römischen Reich und eine kosmopolitisch strahlende Kultur. Aber schon die Schweizer hatten Jahrhunderte zuvor den Weg zu einer eigenen Identität beschritten. 1946 legte sich Österreich eine neue Nationalhymne zu (mit einem eher nichtssagenden Text und einer Melodie, die – wiewohl von Mozart – bei Weitem nicht so schön ist wie Haydns alte Kaiserhymne). Von dieser neuen Identität führt kein Weg zurück.

Und was ist mit Deutschland? Als 1949 die Bundesrepublik aus der Taufe gehoben wurde, waren Bedenken über das zukünftige Verhalten dieses neuen deutschen Staats verständlich. Schließlich hatte sich das deutsche Regierungswesen im vergangenen Jahrhundert zwischen dem Unbefriedigenden und dem Abstoßenden bewegt – von der Halbdemokratie des Kaiserreichs über die in sich gespaltene und instabile Weimarer Republik bis zum totalitären „Dritten Reich", das mit der parlamentarischen Demokratie kurzen Prozess machte. Demzufolge war die politische Struktur der Bundesrepublik darauf angelegt, beide Fehler zu vermeiden: sowohl die parteimäßige Fragmentierung der Weimarer Republik als auch die exzessive Anhäufung von Macht, die das „Dritte Reich" ermöglichte. Der Bundespräsident hatte vorwiegend repräsentative Funktionen und wurde indirekt, nicht durch Volksabstimmung gewählt. Starke *Länder** mit gewisser Eigenständigkeit waren bereits von den westlichen Alliierten eingerichtet worden. Dort wie auch im Bund selbst sorgte die berühmte Fünf-Prozent-Hürde für eine Begrenzung der in den Parlamenten vertretenen Parteien. Das „konstruktive Misstrauensvotum" sollte verhindern, dass Regierungen abgelöst werden konnten, ohne dass es eine Nachfolgerin gab – eine Schwäche des politischen Systems der Weimarer Republik. Und schließlich wurde ein *Verfassungsgericht** ins Leben gerufen, um zu kontrollieren, ob die Operationen der Verfassungsorgane grundgesetzkonform sind. Das Grundgesetz wurde 1949 verabschiedet und tut weiterhin seinen Dienst als deutsche Verfassung.

Etwas später, aber im selben Jahr, wurde in der Sowjetzone die DDR gegründet, deren verfassungsmäßige Struktur ihrer Form nach der der Bundesrepublik ähnelte, mit der Zeit jedoch sich vorhersehbarerweise nach Art der anderen sowjetischen Satellitenstaaten entwickelte und gemäß dem kommunistischen Modell ein weit größeres Maß an Zentralisation erlaubte. Später wurden die *Länder* aufgelöst, und in der Verfassung von 1968 war die Vorherrschaft der SED verankert. So zeigte sich der deutsche Nachkriegsstaat in zwei miteinander konkurrierenden Modellen. Beide beruhten auf der Annahme, eine spätere Wiedervereinigung sei möglich, wobei die Bundesrepublik den Verlust der Ostgebiete zunächst nicht anerkannte. In den ersten 40 Jahren ihrer Existenz rang nun die Bundesrepublik mit einem zweiten deutschen Staat um die internationale Anerkennung – einem Staat, der ein völlig anderes Wirtschafts- und Gesellschaftssystem repräsentierte (und der auch den Verlust Ostpreußens und die neue Westgrenze Polens anerkannte).

Während dieser vierzig Jahre erwies sich die Bundesrepublik als Gewinnerin in einem durchaus als existenziell zu begreifenden Wettbewerb – was sich aus heutiger Perspektive vielleicht besser erkennen lässt. Niemand in den beiden deutschen Staaten wagte die Behauptung, es gebe zwei unterschiedliche deutsche Nationen, und die in der DDR herrschende Ideologie ging zumindest theoretisch davon aus, dass am Ende das eigene sozioökonomische System über den Westen triumphieren würde. In praxi jedoch breitete sich die Überzeugung aus, dass Bundesrepublik und DDR auf unbestimmte Zeit als zwei Staaten einer Nation koexistieren würden. Tatsächlich aber stellte die Existenz des einen Staats die des jeweils anderen infrage. Sollte sich der eine als (in wirtschaftlicher wie politischer Hinsicht) erfolgreicher erweisen, stünde die Existenz des anderen auf dem Spiel. Das wussten die Realisten in der sowjetischen Führung ganz genau, und in den 1970er-Jahren erkannten sie, dass die DDR den Wettbewerb verlor und nicht überleben würde, wenn sie sich selbst überlassen bliebe. Schließlich kam es 1990 zur Wiedervereinigung unter der Flagge der Bundesrepublik.

Tatsache ist, dass das neue Deutschland über 70 Jahre nach Kriegsende eine außergewöhnliche Erfolgsgeschichte vorzuweisen hat. Es ist eine der führenden Wirtschaftsmächte geworden und hat eine lebens- und überlebensfähige Demokratie entwickelt – nicht zuletzt dank einer Verfassung, die den Herausforderungen des Terrorismus nach den Unruhen von 1968 (darüber später mehr) ebenso gewachsen war wie der historischen Aufgabe der Wiedervereinigung. Erfolgreich verlief auch die Integration in ein neues Europa: zuerst als Mitglied der NATO, dann als Gründungsmitglied der Europäischen Wirtschaftsgemeinschaft (EG) und schließlich, nach dem Zusammenbruch des Sozialismus in Osteuropa und der Wiedervereinigung, als zentraler Bestandteil der Europäischen Union (EU). Keine Spur mehr lässt sich finden von Aggression, Expansionsstreben und Militarismus. Stattdessen hat Deutschland – wenn auch zögernd – die führende Rolle in dem bislang ehrgeizigsten europäischen Projekt übernommen: der Eurozone. Das ist ein erstaunlicher und vollkommen unerwarteter Erfolg, für den es kaum Parallelen in der Geschichte gibt. Der nüchterne Beobachter könnte versucht sein, den Schluss zu ziehen, dass die Frage der deutschen Identität und ihrer Verortung in Europa beantwortet ist.

Aber der Schluss wäre voreilig. Weder war die Reise von 1945 bis heute ein müheloses Unterfangen, noch ist Deutschland am Ziel angelangt. Seine Identität ist nach wie vor problematisch, zwar nicht mehr auf der politischen, aber auf der psychologischen und geistigen Ebene. Überdies hängt die Frage der deutschen Identität mit der Frage nach der neuen europäischen Identität auf der Weltbühne zusammen. Doch bevor wir uns dieser Frage mit all ihren Verästelungen zuwenden, müssen wir die Errungenschaften der deutschen Nachkriegsrepublik würdigen.

Beginnen wir mit der Wirtschaft. Der Anfang des deutschen Wirtschaftsbooms liegt in den Tiefen der ökonomischen Krise während des außergewöhnlich kalten Winters von 1946/47. Die Reichsmark war wertlos geworden, Bauern horteten Nahrungsmittel, Zigaretten und Schokolade waren die einzig vertrauenswürdigen Tauschmittel und eine humanitäre Katastrophe war im Entstehen begriffen. Tatsächlich aber bahnte sich die Wende an: zuerst mit dem Marshallplan und dann mit der Währungsreform. Der Marshallplan stellte umfangreiche Mittel für den Wiederaufbau zur Verfügung, und die Währungsreform war die Grundlage für eine solide Geldpolitik zur Entwicklung eines effizienten Marktes, einer starken Sparquote und langfristiger Investitionen. Das sind ganz andere Bedingungen als nach dem Ersten Weltkrieg: Die Weimarer Republik hatte schwer an den Reparationen zu tragen, und ihre Mittelschicht wurde das Opfer einer Hyperinflation, die das Seelenleben einer ganzen Gesellschaft durcheinanderbrachte. Nun aber erhielt das im Entstehen begriffene westdeutsche Gemeinwesen einen Schub, der die Basis für das *Wirtschaftswunder** der 1950er- und 60er-Jahre bildete.

Völlig anders dagegen verlief die Entwicklung in der Sowjetischen Besatzungszone. Hier konnte man nicht die Hilfe des Marshallplans in Anspruch nehmen, hier gab es eine ganz anders geartete Währungsreform, die eine notwendige Station auf dem Weg zu einem eigenen Staat darstellte. Doch musste die SBZ darüber hinaus in Form von Materialien, Produktionsanlagen und Arbeitskraft umfangreiche Reparationen an die Sowjetunion zahlen. Zwar wurde die DDR zur stärksten Wirtschaftskraft im Ostblock, aber die relative Schwäche des Ostens – die sich im Wesentlichen der strukturellen

Schwäche einer kollektivierten Planwirtschaft verdankte – wurde durch solche ungünstigen Startbedingungen noch verschlimmert. Die westdeutsche Wirtschaft setzte dagegen zu einem Höhenflug an. Während des ersten Jahrzehnts wuchs sie im Durchschnitt um acht Prozent (nicht so schnell wie die der anderen besiegten Macht – Japan –, aber doppelt so schnell wie fast jede andere bedeutende Wirtschaftsnation in Europa). Die ökonomische Entwicklung war stark genug, um den massiven Zustrom von Vertriebenen aus den Ostgebieten zu integrieren – immerhin waren es an die zwölf Millionen, wodurch sich die Bevölkerungszahl um 20 Prozent erhöhte. Zudem war der Wiederaufbau von 150 durch die Bombardierungen weitgehend zerstörten Städten zu bewältigen, dazu die Umstrukturierung von ganzen Industriekonzernen, etwa die Auflösung des Chemieunternehmens IG Farben, das entscheidend zum Auf- und Ausbau der deutschen Kriegswirtschaft beigetragen hatte; es entstanden die drei Säulen der chemischen und pharmazeutischen Industrie: BASF, Hoechst und Bayer. Unter britischer Leitung nahm das Volkswagenwerk in Wolfsburg wieder die Produktion auf und begann mit der Produktion eines der später erfolgreichsten Pkws, der zum Sinnbild für das neue, bescheidene, freundliche Deutschland wurde. Der Volkswagen wurde in alle Welt exportiert und war das vielleicht sichtbarste Zeichen für die Effektivität einer Wirtschaft, die sich zum Exportweltmeister entwickeln sollte.

All dies beruhte auf dem Konzept, die Beziehungen zwischen Arbeitgebern und Arbeitnehmern kooperativ statt konfrontativ zu gestalten – *Mitbestimmung** lautete die Devise. Hinzu kam das vielfach bewunderte duale Berufsausbildungssystem. Ferner wurden die im „Dritten Reich" abgeschafften *Handelskammern** wieder eingerichtet. Alle Unternehmen und Betriebe, von den ganz großen bis zu den Hunderttausenden, die Deutschlands weltbekannten *Mittelstand** bilden, müssen einer Handelskammer angehören, die, ressourcenkräftig und gut verwaltet, zu einem effektiven Netzwerk beiträgt, in dem die Geschäftswelt ihren Mitgliedern Unterstützung gewährt. Dieser Korporatismus entwickelte sich mit ähnlichen Strukturen bereits im 19. Jahrhundert. Während also die Wirtschaft im anderen Teil Deutschlands entschlossen war, von einem radikalen Bruch mit der Vergangenheit ihren Ausgang zu nehmen, wurde die westdeutsche Wirtschaft auf die Grundlage eines stärkeren Rückgriffs auf traditionelle Strukturen gestellt. Das Wachstumsmodell war so erfolgreich, dass Westdeutschland sogar *Gastarbeiter** in steigender Zahl aufnahm, die sich dauerhaft niederließen und schließlich großen Einfluss auf die deutsche Identität haben sollten.

Natürlich war die westdeutsche Wirtschaft ihren Produktionsbedingungen und -zielen nach völlig anders organisiert als die des „Dritten Reichs", wo die ökonomische Entwicklung vor allem auf der Expansion des militärischen Sektors und während des Kriegs zunehmend auf Zwangsarbeit beruhte. Und die Wirtschaft des Kaiserreichs war zwar, wie die der Wirtschaftswunderrepublik, exportorientiert (Deutschland war 1914 zum größten Stahlproduzenten und -exporteur in Europa aufgestiegen), profitierte aber ebenso vom umfangreichen Bau von Kriegsschiffen, wodurch Wilhelm II. die britische Überlegenheit zur See eindämmen wollte.

Aber nach dem Zweiten Weltkrieg wurde die Wirtschaftsexpansion zum einen durch den Wiederaufbau, zum anderen durch den Export vor allem von Fertigprodukten vorangetrieben. Der gute Ruf deutscher Ingenieursprodukte stammte aus dem 19. Jahrhundert, und obwohl sie im Krieg die Konkurrenz der Feinde nicht immer überflügeln konnten,[30] halfen sie der Nachkriegswirtschaft, ihre Muskeln spielen zu lassen. Deutsche Industrieprodukte haben sich auf den Märkten weltweit durchgesetzt. Schon zur Zeit der Wiedervereinigung war Deutschland zur weltweit größten Exportnation geworden – eine Position, die das Land bis 2010 innehatte, bevor es auf den zweiten Platz hinter China zurückfiel. Doch ist von allen bedeutenden Fertigungswirtschaften die deutsche immer noch am stärksten exportorientiert (gemessen am Anteil der Exporte an der Gesamtproduktion). Mehr als 40 Prozent der Produktion werden exportiert, während die Relation in Frankreich und Großbritannien nur jeweils 30 Prozent und in den USA weniger als die Hälfte dessen beträgt. Es werden lebhafte Debatten darüber geführt, ob dieses exportorientierte Wachstumsmodell sich auch in der Zukunft aufrechterhalten lässt und ob es Ursache oder Folge von wirtschaftlichen Schwächen in anderen Ländern der Eurozone ist. Doch für den Augenblick halten wir nur die Tatsache dieser außerordentlichen Leistung der deutschen Wirtschaft fest.

In den 1970er-Jahren wurde nach dem ersten Ölschock das Wirtschaftsklima nicht nur für Westdeutschland, sondern auch für alle anderen europäischen Wirtschaftsnationen (und damit auch für die DDR) rauer. Das Wachstum betrug im Durchschnitt weniger als zwei Prozent – das Wirtschaftswunder war Geschichte. Dann kam die ökonomische Herausforderung der Wiedervereinigung und die Entwicklung neuer Märkte vor allem in Asien und Osteuropa, die sich zu starken Produktionsstandorten entwickelten. Die deutsche Wirtschaft stagnierte und verlor an Dynamik. In den 1990er-Jahren betrug ihr Wachstum nur noch ein Prozent im Durchschnitt und lag damit zum ersten Mal seit dem Krieg hinter einem wieder erstarkenden Großbritannien. Nun lag die Vorherrschaft bei den Finanzmärkten, und die Finanzwirtschaft hatte augenscheinlich mehr Wert als die Realwirtschaft. Die viel gerühmte Mitbestimmung schien der Anpassung an eine sich verändernde Welt im Wege zu stehen. Einige sahen in Deutschland sogar den neuen „kranken Mann" Europas.

Aber das war voreilig. In den ersten Jahren des 21. Jahrhunderts profitierte Deutschland zum einen von neuen, durch die Einführung des Euro ermöglichten Wechselkursen und zum anderen von den Arbeitsmarktreformen, die eine Koalitionsregierung unter Führung des sozialdemokratischen Kanzlers Gerhard Schröder auf den Weg gebracht hatte. Diese waren eine Art von nationaler Mitbestimmung, die unter dem Namen „Hartz-Reformen" bekannt wurden. (Urheber war Peter Hartz, Personalvorstand der Volkswagen AG.) Angekurbelt wurde die positive Wirtschaftsentwicklung durch das Streben vieler deutscher Hersteller nach erstklassiger Qualität, sodass deren Produkte gerade in den industriell aufstrebenden Ländern den Vorzug erhielten. „*Vorsprung durch Technik*" lautete ein Slogan des Autoher-

stellers Audi, und darin war zusammengefasst, was Deutschland vor
allem den Märkten zu bieten hatte, die Wert auf deutsche Investiti-
onsgüter und Premium-Pkws legten. Der vielleicht deutlichste Beweis für das Ansehen der deutschen Industrie im Weltmaßstab ist
die offenkundige Bereitschaft der Chinesen, Deutschland in Europa
strategische Priorität einzuräumen. Bemerkenswerterweise gibt es re-
gelmäßige Treffen der beiden Regierungen auf Kabinetts- und Minis-
terebene, was die Chinesen keiner anderen europäischen Regierung
gewähren.

Bildeten Währungsreform und weitere nach dem Krieg einge-
führte strukturelle Veränderungen die Grundlage für den späteren
wirtschaftlichen Erfolg, waren die etwa zur selben Zeit lancierten ver-
fassungsmäßigen und politischen Reformen, die den Grundstein für
den demokratischen Erfolg der Bundesrepublik legten, nicht weniger
wichtig. In den folgenden Jahrzehnten sollte sie zeigen, wie robust sie
als demokratisches Gemeinwesen war. Von Beginn an brachte sie eine
Reihe stabiler Regierungen hervor, deren erste Konrad Adenauer als
Kanzler führte. Er wurde mit einer Stimme Mehrheit gewählt – seiner
eigenen – und gewann später die bislang einzige Wahl, die seiner
Partei, der CDU, und ihrer Schwesterpartei, der bayrischen CSU, die
absolute Mehrheit bescherte. Adenauer blieb Kanzler bis 1963, und
noch Jahre danach konnte die CDU von seiner Beliebtheit zehren. Ab
1966 gab es dann die erste Große Koalition – zwischen CDU und
SPD –, bei der die Christdemokraten weiterhin den Kanzler stellten.

Die Bundestagswahl von 1969 war ein Wendepunkt: SPD und
FDP bildeten eine Koalition, und zum ersten Mal in der Geschichte
der Bundesrepublik wurde mit Willy Brandt ein Sozialdemokrat
Kanzler. Wenn es zum Markenzeichen einer gesunden Demokratie
gehört, einen Machtwechsel verfassungsgemäß und friedlich herbeizuführen, dann hatte die Bundesrepublik 1969 diesen Test bestanden. Seitdem gab es gemäß unterschiedlichen Wählerwanderungen
Regierungswechsel von einer Mitte-rechts- zu einer Mitte-links-Re-
gierung und umgekehrt. Sie vollzogen sich nach Art einer reifen Demokratie: häufig genug, um als angemessene Reaktion auf sich ver-

ändernde Bedürfnisse der Wählerschaft gelten zu können und zugleich Stabilität zu garantieren. Seit 1949 gab es in Westdeutschland sowie in der wiedervereinigten Bundesrepublik acht Kanzler, während die USA im gleichen Zeitraum 13 Präsidenten und Großbritannien 15 Premierminister an der Spitze sahen – und Italien 60 Regierungen erlebte.

Willy Brandt trat sein Amt zu einer Zeit tief greifender sozialer Veränderungen an. 1968 war eines jener seltenen Jahre gewesen, dessen erdbebenähnliche Ereignisse die Welt erzittern lassen. Was in der Bundesrepublik geschah, gehörte zu einem umfassenderen Aufruhr in der ganzen westlichen Hemisphäre, doch kam bei den Deutschen noch eine ganz besondere und bedeutsame Dimension hinzu: Es ging um die ungeschönte Auseinandersetzung mit der nationalsozialistischen Vergangenheit. Die Kinder wollten von ihren Eltern wissen, was diese im „Dritten Reich" gemacht hatten.

Im Gefolge von 1968 erwuchs der jungen Republik dann eine bedrohliche terroristische Herausforderung, deren Hauptakteur in den 1970er-Jahren die *Rote Armee Fraktion* (RAF) war. Ähnliche Gruppen entstanden auch in Italien oder, aus anderen Gründen, in Großbritannien. Die Bundesrepublik konnte die Bedrohung abwenden, ohne den demokratischen Prozess und die Rechtsprinzipien ernsthaft zu gefährden. Zwar gab es damals viel Kritik am Umgang der Regierung mit Terroristen und Terrorismusverdächtigen, doch lohnt sich ein Seitenblick auf andere Länder, auch wenn das der Kritik nicht den Stachel zieht: Die Regierungen der USA, Italiens, Frankreichs und Großbritanniens bedienten sich im Kampf gegen terroristische Gefahren ebenfalls Methoden, die keineswegs über Kritik erhaben waren. In diesem Sinne kann Deutschland den Vergleich mit anderen Nationen bestehen.

1989 dann stellte sich die Bundesrepublik der historischen Herausforderung der Wiedervereinigung und sah und sieht sich seitdem mit vielschichtigen neuen Problemen konfrontiert, die sich aus Entwicklungen innerhalb der EU ergeben, wobei besonders die Eurozone im Fokus steht. Auch hierbei hat Deutschlands Verfassung sich als stabil erwiesen. Das Bundesverfassungsgericht hat mehr als einmal Klagen jener Personen verhandelt, die die währungspolitischen Stabilisierungsmaßnahmen der Regierung für verfassungswidrig erachteten. Keine deutsche Regierung würde es wagen, die Urteile des Bundesverfassungsgerichts zu übergehen, ungeachtet der möglichen Folgen für die Märkte. Bisweilen wurde gespottet, Deutschland sei lediglich eine „DM-Demokratie", was sicherlich keine angemessene Beschreibung der Realität ist. Zweifellos aber beruhte das Selbstwertgefühl zumindest teilweise auf der Wirtschaftsleistung und der Finanzkraft; keine Institution genoss mehr Ansehen als die Bundesbank*, mit Ausnahme des Bundesverfassungsgerichts. Während unklar ist, wie viel Einfluss die Bundesbank in der Eurozone zukünftig noch ausüben kann, bleibt das Verfassungsgericht auch weiterhin eine respektierte Autorität, und sein Status ist das vielleicht sicherste Anzeichen der grundlegenden Stabilität des politischen Systems in Deutschland. Wenn man Bilder der Karlsruher Richter in ihren traditionellen roten Roben sieht, denkt man unwillkürlich an Roland Freisler, der ein ebensolches Gewand trug. Aber während das „Dritte Reich" das Recht und die deutsche Rechtstradition mit Füßen trat, haben die Gerichte der Bundesrepublik deren Ehre wiederhergestellt.

Radikal neu ist auch die *Bundeswehr** mit ihrer Stellung in der Gesellschaft. Sie steht fest und fraglos unter parlamentarischer Kontrolle (während die Reichswehr in der Weimarer Republik direkt dem Reichspräsidenten unterstellt war). Gesellschaftlich weckt sie keine großen Emotionen; und was seinen Ursprung in der gefährlichen Symbiose von Militär, Oberklassen und Großkapital im Kaiserreich hat, nämlich der selbstverliebte Glanz und das Prestige, mit dem die Wehrmacht im „Dritten Reich" einherstolzierte, ist dahin, als wäre es nie gewesen.

Die Bundesrepublik ist nun in ihrem siebten Jahrzehnt und nach wie vor sind die öffentlichen Debatten lebendig, häufig intensiv, bisweilen gar erbittert. Die in den Medien und in Kreisen der Intellektuellen geäußerte Kritik ist lautstark, unnachgiebig und anspruchsvoll. Dabei jedoch sind Demokratie und Recht gesellschaftlich so stark verankert, dass sie nicht ernsthaft infrage gestellt werden. Im 21. Jahrhundert sind Stabilität und Dauerhaftigkeit der Republik für uns eine ausgemachte Sache, und wir vergessen dabei leicht, dass dieses Ergebnis 1949 vor dem Hintergrund der jüngsten deutschen Geschichte in keiner Weise absehbar war. Aus heutiger Sicht sollten wir erkennen und anerkennen, welchen Wandlungsprozess Europas größtes und historisch problematischstes Land vollzogen hat.

Parallel zu Deutschlands demokratischer Entwicklung vollzog sich die Integration in ein neues Europa, und zwar in vier Stufen. Zuerst suchte das Nachkriegswestdeutschland die Bindung an Westeuropa, dessen Länder ihrerseits zur US-amerikanischen Einflusssphäre gehörten. Sodann erfolgte unter Willy Brandt die Anerkennung des anderen Deutschlands und der Aufbau einer Beziehung mit dem Sowjetblock, verbunden mit der Anerkennung der neuen Realitäten in Osteuropa im Zeichen einer friedlichen und sogar konstruktiven Koexistenz. Zwanzig Jahre nach dem Machtwechsel kam während der Kanzlerschaft Helmut Kohls ein unerwarteter historischer Augenblick: die Gelegenheit zur Wiedervereinigung, bei der Ostdeutschland in der Bundesrepublik aufging. Und schließlich sah Deutschland in den folgenden Jahrzehnten die Erweiterung einer Europäischen Union, die nun drei ehemalige Sozialistische Sowjetrepubliken, einige ehemalige Mitgliedstaaten des Warschauer Pakts und ehemals bündnisfreie kommunistische Staaten aus Südosteuropa als Mitglieder aufnahm. Die darauf folgende Phase ist noch nicht abgeschlossen: die Konsolidierung der Eurozone als Herzstück der EU unter Führung von Angela Merkel, der heute beherrschenden Gestalt in Deutschland und Europa.

Die anfängliche Westorientierung der Bundesrepublik verdankte sich dem Einfluss des Rheinländers Adenauer. Für ihn bedeutete die Einbindung in ein atlantisches Bündnis ein Mittel, um Deutschland vor sich selbst zu schützen. Sicher war die Wiedervereinigung in der Verfassung als Ziel festgeschrieben und sicher war Bonn als provisorische Hauptstadt gedacht. Aber für Adenauer waren Berlin und der preußische Militarismus an Deutschlands Tragödie nicht unschuldig.

Wenn die Ostgebiete und ihre protestantische Kultur – zumindest fürs Erste – verloren waren, schuf dies die Freiheit, kulturelle Inspiration und Stabilität im Westen zu suchen.

Diese *Westpolitik** besaß zwei Grundlagen: die Mitgliedschaft in der NATO, um den strategischen und militärischen Schutz der USA zu genießen, und das europäische Projekt. Die NATO war unter amerikanischer Führung 1949 gegründet worden mit dem Ziel, wie der erste Generalsekretär es formulierte, „die Amerikaner drin-, die Russen draußen- und die Deutschen niederzuhalten". Doch vor dem Hintergrund eines intensiver werdenden Kalten Kriegs und obwohl Frankreich sichtlich zögerte, wurde Deutschland 1955 als Mitglied zugelassen und die Wiederbewaffnung gestattet.

Im europäischen Projekt spielte die bundesrepublikanische Regierung neben Frankreich von Anfang an eine führende Rolle bei der Gründung zunächst der Montanunion (Europäische Gemeinschaft für Kohle und Stahl, EGKS) und dann der Europäischen Wirtschaftsgemeinschaft (EWG). Gemeint war sie als Wirtschaftsprogramm, doch die Deutschen sahen darin die Integration ihrer traumatisierten, zutiefst verunsicherten Seele in ein umfassenderes europäisches Ganzes. In geografischer Hinsicht schaute Deutschland auf jene Regionen in Europa, mit denen Adenauer immer vertraut gewesen war. Und diese Vertrautheit führte weit in die Vergangenheit zurück: Die ursprüngliche EWG der sechs Gründungsmitglieder umfasste eine europäische Region, die sich recht genau mit dem Herrschaftsgebiet Karls des Großen 1200 Jahre zuvor deckte. In dieser Region fühlte Adenauer sich heimisch.

Ganz ähnlich empfanden auch die Franzosen: De Gaulles Blick auf Europa – ein integriertes Westeuropa mit Frankreich als klarer geistiger und kultureller, daher auch politischer Führerschaft – hat seinen Ursprung in Ludwig XIV. und über die Französische Revolution in Napoleon. Adenauer fühlte sich nie bemüßigt, diese Weltsicht und den Deutschland darin zugewiesenen Ort infrage zu stellen. Allerdings wollte er auch nicht Deutschland in diesem umfassenderen Europa aufgehen sehen. Schließlich war er es, der für die Wiederaufnahme des „Deutschlandliedes" als Nationalhymne eintrat. Doch akzeptierte er, dass Deutschland in der entstehenden europäischen Gemeinschaft die Rolle des Wirtschaftsdynamos, nicht aber der politischen Führerschaft spielen solle. Im Übrigen war er damit zufrieden, die Ostdeutschen sich selbst zu überlassen. Seine Rolle in den Wirtschaftswunderjahren hatte mehr von einem autoritären Preußen an sich, als Klischees über rheinländisches Gemüt vermuten lassen. Immerhin war seine Heimat lange vor Gründung des Kaiserreichs unter preußischer Verwaltung gewesen. Er wusste, wie wichtig eine gute Verwaltung war, und er hatte keine Berührungsängste mit der deutschen Vergangenheit, auch nicht mit der jüngsten. Er ernannte Hans Globke – Mitverfasser und Kommentator der Nürnberger Rassegesetze – zum (sehr effektiven) Chef des Kanzleramtes. Alles in allem war Adenauer so sehr Kind der deutschen Kultur wie zugleich Europäer.

Dazu passt die Haltung der westdeutschen Regierung zu ihrem Bruderstaat im Osten. Adenauer mag damit zufrieden gewesen sein, das sich die Bundesrepublik vom preußischen Osten durch die Teilung, die 1949 endgültig zu werden schien, gelöst hatte, doch hieß das nicht, dass seine Regierung diese Teilung auch offiziell anerkannte. Vielmehr verweigerte er die Aufnahme diplomatischer Beziehungen mit jedem Land, das die DDR anerkannte. Diese Politik wurde explizit 1955 formuliert, nach der Aufnahme formeller diplomatischer Beziehungen mit der Sowjetunion – die ihrerseits natürlich die DDR anerkannte. Die Regierung Adenauer bestimmte das als Sonderfall, weil die Sowjetunion den Status als Besatzungsmacht hatte. Das galt aber nicht für andere Staaten.

In den 1960er-Jahren wurde diese rigide Politik allmählich fragwürdig. Der Bau der Berliner Mauer im August 1961 verursachte unendlich viel Leid, rettete jedoch die DDR vor dem Zusammenbruch durch den ständigen Verlust an Humankapital (ein höchst unschönes Wort, dessen alleiniger Vorzug darin besteht, die Aufmerksamkeit auf den tatsächlichen, den wirtschaftlichen Grund für den Mauerbau zu lenken). Danach erfreute sich die DDR der – rückschauend betrach-

tet – erfolgreichsten zwei Jahrzehnte ihrer Existenz. Die Grundlage
für die westdeutsche Politik dem Osten gegenüber hatte darin bestanden, die Oder-Neiße-Linie nicht als endgültige Grenzfestlegung und
die DDR nicht als dauerhaft zu betrachten. Aber diese Politik wirkte
mit der Zeit immer unrealistischer. Allgemeiner gesprochen, gab es
ein wachsendes Bedürfnis – nicht nur seitens der Westdeutschen –,
mit dem Ostblock Beziehungen aufzunehmen, statt immer nur hinter
den physischen und psychischen Palisaden des Kalten Kriegs zu sitzen. Die Nichtanerkennung brachte Westdeutschland keine Vorteile,
und umgekehrt gab es keinen Grund für die Annahme, dass die Menschen in Ostdeutschland davon profitierten. Handel war besser als
Konfrontation: Er eröffnete Aussichten auf eine Aufweichung und
vielleicht eine spätere Öffnung des Systems im Ostblock.

Die Wende kam 1969, als Willy Brandt eine konstruktivere Beziehung zur DDR zum Kernstück seiner *Ostpolitik** machte, die die bisher dominierende Westpolitik nicht ersetzen, sondern ergänzen sollte. Brandt besaß ein ganz eigenes Charisma. Das Bild von seinem
Kniefall vor dem Denkmal des Warschauer Ghettos war nicht nur
ein wichtiger Schritt auf dem Weg zur reuevollen Auseinandersetzung mit der Vergangenheit, sondern auch ein entscheidender Moment in diesem neuen Aufbruch nach Osten. Verträge mit der Sowjetunion und Polen erkannten die bestehenden Grenzen an; Verträge
mit weiteren osteuropäischen Staaten folgten. Und nach heftigen
Auseinandersetzungen im Bundestag gab es Zustimmung zu einem
Vertrag mit der DDR, demzufolge es nunmehr zu einer gegenseitigen
staatlichen Anerkennung kam. Nun wurden beide deutsche Staaten
Mitglieder der Vereinten Nationen.

Mit Brandts *Ostpolitik* waren die Reibereien in den Beziehungen
zur DDR natürlich nicht beseitigt. Und die Vertriebenen hofften weiter auf eine Rückkehr in die verlorenen Heimatgebiete. Aber der Einfluss ihrer Verbände wurde schwächer. Zudem sahen immer weniger
Westdeutsche die Wiedervereinigung als ein wichtiges Ziel an, obwohl sie offiziell von der Bundesrepublik angestrebt wurde und durch
die Ostpolitik, zumindest auf lange Sicht, möglich gemacht werden

sollte. Ironischerweise gab es eine vergleichbare Diskrepanz zwischen offizieller Ideologie und tatsächlichem Empfinden der Bevölkerung auf der anderen Seite der Grenze. Gemäß der ostdeutschen Ideologie war die DDR ein eigener Staat der deutschen Nation mit seinem eigenen (und überlegenen) Ansatz zum Aufbau einer neuen Gesellschaft; doch die Menschen in der DDR, von denen die meisten die Alternative im Fernsehen anschauen konnten, sehnten sich nach Zugang zum Westen.

Hätte die DDR erfolgreich überleben können? Hätte sie eine neue Gesellschaft mit hinreichend wirtschaftlichem Wohlstand entwickeln können, sodass die Loyalität ihrer Bürger stark genug wäre, auch ohne Mauer in ihrem Land zu bleiben? Hätte sie eine eigene Identität à la Österreich herausbilden können?

Oberflächlich betrachtet ist es natürlich wahr, dass die DDR nahezu unbegrenzt hätte weiter existieren können, wenn dem Sowjetsystem als Ganzem dies gelungen wäre – wenn die Sowjetunion das Selbstvertrauen und die militärische Kraft bewahrt hätte, die Satellitenstaaten in ihrem Einflussbereich zu halten. Doch wenn man tiefer schaut, muss man die Frage verneinen, und zwar aus mindestens drei Gründen. Zum einen – und das ist aus späterer Perspektive leichter zu erkennen – musste eine kollektivistisch eingerichtete Kommando- und Kontrollwirtschaft auf Dauer weniger leistungsfähig sein als eine Marktwirtschaft, die Unternehmertum und Kreativität begünstigte. Es ist hier nicht der Ort, das im Detail zu erörtern, und es soll auch nicht die Behauptung aufgestellt werden, dass der westdeutsche Kapitalismus ohne Probleme gewesen wäre – vielmehr sind die mit ihm vermachten Schwierigkeiten Gegenstand heftiger Diskussionen, die in der Bundesrepublik von 1968 bis 1989 und dann im wiedervereinigten Deutschland geführt wurden und werden. Doch ist nicht zu leugnen, dass der Wettbewerb zwischen dem kapitalistischen Wirtschaftssystem des Westens und der sowjetischen Planwirtschaft letztlich einen klaren Sieger hervorbrachte. Darüber hinaus musste der über Funk und Fernsehen vermittelte Informationsfluss von West- nach Ostdeutschland das Vertrauen der DDR-Bevölkerung in ihren

Staat und das ihm zugrunde liegende System auf Dauer untergraben. Sicher waren nur wenige bereit, das Risiko einer Flucht auf sich zu nehmen; sehr viel mehr Menschen zogen sich in die Welt der familiären und freundschaftlichen Beziehungen zurück und bekundeten, wo es notwendig war, ihre Übereinstimmung mit den offiziellen Verlautbarungen, die von kollektiver Verantwortlichkeit und Zielgerichtetheit sprachen. Und waren die Grenzen für Informationen damals schon durchlässig, wie sehr erst wären sie es zwei Jahrzehnte später mit dem Eintritt ins digitale Zeitalter geworden. Nein, das Projekt der DDR, eine selbstbewusste und auf Dauer gestellte Identität zu entwickeln, war zum Scheitern verurteilt. Wäre das Ende nicht 1989 gekommen, dann eben später.

Und zum Dritten geht es hier um mehr als nur um Informations- und Wirtschaftsprobleme. Die alte Unterscheidung zwischen einem subjektiven und einem kollektiven Ansatz zur Bestimmung der menschlichen Identität – zwischen Luthers oder Kants autonomem Individuum und Hegels Korporatismus, zwischen Einzelperson und Volk – hatte ihre Bedeutung für den Kampf um die deutsche Seele nicht eingebüßt. Aus der Perspektive der Jetztzeit lässt sich das besser beurteilen als aus der des 20. Jahrhunderts, das so viele gesellschaftliche Experimente erlebte, in denen das Kollektive das Individuelle überformte. Die Menschen sind nicht einfach nur lutherische oder kantische autonome Geister, sondern haben auch ein tief sitzendes Bedürfnis nach Zugehörigkeit, das entsprechend ausgenutzt werden kann. So geschah es zu vielen Deutschen im „Dritten Reich" wie in der DDR, dass sie vorgegebenen gesellschaftlichen Zielen untergeordnet wurden. Doch früher oder später meldet sich der Geist des Individuellen zu Wort und fordert Freiheit. Als die Ostdeutschen im Herbst 1989 riefen: „Wir sind ein Volk!", da war dies nicht die Forderung nach Wiedervereinigung als neuer kollektiver Bestrebung, vielmehr begehrten die Demonstranten der DDR gegen ihre offiziell verordnete Identität auf und forderten, gleich den Westdeutschen, ihre eigene Identität in Freiheit selbst bestimmen zu können. (Wir werden auf die Frage zurückkommen, inwieweit es nach der Wiedervereinigung eine gesamtdeutsche Identität gibt und wie sich diese zu individueller Autonomie einerseits und einer zunehmend vernetzten und globalisierten Welt andererseits verhält.)

Zudem gab es noch ein Problem für die DDR, das sie ganz besonders verletzlich machte: Berlin. Von Anbeginn war die Frage, wer die Stadt regieren und verwalten sollte, von zentraler Bedeutung für Deutschlands Zukunft. Das begriffen die Sowjets sofort, die Amerikaner etwas später: Wenn Westdeutschland, vom Osten abgetrennt infolge der Währungsreform, sich wirtschaftlich entwickeln würde, müsste Berlin von den Alliierten dauerhaft gestützt und unterstützt werden, sollte es nicht völlig unter sowjetische Kontrolle geraten. Die Amerikaner begriffen sehr gut, welche symbolische Bedeutung die Kontrolle der vier Mächte über Berlin hatte – und als die Zusammenarbeit der Westalliierten mit den Sowjets nicht mehr funktionierte, wurde ihnen klar, wie wichtig Westberlin sein und noch werden würde. 1948/49 kam es zu einer Aktion von weitreichender Bedeutung, deren ganzes Ausmaß erst später sichtbar werden sollte: die Berliner Luftbrücke. Stalins Versuch, die Westalliierten aus der Stadt zu drängen, indem er alle Land- und Wasserwege blockiert hatte, war sein erster großer Fehler im Umgang mit den Nachkriegsregelungen in Europa. Es folgte eine so entschlossene wie dramatische Reaktion, die für die Sowjets völlig unerwartet kam. Eine Stadtbevölkerung von zwei Millionen über eine Luftbrücke zu versorgen, war eine logistische Herausforderung ersten Ranges, die den Amerikanern mit über 270 000 Flügen aber gelang. Die Luftbrücke brach nicht nur die Blockade, sondern führte auch zur Entstehung von getrennten Regierungen für West- und Ostberlin. Kurz danach erfolgte die Gründung zuerst der Bundesrepublik, dann der Deutschen Demokratischen Republik. Nun war Westberlin eine Insel mitten in der DDR.

Westberlin blieb für die DDR während ihrer gesamten Existenz ein Problem. Alles, was in Berlin geschah, geschah vor den Augen der Welt – die brutale Unterdrückung des Arbeiteraufstands in Ostberlin im Juni 1953, der Mauerbau und die darauf folgenden dramatischen Fluchtversuche, Kennedys berühmter Besuch, der zu einem unvergessenen Symbol wurde für das amerikanische Engagement für Berlin und für alles, was die Stadt repräsentierte: „All free men, wherever they may live, are citizens of Berlin, and therefore, as a free man, I take pride in the words ‚Ich bin ein Berliner'." Zum ersten Mal erschienen Deutsche in den Augen der Welt als Opfer und als Symbole der Freiheit. Und im Osten war der psychologische Einfluss der Mauer etwas, wovon die DDR sich nicht mehr erholen sollte. Für eine junge Studentin namens Angela Merkel war der Mauerbau ihr erster politischer Moment. Wer weiß, was geschehen wäre, hätte der Westen Berlin nicht unterstützt? Wer weiß, was mit einer Enklave passiert wäre, die ökonomisch von großzügigen Zuwendungen aus Westdeutschland und strategisch von einem unbegrenzten militärischen Engagement der Westalliierten abhängig war? Doch hat die Existenz Westberlins samt der hässlichen Mauer, die sich mitten durch eine europäische Stadt schlängelte, die Künstlichkeit des ostdeutschen Projekts eindringlicher als alles andere vor Augen geführt.

Tatsächlich konnte die von der DDR angebotene Alternative niemals über ihre Künstlichkeit hinwegtäuschen – die Leugnung kultureller und historischer Bindungen mit dem Westen und der Glaube an einen Beginn von null Uhr an. Anfänglich gab es Begeisterung, doch währte sie nicht lange. Die stolzen architektonischen Monumente der frühen Jahre (wirklich ausgezeichnete Bauwerke wie der Altmarkt in Dresden oder die Stalinallee in Ostberlin) wichen einem allgemeinen Eindruck von Zerfall – einem Symbol für die allmählich fortschreitende Paralyse im Innern: „Langsam verteilt sich das Gift im ganzen Blutstrom."[31] In den 1980er-Jahren unternahm das DDR-Regime einiges, um sich die deutsche Vergangenheit wieder anzueignen: Man feierte den 500. Jahrestag von Luthers Geburt oder das Erbe Friedrichs des Großen, um nur ein paar Beispiele zu nennen. Auf einer Ebene war das ein Zeichen wachsenden Selbstvertrauens (wie auch der Bau des Fernsehturms auf dem Alexanderplatz), andererseits stand dahinter die Einsicht, dass nicht alles völlig neu war; und es mehrten sich die Besorgnisse der Regierung über die Wirtschaftslage. Die alte Formel – Schwerindustrie plus Kollektivierung – konnte die wachsenden Konsumbedürfnisse nur bis zu einem gewissen Grad erfüllen, und die Vergleiche fielen ungünstig aus: Der Trabi machte neben einem Mercedes eine schlechte Figur. Zunehmend wuchs in der Regierung ein paranoides Misstrauen gegenüber der eigenen Bevölkerung, weshalb die Aktivitäten der Staatssicherheit zunahmen.

Das Ende kam dann überraschend plötzlich. Ostdeutschland war nicht mehr als einer der vielen Dominosteine in Osteuropa, der mit den anderen fiel, als die Sowjetunion selbst von grundlegendem Wandel erschüttert wurde. Aber natürlich war es etwas anders, denn der Hauptgrund, weshalb die anderen Länder die ganze Zeit den *cordon sanitaire* hatten bilden müssen, war ja gewesen, die Sowjetunion vor jeglicher Veränderung zu bewahren. Als die Mauer fiel, war nicht unmittelbar klar, ob es eine Wiedervereinigung geben würde. Bekanntlich standen Margaret Thatcher und François Mitterand solchen Plänen skeptisch gegenüber, und man wusste auch nicht, ob es möglich sein würde, den Abzug der sowjetischen Truppen aus Ostdeutschland zu bewerkstelligen. Schließlich war der Albtraum der Sowjetunion seit 1945 ein starkes, vereinigtes Deutschland gewesen – und genau das bahnte sich jetzt an.

Hätte es für zwei wirklich demokratische deutsche Staaten die Möglichkeit einer Koexistenz gegeben? Sicher nicht: Willy Brandts unvergessliche Bemerkung am Tag nach dem Fall der Mauer fasste das unwiderstehliche Streben nach Einheit zusammen: „Es wächst zusammen, was zusammengehört." Vorangetrieben wurde die Wiedervereinigung von der Sehnsucht der Ostdeutschen nach dem guten Leben in Westdeutschland ebenso wie von der tiefen kulturellen Identität, die die Menschen im Westen bis zu einem gewissen Grad vergessen und die die DDR-Ideologen zu leugnen versucht hatten. Wäre es besser gewesen, die Vereinigungsprozesse langsamer anzugehen – etwa auf den Eins-zu-eins-Umtausch der Ost- in D-Mark, der die ostdeutsche Industrie zu großen Teilen vernichtete, zu verzichten? Theoretisch ja. Aber damit verkennt man die damalige Begeisterung, die Entschlossenheit, den Augenblick zu ergreifen, das überwältigende Gefühl, dass für die Wiedervereinigung einer Nation, die in den vergangenen Jahrzehnten so viel Leid erduldet wie auch selbst verschuldet hatte – einer Nation mit gemeinsamer Identität, die sich danach sehnte, ihren Platz unter den Nationen einnehmen zu können –, jeder Preis gezahlt werden konnte und musste.

Eine Generation nach der Wiedervereinigung leben die Deutschen in einem neuen Land. „Ossis" und „Wessis" führen teils immer noch ein durchaus unterschiedliches Leben mit unterschiedlichen Auffassungen und unterschiedlichen wirtschaftlichen Aussichten. Weiterhin verliert der Osten zu viele junge Leute an den Westen. Und noch 2013 beispielsweise glich die Wählerlandschaft von Berlin unheimlicherweise dem Plan der geteilten Stadt von ehemals. Es war alles weit schwieriger und langwieriger, als man es in den Tagen der Begeisterung nach dem Mauerfall erwartet hatte. Aber der Wandel – der Städte wie Leipzig und Dresden radikal ergriffen hat – ist jetzt stark und unumkehrbar. Vielleicht braucht es noch eine Generation, bis die unsichtbare Mauer fällt. Aber es ist von einiger Bedeutung, dass Deutschlands Kanzlerin aus dem Osten stammt und ebenso – bis vor Kurzem – der Bundespräsident.

Auch ist Deutschland Teil eines neuen Europas. Die Ausweitung der Europäischen Union ist jetzt bis zu dem Punkt gediehen, an dem sie fast den gesamten Kontinent abdeckt: Norwegen und die Schweiz sind freiwillig außerhalb der EU geblieben, haben aber enge Verbindungen mit ihr, und jene südosteuropäischen Staaten, die noch keine Mitglieder sind, werden es innerhalb des nächsten Jahrzehnts sicherlich sein. Großbritannien ist ein oftmals widerspenstiger Partner gewesen. Trotz ihrer vielen Mängel hat die EU in Europa zum ersten Mal für langfristig stabile politische Verhältnisse gesorgt. Und auch Deutschlands Position im Hinblick auf alle seine Nachbarn ist – zum ersten Mal seit 1200 Jahren – stabil: Wenn die nach dem Krieg gegründete Bundesrepublik danach strebte, ein europäisches Deutschland zu werden, statt ein deutsches Europa zu schaffen, dann hat dieses Streben nunmehr sein Ziel erreicht.

Deutschland hat seit der Stunde Null einen weiten Weg zurückgelegt und musste unterwegs außerordentliche Herausforderungen bewältigen: den Wiederaufbau aus Ruinen, das Trauma der Vertreibung aus den Ostgebieten, die Schmerzen der Teilung. All dies hätte leicht dazu führen können, das altvertraute Opfergefühl wachzurütteln und für neue Ressentiments zu sorgen. Aber das tat es nicht – zumindest nicht auf die von Generationen anderer Europäer, die in zwei Weltkriegen gegen die Deutschen gekämpft hatten, befürchtete Weise.

Wie sich herausstellte, lag das Risiko ganz woanders und sorgte, jedenfalls auf den ersten Blick, für einige Überraschung. Die 68er kritisierten nicht nur ihre Eltern, sondern auch die USA, die sie als Exponenten und Exporteur des Faschismus sahen. Auch die westdeutsche Regierung war in ihren Augen faschistisch – provozierenderweise setzten sie sie mit dem „Dritten Reich" gleich. Einige gingen noch weiter und radikalisierten den Antizionismus, der sich in manchen Kreisen der Linken als Resultat des Konflikts zwischen Israel und den arabischen Staaten herauskristallisiert hatte, zu wirklichem Antisemitismus: So wurde 1969 ein Angriff gegen das jüdische Gemeindehaus in Westberlin geplant, der als Teil einer Bomben- und Brandstiftungskampagne gegen die Symbole von Kapitalismus und Imperialismus, zudem noch am 9. November, am Jahrestag der „Reichskristallnacht", stattfinden sollte. Nur ein defekter Zünder verhinderte eine Katastrophe. Diese Episode zeigt, wie berührungseng die Ideologien der extremen Linken und der extremen Rechten waren und wie leicht man von der einen zur anderen Position überwechseln konnte. Politisch dauerhaft aber war die extreme Linke nicht: Sie überlebte kaum einige ihrer prägnantesten Vertreter.

Am anderen Ende des politischen Spektrums flammte nach der Wiedervereinigung in einigen ostdeutschen Städten Gewalt gegen Migranten auf, die Befürchtungen nährte, es könne zu einer Neubelebung von nationalsozialistischen Verhaltensmustern aus der Vorkriegszeit kommen. Doch auch das war nicht politisch dauerhaft. Im Großen und Ganzen ist das moderne Deutschland so friedlich und stabil wie irgendein anderes großes Land in Europa. Zorn und Kriegsversessenheit sind – für das neue Deutschland besonders bemerkenswert – gänzlich verschwunden. Obwohl der Racheinstinkt nicht nur für die Nazis, sondern für menschliches Verhalten insgesamt kennzeichnend ist, sieht es so aus, als hätte – in scharfem Gegensatz zur Stimmung nach dem Ersten Weltkrieg – der so extreme und einmalige Zusammenbruch das Land von diesem grundlegenden Instinkt befreit und ihm die Entdeckung einer unvorhergesehenen Quelle von Erneuerung und Erlösung ermöglicht.

Vor allem aber erzählt das neue Berlin die Geschichte des erneuerten Deutschlands. Die Mauer ist nahezu spurlos verschwunden. Wo sie gestanden hat, erheben sich mittlerweile neue Gebäude. Vieles Alte wurde restauriert. Die Stadt atmet den Geist der Bohème und hat eine kosmopolitische Atmosphäre, die an die Zwanzigerjahre erinnert. Berlin bleibt ein unvollendetes Meisterwerk. Eine Kunst floriert, die von den Nazis als entartet bezeichnet worden wäre, während zugleich die Berliner Philharmoniker nach wie vor das beste Sinfonieorchester der Welt sind. Und nicht nur Berlin lebt und lebt auf. Siegfried ist kein Nationalheld mehr, aber Bayreuth ist und bleibt das Pilgerzentrum der Wagnerianer, und der *Ring des Nibelungen* ist immer noch ein Kunstwerk der besonderen Art. Statt Naziparaden gibt es jetzt Fußball. Eine Zeit lang hat Ostdeutschland (in neuem Kostüm) den sozialen Korporatismus der Nazis am Leben gehalten, doch das ist längst Geschichte.

Das reiche Erbe aus den alten Zeiten wird wiederentdeckt und restauriert und zum Leuchten gebracht. Manches wurde vollständig wiederaufgebaut, wie etwa die Altstadt von Dresden. Insbesondere wird die Schönheit und Geschichte im Osten Deutschlands wiederentdeckt, werden Schlösser und Kirchen restauriert, gibt es praktisch unbeschädigte Meisterwerke wie Stralsund, kann man den Spuren von Bach und Luther folgen, das Land der Wälder, Seen und Kanäle entdecken. Auch das Erbe der Ostgebiete ist nicht verloren: Die Polen haben die Marienburg ebenso restauriert wie die alten Stadtzentren von Gdansk (Danzig) und Wroclaw (Breslau). Sogar in Kaliningrad (Königsberg), wo so viel zerstört wurde, haben die Russen die Kathedrale und das Grabmal des berühmtesten Sohnes der Stadt, Immanuel Kants, restauriert (die Universität trägt seinen Namen).

Dieses neue Deutschland hat seinen Platz in der Mitte eines neuen Europa eingenommen – als das größte und ökonomisch kräftigste Land. Zunehmend mehr Straßen führen nach Berlin. In gewisser Hinsicht hat die Bundesrepublik das erreicht, wonach das Kaiserreich immer strebte – aber sie hat es friedlich und merklich zögernd erreicht.

Dieser Erfolg nun führt zu neuen Fragen. Denn die EU hat sich auf eine beispiellose Integrationsphase eingelassen, deren Zeichen die Einführung der Eurozone ist. Was diese Entwicklung bedeuten mag, beunruhigt viele Deutsche zutiefst. Viele sind stolz darauf, in Frieden und Wohlstand leben zu können. Aber viele machen sich auch Sorgen über das heutige Deutschland und seinen Ort in der Welt. Mit Bedenken betrachten sie die Gegenwart: das unvollendete Projekt des Euro und die Risiken, die daraus für die hart erarbeitete Stabilität und ihren Wohlstand erwachsen. Mit Bedenken betrachten sie auch die Zukunft: die Auswirkungen der Globalisierung, den Aufstieg Asiens, die Haltbarkeit ihres Wirtschafts- und Gesellschaftsmodells, die Bedrohung durch den Klimawandel, die Zukunft ihrer Kultur und die allgemeine Frage, was aus den Deutschen im 21. Jahrhundert wird. Und sie betrachten auch die Vergangenheit mit Bedenken: Haben sie sich ihr vollständig gestellt? Kann sie jemals für abgeschlossen gelten? Wird Deutschland irgendwann einmal in Normalität existieren können?

Mithin werden die nächsten beiden Kapitel dieses neue Deutschland und seine Identität betrachten: zuerst den langen Schatten der Vergangenheit, dann die Zukunft dieser zögernden Führungskraft im neuen Europa.

9. Geister der Vergangenheit

Ein bis zwei Kilometer außerhalb von Weimar – der Heimat von Goethe und Schiller, wo Germaine de Staël sich in die deutsche Kultur verliebte und das Bauhaus mit seiner Tätigkeit begann – erstrecken sich die Buchenwälder des Ettersberges, wo Goethe gerne mit Angehörigen des herzoglichen Hofes Ausritte unternahm. Inmitten dieses Höhenzugs erstreckt sich eine Lichtung, ein flaches, kiesbedecktes Rechteck mit nur einigen Gebäuden am Rand. Mehr ist nicht vom KZ Buchenwald, einem der berüchtigteren Lager, geblieben. Während seiner achtjährigen Existenz im „Dritten Reich" waren dort etwa 250 000 Gefangene untergebracht. Sie wurden systematisch entwürdigt und misshandelt. Zehntausende starben an den Folgen oder wurden umgebracht.

Als die Amerikaner Weimar im April 1945 befreiten, zwangen sie die Einwohner – ehrenwerte Bürger –, das Lager zu besichtigen und filmten die Reaktionen. Was anfänglich wie ein Landausflug aussah, wurde schnell zu einer Entdeckungsreise des Grauens – der Anblick und der Gestank trieb den Frauen die Tränen in die Augen, und die Männer nahmen bei einem Massengrab die Hüte ab. Am darauffolgenden Sonntag berichtete der evangelische Superintendent Kuda seiner Pfarrgemeinde, in Buchenwald seien Vorgänge ans Licht gekommen, von denen sie absolut nichts gewusst hätten, und er forderte sie auf, vor Gott zu bekennen, dass sie an diesen Gräueltaten in keiner Weise beteiligt waren.

Je mehr die Wahrheit über die Lager bekannt wurde, desto deutlicher wurde, wie sehr Deutschland sich noch mit diesen Realitäten würde auseinanderzusetzen haben. Seitdem hat das Land einen langen Weg zurückgelegt. Am Anfang stand das Bemühen, die Verbrechen und die Zahl der Schuldigen begrenzt zu halten, am Ende die Entdeckung einer Art von geistiger Versöhnung als Parallele zur politischen Versöhnung, die Deutschland im neuen Europa gefunden hat. Wir sollten den Weg, den Deutschland genommen hat, genau verfolgen, weil er zugleich einmalig und universell ist. Kann der Pakt mit dem Teufel aufgehoben werden? Ja, und zwar in der Hinsicht, in der ein erneuertes, wohlhabendes, friedliches und stabil demokratisches Deutschland sich aus der Asche des „Dritten Reiches" erhob. Dabei gibt es aber immer noch die nagende Frage der Deutschen: Wer sind wir jetzt, in einem neuen Jahrhundert und zugleich im Schatten des vergangenen Säkulums? Das ist nicht nur eine Frage der Deutschen, sie stellt sich für alle Menschen in einer Ära der Globalisierung auf einem fragilen Planeten. Aber die Deutschen tragen die Last dieser furchtbaren Vergangenheit und sie haben sich der Frage mit einer Intensität gewidmet, die uns alle angeht.

Diese *Vergangenheitsbewältigung** umfasst zwei Elemente, die es sich getrennt voneinander zu betrachten lohnt, auch wenn sie sich überlappen und einander beeinflussen: die Notwendigkeit der Erkenntnis und die Notwendigkeit der Reflexion – anders gesagt: den Tatsachen ins Auge sehen und sich dann ihren Implikationen stellen: alles durchdenken, was sie uns über menschliche Erfahrungen und Fähigkeiten sagen. Beide Aufgaben benötigen Zeit, mit beiden Aufgaben hat Deutschland sich intensiver beschäftigt, als andere Länder es mit ihren Problemen getan haben, und die Reflexion kann niemals abgeschlossen sein, weil jede neue Generation sie wieder leisten muss.

Anfänglich war die Aufdeckung der Tatsachen hauptsächlich eine Angelegenheit der Nürnberger Prozesse. Die Stadt selbst lag in Trümmern. Im Mittelalter hatten sich hier die Handelsrouten des Heiligen Römischen Reiches gekreuzt, und nirgendwo sonst hatte die deutsche Gotik so tiefe Wurzeln geschlagen; hier spielte Wagners allerdeutscheste Oper und hier hielten die Nationalsozialisten ihre Reichsparteitage ab. Eben hier nun machten die Alliierten jenen Nazigrößen den Prozess, derer sie habhaft geworden waren. Insgesamt kamen im ersten Prozess, der im November 1945 eröffnet wurde, 22 der hochrangigsten Vertreter des „Dritten Reichs" vor Gericht; zwölf wurden

zum Tode verurteilt (einer von ihnen, Martin Bormann, in Abwesenheit), drei erhielten Freisprüche, der Rest bekam lange Gefängnisstra-
fen. Weitere Prozesse seitens der Alliierten sollten folgen, doch kam
es nicht dazu, weil die Beziehungen zwischen den Westmächten und
der Sowjetunion Schiffbruch erlitten. Allerdings bestanden die Amerikaner auf der Fortsetzung: Unter ihrer Leitung fanden noch ab Ende 1946 in einem Zeitraum von drei Jahren zwölf weitere Verfahren
statt, die sich vor allem gegen Ärzte, Richter, Industrielle, Einsatzgruppen und Militärs richteten. Insgesamt standen 184 Personen
vor Gericht. Davon wurden 142 aufgrund zumindest eines Anklage-
punktes verurteilt; 24 erhielten die Todesstrafe, die später in zwölf
Fällen in eine lebenslängliche Gefängnisstrafe umgewandelt wurde.

Bedrückend waren die Aussagen derer, die Schreckliches getan
hatten und nun zur Rechenschaft gezogen wurden. Bemerkenswerterweise hatte keiner von ihnen eine Weltanschauung, deren Festig-
keit es ihm gestattete, das Geschehene unverfroren zu verteidigen.
War es wirklich so gewesen, wie einige angaben, dass Hitler zwei
hauptsächliche Ziele verfolgte und, als sich abzeichnete, dass das eine
– die Eroberung des Ostens – nicht zu erreichen war, er sich auf das
andere – die Vernichtung der europäischen Juden – konzentrierte?
Wenn es sich so verhielt, hätte man vielleicht erwarten können, dass
die Schuldigen sich zu ihrem fast vollständigen Erfolg bei dieser entsetzlichen Aufgabe bekannten. Aber das taten sie nicht. Göring prahl-
te und polterte zwar, aber andere – viel zu viele – wollten nichts von
all den Schrecken gewusst oder nur ihre Pflicht getan und Befehlen
gehorcht haben.

Einige Aussagen waren jedoch enthüllend und beunruhigend.
Etwa die Aufzeichnungen von Rudolf Höß, dem Kommandanten
von Auschwitz. Ihn hatten die Polen vor Gericht gestellt, doch die
Aussage wurde in Nürnberg gemacht und sie war auf fast verwirrende Weise detailreich. Ein Gerichtspsychiater attestierte Höß eine eher
geringfügige Fähigkeit zur Empathie – was an sich kein ungewöhn-
licher Charakterzug ist. Zwölf Jahre nachdem er den Tod durch den
Strang gefunden hatte, wurde seine Autobiografie veröffentlicht, die

er im Gefängnis verfasst hatte, als er auf seine Hinrichtung wartete. Auch hier zeigt sich die seltsame emotionale Distanz zu dem, was unter seinem Kommando in Auschwitz geschah. Das Kapitel über seine Zeit als Kommandant des KZ endet mit einem uns allerdings nur allzu vertrauten Bedauern:

> Heute bereue ich es schwer, dass ich mir nicht mehr Zeit für meine Familie nahm. Ich glaubte ja immer, ich müsse ständig im Dienst sein. Mit diesem übertriebenen Pflichtbewusstsein habe ich mir das Leben selbst immer schwerer gemacht als es an und für sich schon war.[32]

Die Nürnberger Prozesse hatten eine immens wichtige Folge: Sie schufen eine feste Grundlage für das Prinzip im internationalen Recht, dass es unter dem Vorwurf von Kriegsverbrechen keine akzeptable Verteidigung ist, sich auf die Befolgung von Befehlen zu berufen. Dieses Prinzip hatte also mit dem Rachegedanken, der der zornigen Forderung nach dem Ersten Weltkrieg, den Kaiser zu hängen, zugrunde lag, nichts mehr zu tun. Es war ein wichtiger Schritt auf dem Weg der allmählichen Entwicklung eines internationalen Wertesystems, das die Staatsräson relativiert und zugleich dem Individuum die Verantwortung für seine Handlungen zuweist. Doch an sich selbst halfen die Prozesse den Deutschen kaum, sich mit ihrer Vergangenheit auseinanderzusetzen. Sie bargen vielmehr das Risiko, diese Auseinandersetzung noch schwieriger zu machen. Zum einen waren es von den Alliierten, also den Siegern, geführte Prozesse. Zudem waren sie insofern selektiv, als die Kriegsverbrechen der Alliierten nicht zur Sprache kamen (der sowjetische Richter stellte unzweifelhaft klar, dass es in dem Verfahren nicht um Angriffskriege im Allgemeinen, sondern ausschließlich um den der Nationalsozialisten im Besonderen ging). Selbst wenn nur wenige Deutsche es sagten, so gab es doch viele, denen es diese Prozesse schwer machten, sich ihre Gerechtigkeit „anzueignen". Zudem waren zu viele Nazigrößen tatsächlich oder anscheinend entkommen, wie z. B. Martin Bormann, der im Mai 1945 in den Ruinen von Berlin verschwunden war. Wo befand er sich jetzt? Und einige Personen, die sich für große Untaten zu verantworten hatten, lebten nun in Südamerika. Wenn Adolf Eichmann und Josef Mengele im fernen Ausland ein neues Leben begonnen hatten, warum musste dann eine Kulturpersönlichkeit wie Wilhelm Furtwängler drangsaliert werden? Und schließlich gab es da noch das Risiko, dass die Hinrichtung oder Gefängnisverwahrung von Nazigrößen es vielen anderen ermöglichen würde, sich selbst von aller Beteiligung freizusprechen: Was war mit den Millionen von NSDAP-Mitgliedern, was war mit den Soldaten, die jeglichen militärischen Ehrenkodex mit Füßen getreten hatten, was war mit den gewöhnlichen Bürgern, die ihre Augen vor dem verschlossen hatten, was in der Nachbarschaft geschah?

Aufschlussreicher und unangenehmer für die Deutschen, die das „Dritte Reich" erlebt hatten, wie für ihre Kinder, die 1968 von der Elterngeneration wissen wollten, was sie damals gemacht hatte, waren die späteren Verfahren: der Eichmann-Prozess in Jerusalem 1961 sowie die Auschwitz- und Majdanek-Prozesse, die ab Mitte der 1960er- bis in die 1970er-Jahre geführt wurden. Anders als in den Nürnberger Prozessen ging es hier nicht um die allgemeineren Kriegsverbrechen, sondern ausschließlich um den Holocaust. Und es waren keine Siegertribunale. Wirksamer, als es in Nürnberg geschah, deckten sie das Geschehene auf. Ende der 1940er-Jahre waren die meisten Menschen in Deutschland mit dem Überlebenskampf beschäftigt, doch ab den 1960er-Jahren waren die wirtschaftlichen und politischen Verhältnisse stabiler. Außerdem wurde der Eichmann-Prozess im israelischen Fernsehen übertragen, was viel größeren Einfluss hatte als die Transkriptionen der Nürnberger Prozesse. Ähnlich verhielt es sich mit den Auschwitz- und Majdanek-Prozessen. Bis ins 21. Jahrhundert gab es in Deutschland solche Verfahren – John Demjanjuk wurde 2011 verurteilt, starb aber, bevor die Revision verhandelt werden konnte.

Die Prozesse hatten auch mehrere einflussreiche Kommentare zur Folge, die auf dem Gerichtsverfahren selbst oder auf Interviews mit den Verurteilten beruhten. Hannah Arendt, die Heidegger-Schülerin und politische Philosophin, schrieb für die *New York Times* eine

Reihe von Artikeln über den Eichmann-Prozess, in denen sie besonders die gewöhnliche Persönlichkeit des Angeklagten hervorhob. Eichmann war kein Psychopath, sondern verkörperte für Arendt das, was sie die „Banalität des Bösen" nannte. Kritiker wandten ein, sie habe Eichmanns virulenten Antisemitismus unterschätzt, doch hat sie zweifellos seine Behauptungen herausgestellt und seziert, dass er – zum einen – Kants kategorischem Imperativ gefolgt sei und dass für ihn – zum anderen – das *Führerprinzip** eine übergeordnete Pflicht verkörpere, der er sich nicht habe entziehen können. Arendt konnte mühelos zeigen, dass Kants Imperativ die Autonomie des Individuums einschließe und mit einem Führerprinzip schlechthin unvereinbar sei. Ihr Urteil über die Banalität Eichmanns ist sicherlich richtig. Er bleibt, wie Höß, als Mensch erkennbar.

In seiner Auseinandersetzung mit der NS-Vergangenheit richtete Deutschland 1958 in Ludwigsburg die *Zentralstelle der Landesjustizverwaltungen zur Aufklärung der NS-Verbrechen* ein – ein Meilenstein auf dem Weg zur Erkenntnis des Geschehenen. Während der folgenden Jahrzehnte arbeitete diese Institution daran, die Daten zu sammeln, die dann bis ins 21. Jahrhundert die Grundlage für eine Reihe von Prozessen vor deutschen Gerichten bildeten. Im selben Jahr fand vor dem Schwurgericht Ulm der Prozess gegen das Einsatzkommando Tilsit statt – das erste bedeutende Verfahren im Zusammenhang mit der Vernichtung der Juden. Noch wichtiger waren die Auschwitz-Prozesse, die 1963 in Frankfurt am Main begannen. Konnte man – was viele taten – die Nürnberger Prozesse als Siegerjustiz und den Eichmann-Prozess als Opferverfahren abwerten, so war eine Verurteilung durch ein deutsches Gericht unter der souveränen Rechtsprechung der Bundesrepublik nicht so leicht herabzustufen, sondern musste akzeptiert werden – nicht nur von den Angeklagten, sondern von der deutschen Gesellschaft insgesamt. Ein Versteckspiel war nun nicht mehr möglich.

Oder doch? Während der nächsten zwei Jahrzehnte gab es Prozesse, in denen es um die Geschehnisse in den anderen Todeslagern ging – Belzec, Treblinka, Sobibor und Majdanek. Insgesamt wurden

Tausende von Personen vor Gericht gestellt und wegen Mordes in diesen grauenhaften Orten angeklagt. Doch mit der Zeit verlor sich die Dramatik: Je mehr die Vertrautheit mit den Tatsachen wuchs, desto geringer wurde das durch sie ausgelöste Schockmoment. Zudem wurden die Opfer durch die Statistiken und sogar durch die wiederholten und namenlosen Abbildungen der Schlächtereien entpersönlicht. Je deutlicher die Tatsachen vor Augen traten, desto undeutlicher schienen sie wahrgenommen zu werden.

Die Frankfurter Prozesse, bei denen 22 Beteiligte vom Personal der mittleren und unteren Ebene aus den Zwangsarbeits- und Todeslagern von Auschwitz vor Gericht standen, waren eine Mediensensation, und die detaillierten Aussagen von Augenzeugen vermittelten der Öffentlichkeit die Schrecken der Lager, verdeutlichten aber auch, wie die deutsche Gesellschaft (im Westen wie im Osten) in der Nachkriegszeit diese Ereignisse verdrängt hatte.

Ganz konkret wurde durch die Prozesse auch deutlich, wie schwer es war, nachvollziehbare Verurteilungen zu erwirken. So blieb unbestimmt, wie der rechtliche Status von befehlsmäßig angeordneten Verbrechen zu bewerten sei: In einem totalitären System konnten die Befehlshaber sicherlich zu Recht des Mordes beschuldigt werden, doch was war mit den subalternen Tätern? Sie konnten gemäß deutschem Recht nur als Komplizen angeklagt werden, weshalb das Gericht bemüht war, sich auf Mordtaten zu konzentrieren, die als direkt, persönlich motiviert und vom Angeklagten intendiert nachzuweisen waren. Mit dem Ergebnis waren viele unzufrieden. Zu viele Freisprüche von Schuldigen lautete die Kritik, auch zu viele milde Strafen. Hinzu kam, dass die wahren Schuldigen oft die sogenannten *Schreibtischtäter** waren, die das Morden von ihren Büros aus verwalteten und ihren Opfern niemals ins Gesicht sehen oder auf der Anklagebank sitzen mussten.

Wenn zudem die Medien die Verurteilten als unmenschliche Ungeheuer zeichneten, bestand die Gefahr, dass der gewöhnliche Wehrmachtssoldat oder Bürger aus dem Blickfeld geriet. Dem wollte die britische Historikerin und Journalistin Gitta Sereny mit einer bemerkenswerten Reihe von Interviews gegensteuern. Sie erschienen in Deutschland unter dem Titel *Am Abgrund: eine Gewissenserforschung.*[33] Sereny führte Gespräche mit einem der berüchtigtsten Angeklagten dieser Prozesse: Franz Stangl, Lagerkommandant von Sobibor und danach von Treblinka. 1970 wurde er zu lebenslänglichem Zuchthaus verurteilt.

Stangl war Österreicher mit einer wenig bemerkenswerten Familiengeschichte und in gewöhnlichen Zeiten wäre auch er selbst unbemerkenswert geblieben. Er war Polizist und trat relativ früh in die NSDAP ein. Nach dem „Anschluss" Österreichs arbeitete er zunächst in einer Euthanasieanstalt und wurde dann, als man seine organisatorischen Fähigkeiten und seine Verlässlichkeit bemerkte, Schritt für Schritt befördert, bis er sich mitten im Vernichtungsprogramm befand. Es wirkte so, als sei er durch eine Reihe mehr oder weniger glücklicher Zufälle nach Treblinka gelangt und als leide er unter dieser Bürde. Bisweilen wirkte es fast so, als hätte er seine Stellung aufgegeben, wenn er nur den Mut dazu gefunden hätte, den er laut eigener Einsicht aber nicht aufbringen konnte. Vielleicht ist er die Inkarnation jener Verse aus Shakespeares *Macbeth*, die da lauten: „Ich bin einmal so tief in Blut gestiegen, / Dass, wollt' ich nun im Waten stillestehn, / Rückkehr so schwierig wär, als durch zu gehn."[34] Stangl war, wie Höß und Eichmann, kein Monstrum. Die Wahrheit ist viel schlimmer: Er hatte sein Privatleben von seiner Existenz als Lagerkommandant abgespalten und sein Inneres verpanzert.

Aber Sereny zeigte, dass dieser Panzer nicht undurchdringlich war. In einem so enthüllenden wie bewegenden Wortwechsel fragt sie:

„Könnte man sagen, dass Sie schließlich das Gefühl hatten, es wären keine echten Menschen?" Stangl antwortet:

„Als ich einmal Jahre später durch Brasilien reiste, hielt der Zug neben einem Schlachthof. Das Vieh in den Pferchen hörte den Zug, trottete zum Zaun hinüber und starrte den Zug an. Die Tiere waren ganz nah an meinem Fenster, drängten sich heran und blickten mich an. Da dachte ich: ,Schau her, das erinnert mich an Polen, so schauten damals die Menschen voller Vertrauen, bevor sie in die Dosen wanderten [...]'"

„Sie sagten ,Dosen'", warf Sereny ein. „Was meinten Sie damit?" Aber Stangl schien die Frage nicht gehört zu haben. Jedenfalls antwortete er nicht. Er fuhr fort:

„Ich konnte danach kein Dosenfleisch mehr essen. Diese großen Augen [...] die mich anschauten [...] und sie wussten nicht, dass sie bald tot sein würden."

Er macht eine Pause. Er sieht müde aus. In diesem Augenblick wirkt er auf Sereny alt und müde und wie er selbst – es ist sein Augenblick der Wahrheit. Am Ende erfährt Sereny:

„Ich selbst habe nie willentlich jemandem weh getan", sagte er mit anderer, weniger schneidender Betonung. Dann hielt er wieder für lange Zeit inne. Er umklammerte die Tischplatte mit beiden Händen, als wolle er sich daran festhalten. „Aber ich war da", sagte er dann mit merkwürdig trockener und müde klingender Resignation. „Ja, in Wirklichkeit bin auch ich daran schuldig."

Das mochte wohl ehrlich gewesen sein, weil es ihm gleichsam abgerungen werden musste. Er starb am Tag darauf an einem Herzinfarkt.

In der Auseinandersetzung mit den Tatsachen ging es jedoch um mehr als nur darum, all jenen auf die Spur zu kommen, die sich der Verbrechen gegen die Menschlichkeit schuldig gemacht hatten. Mochten die Prozesse in ihrer Wahrheitsfindung auch unvollkommen sein, so hatten sie doch den Tatsachen über die Judenvernichtung eine feste Grundlage verschafft, und sie ließen diejenigen, die im „Dritten Reich" erwachsene, verantwortliche Bürger gewesen waren, mit der offensichtlichen Frage zurück: Was hatten andere, Mitbürger, getan oder unterlassen? Wie das Wasser in einem Teich Kreise zieht, wenn ein Stein hineingeworfen wird, so wurde – insbesondere ab den 1960er-Jahren und dann vor allem von der Generation der 68er – diese Frage immer häufiger und eindringlicher gestellt.

Mit der Generation der ab den 1940er-Jahren Geborenen geriet der blinde Gehorsam in Verruf, im Übrigen ein Phänomen in der ganzen westlichen Welt. Die Wendung gegen das Establishment, die mit den 68ern ihren Höhepunkt erlebte, hatte viele verschiedene Gründe: der Krieg in Vietnam, die amerikanische Bürgerrechtsbewegung, die Atombewaffnung (mit der Drohung der *Mutually Assured Destruction*), Misstrauen gegenüber der gesichtslosen Macht multinationaler Konzerne, Enttäuschung über den krassen Materialismus der Nachkriegsgesellschaft, der Verlust tradierter metaphysischer Gewissheiten und ein lautstarker linker Idealismus, der für die Realitäten des sowjetischen Systems blind war – um nur einige Gründe und Ursachen zu nennen. Doch in Westdeutschland hatte die wachsende Unruhe einen zusätzlichen – man könnte sagen einen typisch deutschen – Aspekt: Außenpolitisch hatte Adenauers Festhalten an der (vor allem auf die USA bezogenen) Westbindung bei vielen jungen Menschen den praktischen oder moralischen Imperativ verloren, und binnengesellschaftlich wollten sie von ihren Eltern – vor allem den Vätern – wissen, was sie im „Dritten Reich" getan und gewusst haben.

Dann kam *The Holocaust*, eine vierteilige US-amerikanische Fernsehserie über die Vernichtung einer (imaginären) deutsch-jüdischen Familie der Mittelschicht. Im deutschen Fernsehen wurde sie unter dem Titel *Holocaust – Die Geschichte der Familie Weiss* Anfang 1979 ausgestrahlt. Mit hollywoodscher Verve und Starbesetzung brachte sie den Deutschen wie nichts zuvor die menschliche Dimension des Geschehens nahe. Fast die Hälfte der Bevölkerung sah die Filme, ebenso eine unbekannte Anzahl von Ostdeutschen (verbotenerweise, weil Westfernsehen nicht erlaubt war). Das Wort selbst – „Holocaust" – ging als Bezeichnung für die Judenvernichtung ins Vokabular ein. Nun konnte es kein Verschweigen mehr geben, nun konnte ihre zentrale Bedeutung im Rahmen der deutschen Kriegsschuld nicht mehr geleugnet werden, außer vielleicht von ein paar Extremisten, die aber vorwiegend Abscheu erregten oder lächerlich gemacht wurden. Zudem liefen sie bald Gefahr, juristisch verfolgt zu werden, denn die Leugnung der Judenvernichtung wurde zum strafwürdigen Vergehen erklärt. In den folgenden Jahren wurde das Gedenken an den Holocaust zu einem zentralen Bestandteil des öffentlichen Lebens und entsprechende *Mahnmale* breiteten sich über ganz Westdeutschland aus (nach der Wiedervereinigung dann auch in Ostdeutschland, wo die DDR-Regierung das Schicksal der Juden hinter den lautstark ausposaunten Leiden und Taten der antifaschistischen Widerstandkämpfer verschwinden ließ).

Die Erinnerungskultur ließ „Auschwitz" fast zum Klischee werden und die Bezeichnung „Holocaust" verlor ihre Schreckenskraft, so wie sie die ursprünglichen religiösen Konnotationen bereits verloren hatte: Nur wenige kannten die Beziehung zum Brandopfer der jüdischen Religion. Trotz allem hatte sich die Haltung der Öffentlichkeit verändert – die Deutschen waren jetzt bereit, die so lange geleugneten Tatsachen zur Kenntnis zu nehmen – und mit ihnen das Gefühl von Scham und Schuld.

Das hieß aber nicht, dass nun alle bereit waren, sich freimütig zu ihren persönlichen Taten, Untaten oder Nichttaten zu bekennen. Anna Rosmus[35] deckte 1983 im bayrischen Passau die Verstrickung lokaler Größen in den Nationalsozialismus auf. Aber sie rief nur Wut und Ressentiments hervor und wanderte schließlich in die USA aus. Vielleicht bildete sich die (zunehmend ältere) Generation, die das „Dritte Reich" durchlebt hatte, ein, sie habe unter den Gegebenheiten nun einmal nicht anders handeln können. Vielfach durften die Angehörigen dieser Generation den von ihnen empfundenen Antisemitismus auch vor sich selbst nicht zulassen, wobei dieser Antisemitismus ihnen die Kenntnisnahme dessen, was in der Nachbarschaft geschah, erleichterte. Doch die folgende Generation dachte nicht so sehr in persönlichen Kategorien, sondern kollektiver Schuld und Scham. Sie waren die Kinder ihrer Eltern und damit die Erben der Geschichte und Kultur, die das „Dritte Reich" möglich gemacht hatten.

1996 veröffentlichte ein amerikanischer Politikwissenschaftler namens Daniel Goldhagen ein Buch, das auch und gerade in Deutschland unter dem Titel *Hitlers willige Vollstrecker – Ganz gewöhnliche Deutsche und der Holocaust*[36] viel Aufsehen erregte. Goldhagens These lief darauf hinaus, dass Deutschland insofern eine extreme Form des Sonderwegs eingeschlagen habe, als die deutsche Kultur seit Langem von einem, wie er es nannte, „eliminatorischen Antisemitismus" durchdrungen gewesen sei, der sich gegen Ende des 19. Jahrhunderts verstärkt und zur weitverbreiteten Unterstützung und zu aktiver Beihilfe bei der Judenvernichtung geführt habe. Dieser Antisemitismus sei so tief verwurzelt, dass es zwischen Luther und Hitler praktisch keinen Unterschied gebe; er gehöre zur deutschen Identität wie die Menschenopfer zur Kultur der Azteken in Mexiko.

Goldhagens These war inspiriert von einem anderen, einige Jahre zuvor publizierten Buch: Christopher Brownings *Ganz normale Männer – Das Reserve-Polizeibataillon 101 und die „Endlösung" in Polen*.[37] Browning beschreibt und analysiert darin die Tätigkeit einer Polizeieinheit, die 1942 in Polen Todesmärsche organisierte und sich an Massakern beteiligte. Brownings These war, dass auch gewöhnliche *Leute* die Befähigung hätten, Böses zu tun, während Goldhagen diese Möglichkeit vor allem in den gewöhnlichen *Deutschen* lauern sah, woraus der historisch einzigartige „eliminatorische Antisemitismus" entsprang. Brownings These entspringt einer Sicht auf das menschliche Wesen, die sich, könnte man sagen, bereits in William Goldings Roman *Der Herr der Fliegen* findet, der die Fähigkeit, Böses zu tun, bereits Kindern zuschreibt. Für Goldhagen aber war das Böse die Blutschuld einer ganzen Kultur, die über die Jahrhunderte hinweg die Identität der gewöhnlichen Deutschen vergiftete.

Nur wenige Historiker nahmen Goldhagens Thesen ernst; die Mehrzahl reagierte befremdet. Es war ja auch nicht schwer, seiner Argumentation wie auch der Verwendung von Quellen Ungereimtheiten nachzuweisen. Erstaunlich aber ist die Rezeption des Buchs in Deutschland. Als Goldhagen in Berlin auf Leisereise ging, waren die Säle voll, und 1997 erhielt er den Demokratie-Preis der Zeitschrift *Blätter für deutsche und internationale Politik*, wobei Jürgen Habermas als lobender Rezensent zitiert wurde. Andere bemerkten, dass die Diskussion über das Buch mit einer Offenheit geführt werde, die Deutschlands Bereitschaft zur Auseinandersetzung mit der Vergangenheit zeige – was schon für sich stolz machen könne. Wie auch immer sich die deutsche Öffentlichkeit zu Goldhagens Thesen verhielt, so wird doch spätestens jetzt deutlich, dass sich die Einstellung der deutschen Gesellschaft seit den späten 1940er-Jahren grundlegend gewandelt hatte – sie stellte sich der Vergangenheit ohne Zögern.

Das ging so weit, dass sich die Neigung entwickelte, jeden Aspekt deutschen Lebens und deutscher Kultur vor dem „Dritten Reich" zu betrachten, als läge der Samen des Bösen dort schon bereit. Es mochte ja sein, dass – wie Adorno, Habermas und andere behaupteten –, Geschichte und Identität Deutschlands mit der Stunde Null neu beginnen müssten. Doch die Tatsachen der deutschen Geschichte gab es ja weiterhin, und auch den Schatten, den sie über die Gegenwart warfen. Lange vor Goldhagen hatten deutsche Historiker damit begonnen, das Kaiserreich auf den Prüfstand zu stellen, indem sie die heikle Frage der deutschen Kriegsziele im Vorfeld und während des Ersten Weltkriegs untersuchten.

Schon bald nach Ende dieses Krieges wurde er – nicht nur in Deutschland, sondern allgemein im Westen – als schrecklicher Fehler beurteilt, an dem alle europäischen Mächte beteiligt gewesen waren. Diese Einsicht wiederum untermauerte das Urteil, das nach dem Zweiten Weltkrieg über den Versailler Vertrag gefällt wurde: Er sei unvernünftig und ungerecht gewesen und habe wesentlich zu den Bedingungen beigetragen, die den Aufstieg Hitlers in Deutschland ermöglichten. 1961 jedoch veröffentlichte der Historiker Fritz Fischer sein Buch *Griff nach der Weltmacht* – eine provokative Arbeit, die beweisen wollte, dass Deutschland nicht zu den „Schlafwandlern"[38] gehörte, die unbedacht in die Katastrophe von 1914 hineingestolpert waren, sondern über eine aggressive, expansionistische Strategie verfügte, die es von Kriegsbeginn an systematisch in die Tat umsetzte. Diese Strategie war im September 1914 als das von Reichskanzler Bethmann Hollweg proklamierte „Septemberprogramm" bekannt geworden. In seinem späteren Buch *Krieg der Illusionen* behauptete Fischer, dass Kaiser Wilhelm II. schon 1912 in einem mit von Moltke

und Tirpitz, den Oberkommandanten von Heer und Marine, abge-
haltenen Kriegsrat den Weltkrieg vorbereitet hätte, damals sei Bethmann Hollweg jedoch nicht dabei gewesen.

Fischers Ansichten waren unter Historikern äußerst umstritten.
Nur wenige leugneten, dass die strategischen Planungen nach Kriegsbeginn aggressiver und expansionistischer wurden – dafür steht nicht
nur das Septemberprogramm, sondern auch die später entwickelten
Pläne von Ludendorff und Hindenburg, die die Eroberung und
zwangsweise Germanisierung großer Gebiete in Osteuropa vorsahen
und insofern etliches von dem vorwegnahmen, was dann im „Dritten
Reich" Wurzeln schlug. Viele aber bestritten die Behauptung, es gebe
überzeugende Beweise für eine deutlich erkennbare strategische Absicht in den Jahren und Monaten vor Ausbruch des Ersten Weltkriegs, einen allgemeinen europäischen Konflikt vom Zaun zu bre-
chen. Dafür sei der Kaiser viel zu launenhaft gewesen (und sein
Kriegsrat wenig konsequent), auch Regierungskreise hätten keine
entsprechenden Pläne entwickelt. Diese Debatten sind anlässlich des
100. Jahrestags von 1914 in einer Vielzahl von Büchern und Artikeln
zum Ersten Weltkrieg wieder aufgelebt.

All dies zeigt, wie gegenwärtig die Vergangenheit bleibt. Der
Grund für das Echo, das Goldhagen in Deutschland auslöste, ist eben
dieses Bewusstsein, mit Gespenstern zu leben. Die Konfrontation mit
diesen Gespenstern erzeugt auch weiterhin viele Bände fiktionaler
und nichtfiktionaler Literatur über fast alle Aspekte des Lebens in
Deutschland während des „Dritten Reichs" und davor, mindestens
seit der Zeit der Romantiker. Nehmen wir nur die Sphäre der Musik:
Hier hielten die Deutschen Mitte des 19. Jahrhunderts ihren Kanon
für den Gipfelpunkt, während moderne Musikwissenschaftler argu-
mentierten, dass eben dieses Überlegenheitsgefühl Anzeichen eines
hegemonialen Denkens und einer besonderen Bestimmung war, die
den deutschen Sonderweg untermauerte oder sogar definierte.

So ist Goldhagen nur ein extremer Ausschlag auf der Skala deutscher Reaktionen auf die Vergangenheit. Zunehmend zeigten sich die
Deutschen entschlussfreudiger darin, bei der Suche nach der Schuld

nichts unberücksichtigt zu lassen, um sicherzugehen, dass jeder Lebensaspekt hinsichtlich seiner Anklagetauglichkeit geprüft werde.

Das soll natürlich nicht heißen, dass die Konfrontation mit der Vergangenheit ohne Kontroversen verlief und alles, was nach deutscher Schuld aussah, automatisch begrüßt und akzeptiert worden wäre. Goldhagens Buch wurde intensiv diskutiert, doch darf bezweifelt werden, dass die Öffentlichkeit – wie auch die Historikerzunft – seine Thesen befürwortet hat. Eine Sache war die Anerkenntnis, dass die Deutschen Schreckliches getan und zum großen Teil moralisch völlig versagt hatten, eine ganz andere Sache war die Zustimmung zu der Annahme, sie hätten sich begeistert einem kulturell determinierten eliminatorischen Antisemitismus verschrieben.

Zudem war da die Frage, ob – oder ab wann – das neue Deutschland ein Recht habe, sich als „normal" zu betrachten. Akzeptierte man die Einzigartigkeit der Vergangenheit, indem man sich ihr stellte? Akzeptierte man für alle Zeit eine so kollektive wie einzigartige Schuldlast? Natürlich war von den 68ern und ihren Kindern nicht zu erwarten, dass sie individuelle Schuld auf sich nahmen: Ab wann hätten sie die Scham abschütteln dürfen? Und schließlich: Schloss die Konfrontation mit der Schuld die Möglichkeit aus, zu erkennen und anzuerkennen, dass auch Deutsche millionenfach Opfer gewesen waren? Oder führte schon die Frage nach der Schuld von anderen dazu, Deutschlands Schuld zu verringern oder infrage zu stellen?

Es sollte nicht mehr lange dauern, bis solche Fragen öffentlich gestellt würden. Tatsächlich hatte die Debatte schon begonnen, bevor Goldhagens Buch erschien. Bereits ein Jahrzehnt zuvor hatten deutsche Historiker und Intellektuelle sich in der intensiv bis bitter geführten Auseinandersetzung um den *Historikerstreit* engagiert, der von Ernst Nolte ausgelöst worden war. Nolte hatte die Auffassung vertreten, dass der Rassenmord der Nationalsozialisten eine Reaktion auf den in den sowjetischen Gulags verübten Klassenmord gewesen sei. Die deutsche Hinwendung zum Faschismus sei erklärbar durch die mit der Russischen Revolution vermachten Schrecken. Andere Historiker unterstützten Nolte: Andreas Hillgruber etwa schrieb mit

Leidenschaft über den tragischen Verlust der Ostgebiete und die Leiden der dort lebenden Deutschen, wobei der Verlust seiner eigenen *Heimat** in Ostpreußen durchaus eine Rolle spielte.

Die erzürnte Reaktion von Habermas und anderen Intellektuellen zeigte deutlich, wie neuralgisch die ganze Problematik des Holocaust mittlerweile geworden war. Eine Interpretation, die ihn nicht als einzigartig schrecklich darstellte – geschweige denn als verständliche, wenngleich völlig unangemessene Reaktion auf Ereignisse in der Sowjetunion –, konnte ebenso wenig akzeptiert werden wie eine Veröffentlichung des verbotenen Buches *Mein Kampf*. Die Auseinandersetzung war auch deshalb so gefühlsbeladen, weil zu dieser Zeit Kanzler Helmut Kohl damit begann, mehr Stolz im Hinblick auf die deutsche Identität zu zeigen, was nicht ohne Risiko war. Seine Bemerkung über die „Gnade der späten Geburt" war taktlos, aber treffend: Er gehörte einer Generation an, mit der Deutschland jene Zeitläufte verließ, in denen ein Gefühl kollektiver Schuld noch durch die Existenz persönlicher Schuld oder Scham am Leben gehalten wurde.

Das eigentliche Risiko besteht nicht so sehr darin, den Holocaust in der deutschen Öffentlichkeit zu relativieren oder zu beschönigen. Vielmehr liegt es darin, dass eine jüngere Generation sich immer weniger der deutschen Vergangenheit verpflichtet fühlt. Sie wird gar nicht den Drang verspüren, das Geschehene zu relativieren oder zu leugnen, weil sie keine persönliche Schuld oder Scham mehr empfindet. Am Ende wird die Reaktion auf den Holocaust so sein wie die Reaktion auf andere Schreckensereignisse der Geschichte.

Doch noch ist es nicht so weit. Noch sind die schöpferischen Kräfte im neuen Deutschland auf die eine oder andere Weise tief vom Trauma des „Dritten Reichs" beeinflusst. Die starke deutsche Fähigkeit, innere Bedeutungen zu reflektieren, das Mysterium der Dinge zu bedenken, ist heute so augenscheinlich wie eh und je – in philosophischen und religiösen Diskussionen, in Kunst und Literatur und auch in der Musik. In allen diesen Bereichen sind die Auswirkungen des „Dritten Reichs" im Allgemeinen und des Holocausts im Besonderen unverkennbar.

Philosophische Debatten waren in den Nachkriegsjahren immer politisch engagiert und ihrer geistigen Ausrichtung nach eher links. Die beherrschende Persönlichkeit ist Jürgen Habermas; seine Interpretation des Individuums und seiner gesellschaftlichen Beziehungen – die zum konventionellen Marxismus ebenso quer steht wie zum postmodernen Dekonstruktivismus à la Derrida – lässt ihn in der Diskussion der modernen deutschen (und europäischen) Identität zu einer gewichtigen Stimme werden. Strikt lehnt er jede Bedeutungsminderung des Holocausts ab ebenso wie die Konstruktion der neuen deutschen Identität auf der Grundlage des Überkommenen. Er war in dieser Hinsicht nicht der Einzige: Die grundlegende Doktrin der DDR besagte – in scharfem Gegensatz zum Ansatz Adenauers –, dass es darum gehe, eine neue, gerechte Gesellschaft aufzubauen, die nichts mit der alten, korrupten, klassenmäßig zerrissenen deutschen Kultur gemein habe. Der entscheidende Unterschied besteht darin, dass für Habermas Auschwitz die Zäsur darstellt, während die DDR die Tragweite des Holocausts nie begreifen konnte und wollte, weil das, was Auschwitz über die menschliche Natur aussagt, mit einer marxistischen Klassenanalyse nicht zu vereinbaren war.

Doch selbst Habermas mit seiner auch von Kant beeinflussten Denkweise hatte keinen metaphysischen Rahmen, um das Mysterium des Geschehenen einzufassen. Eher war vielleicht zu erwarten, dass innerhalb eines explizit christlichen metaphysischen Kontextes eine theologische Debatte über das Wesen des Bösen im „Dritten Reich" geführt wurde – wenn nicht gar über die offenkundige christliche Passivität, wo nicht Unterstützung für das NS-Regime.

Tatsächlich ist der Einfluss all dieser Themen auf das theologische Denken und das politische Engagement der Kirchen nicht zu verkennen, und schon recht früh haben sich Theologen damit auseinandergesetzt. Der Schweizer Karl Barth, für viele der herausragende Geist der protestantischen Theologie im 20. Jahrhundert, der tief greifenden Einfluss auf die Bekennende Kirche im Nationalsozialismus hatte, verfasste eine eindringliche Analyse über den Zustand des deutschen Geistes nach der Katastrophe. Sie wurde 1945 unter dem Titel *Zur Genesung des deutschen Wesens* veröffentlicht[39] – eine Anspielung auf die berühmten Verse aus dem Gedicht *Deutschlands Beruf* von Emanuel Geibel aus der Mitte des 19. Jahrhunderts, die später zur ideologischen Rhetorik des „Dritten Reichs" gehörten:

> Und es mag am deutschen Wesen
> Einmal noch die Welt genesen.

Barth führte aus, dass die große Mehrheit der Deutschen keine Vorstellung davon habe, in welchem Maße sie verantwortlich sei für die sklavische Art und Weise, mit der sie ihren Herrschern von Bismarck bis Hitler gedient hätte, und als wie abstoßend die übrige Welt die Gräueltaten des „Dritten Reichs" empfand. In einer bemerkenswerten Passage, die mit gemäßigterem Tonfall den argumentativen Ansatz der im dritten Kapitel zitierten Polemik von A. J. P. Taylor anklingen lässt, schreibt Barth:

> Sie [die Deutschen] lieben es überaus, sich bald als die Vollstrecker, bald auch als die Opfer großer, schicksalsmäßiger geschichtlicher Notwendigkeiten zu verstehen, und es ist klar, dass es ihnen auch von da aus schwer fallen wird, endlich einmal recht nüchtern zu werden, sich zu einem verantwortlichen Denken, zu gesunden Einsichten und zu wirklich freien Entscheidungen aufzuraffen. Und man muss endlich mit dem religiösen Tiefsinn der Deutschen rechnen, der der Anerkennung eigener konkreter Schuld allzu gerne damit ausweicht, dass er auf die große Wahrheit hinweist, vor Gott seien schließlich alle Menschen und Völker gleich schuldig und gleich sehr der Vergebung ihrer Sünden bedürftig, aus der kühn der Schluss gezogen wird, dass eine besondere deutsche Buße offenbar nicht nötig und durchaus nicht angebracht sei.

Im Oktober 1945 bekannte sich die Evangelische Kirche in Deutschland (EKD) im *Stuttgarter Schuldbekenntnis* zur Mitschuld von protestantischen Christen an den Verbrechen des Nationalsozialismus – in Worten, die ganz anders klangen als die von Superintendent Kuda in Weimar im April geäußerten:

Mit großem Schmerz sagen wir: Durch uns ist unendliches Leid über viele Völker und Länder gebracht worden [...] wir klagen uns an, dass wir nicht mutiger bekannt, nicht treuer gebetet, nicht fröhlicher geglaubt und nicht brennender geliebt haben.

Man muss darauf hinweisen, dass diese Sätze mitsamt einer Präambel, die davon spricht, dass die Kirchen in einer „Solidarität der Schuld" mit dem deutschen Volk stehen, das Ergebnis einer heftigen Debatte waren. Immerhin gab es manche, die Schuldbekenntnisse unbedingt vermeiden wollten, weil sie unangenehme Erinnerungen an das Trauma von Versailles hervorrufen könnten. Dennoch war das Stuttgarter Bekenntnis am Ende unzweideutig (auch wenn es Juden und den Holocaust unerwähnt ließ); es forderte einen Neubeginn und die Reinigung der Kirchen von christfernen Überzeugungen, damit sie wieder die Werkzeuge von Gottes Gnade und Erbarmen werden könnten.

So begannen sie die Reise: Die Kirchen waren entschlossen, sich nie wieder zur fügsamen Stimme weltlicher Obrigkeit und der Verkünder von Ordnung und gesellschaftlicher Pflicht machen zu lassen. Zunehmend wurden ihre Verlautbarungen durch ein soziales Engagement unterfüttert, das dem Einfluss einer neuen theologischen Orientierung entsprang – einer Orientierung, die sich weniger auf den traditionellen Auftrag zur Seelenrettung konzentrierte als auf die Herausarbeitung von Gottes Zielen im Verlauf der geschichtlichen Entwicklung. „Siehe, ich mache alles neu!" (Offb 21,5) Dieses eschatologische Moment (zu dem die weltliche Eschatologie der frühen DDR eine interessante Parallele bildet) wurde in der deutschen protestantischen Theologie der Nachkriegszeit zum Leitmotiv. Die in die Zukunft blickende Perspektive wurde – auf je unterschiedliche Art – vor allem von Jürgen Moltmann und Wolfhart Pannenberg vertreten. Beide hatten als junge Männer im Krieg gedient und waren über Bekehrungserfahrungen inmitten des Traumas von Katastrophe und Niederlage zum Glauben gekommen. Bei beiden ist der Einfluss von Karl Barth ebenso spürbar wie Bonhoeffers Weigerung, die Lehren Christi gemäß ihrer Darstellung in den Evangelien durch „Vergeistigung" zu verwässern.

Moltmanns einflussreiches Werk *Theologie der Hoffnung* ließ sich von linkshegelianischen und marxistischen Quellen inspirieren, forderte aber zu einem deutlich offenen christlichen Engagement in der Geschichte auf. Er verband dies mit einer christlichen Hoffnung, die Schmerz und Leid in der Gesellschaft erkennt, sich davon jedoch nicht besiegen lässt. Pannenberg sah in Christi Tod und Auferstehung die Antizipation der vollständigen Wirklichwerdung von Gottes Zielen in der Geschichte. Beide Autoren entwickelten unterschiedliche Perspektiven und Gewichtungen und ließen sich auch von jeweils unterschiedlichen Quellen inspirieren, doch bestand Einigkeit darin, wie die protestantischen Kirchen ihre Aufgabe zu verstehen hatten, nämlich als Pflicht, sich für die Verwirklichung einer Zukunft einzusetzen, die Gottes Zukunft war. Das bedeutete umstandslos, dass es eine Pflicht gab, für Gerechtigkeit und Versöhnung zu arbeiten. Das war ein völlig anderes Selbstverständnis als das der preußischen Kirche im Kaiserreich oder gar der „Deutschen Christen" mit ihrer Anbiederung an das NS-Regime.

Bonhoeffer hätte diese Vorstellungen zweifellos befürwortet. Tatsächlich klingt die Stimme der Kirchen im neuen Deutschland ganz anders als die ihrer Vorläuferinnen im 19. und frühen 20. Jahrhundert, und sie sagt auch anderes. Fortwährend weist sie darauf hin, dass die Lehren aus der Geschichte nicht vergessen werden dürfen – es vergeht kaum eine Woche ohne eine Predigt, die an die Judenvernichtung und die Sünde der Komplizenschaft erinnert. Die soziale Verantwortung des Christen besteht darin, aktiv, inklusiv und anspruchsvoll zu sein. Am Ende kann daraus eine Stimme werden, deren politisches Engagement jegliche spirituelle Dimension vermissen lässt.[40] Die Entschlossenheit, aus den Geschehnissen im „Dritten Reich" die Lehren zu ziehen, ist unerschütterbar. Kaum vorstellbar, dass die protestantischen Kirchen jemals wieder – etwa im Sinne der alten preußischen Kirche – zum Instrument der Obrigkeit werden könnten oder zur Stimme einer selbstzufriedenen Elite, die wenig mehr erwartete als klare Ansagen zu Pflicht und Ordnung.

Der Einfluss der Kirchen auf die Öffentlichkeit ist allerdings deutlich im Schwinden begriffen, und das nicht nur in Deutschland. Die Theologen wenden sich – mehr noch als die Philosophen – an ein zunehmend begrenzteres Publikum. Und auch die herausragenden theologischen Denker werden von den Kirchengemeinden (ganz zu schweigen von der Gesamtgesellschaft) nur noch unzureichend verstanden. Für die meisten Menschen, die noch über die *conditio humana* nachdenken, spielt die Theologie schon längst keine Rolle mehr.

Weit mehr Resonanz als in der Theologie hat Deutschlands Konfrontation mit der jüngsten Vergangenheit deshalb in der Kunst und besonders in der Literatur gefunden (was die Romantiker, die vor 200 Jahren das deutsche Erwachen begleiteten, allerdings kaum erstaunt hätte).

Die kraftvolle deutsche Kunst der Nachkriegszeit war häufig schroff und karg, wie die westliche Nachkriegskunst generell, und hatte selten erkennbar deutsche Wurzeln (wobei von zwei herausragenden Richtungen der modernen Kunst in Deutschland – Konzeptkunst und Neoexpressionismus – zumindest die letztere zum Teil ein Nachfahre der expressionistischen Bewegung aus den Anfängen des 20. Jahrhunderts ist). Doch haben sich einige von Deutschlands bekanntesten Künstlern mit den Gespenstern des Nationalsozialismus wie auch mit den Erfahrungen des Krieges auseinandergesetzt. Zu ihnen gehört Martin Kippenberger mit seiner fotografischen Installation *Tankstelle Martin Bormann* (1986), deren Vorbild, wie er behauptete, eine tatsächlich existierende Tankstelle war, die er in Brasilien erworben und nach dem angeblich Flüchtigen benannt hatte. Gerhard Richter, Deutschlands vielleicht bedeutendster – auf jeden Fall aber wandlungsfähigster – Nachkriegskünstler hat Landschaften gemalt, die an die Werke Caspar David Friedrichs erinnern. Auch hat er realistische Porträts der Familien von Nazis geschaffen und an die Zerstörung seiner Heimatstadt Dresden mit einer Monumentalver-

sion jenes Kerzenbildnisses erinnert, das er häufig als Totengedenk-
bild verwendete.

Doch das augenfälligste Beispiel für einen Künstler, den die Geister der Vergangenheit nicht loslassen, ist sicherlich der kurz vor
Kriegsende (im März 1945) geborene Anselm Kiefer. Er hat einen
Darstellungsstil entwickelt, bei dem häufig die Schrift in das Bild integriert wird. Viele seiner Gemälde beziehen sich explizit, manchmal
durch die Verwendung von Wörtern, auf Themen aus der deutschen
Geschichte und Kultur – häufig als direkter oder indirekter Kommentar zur jüngsten deutschen Vergangenheit. Eines der eindringlichsten
Beispiele ist die Werkgruppe *Wege der Weltweisheit: die Hermanns-
schlacht*. Das Bildnis von Hermann dominiert die Mitte, unter ihm
brennt ein Feuer, dessen Flammen sich ausbreiten, und um diese
Mitte herum sind Porträtköpfe von Persönlichkeiten der deutschen
Geschichte angeordnet. Den Hintergrund bildet ein Wald. Die Köpfe
wirken wie monumentale Holzschnitte und verweisen damit auf
Albrecht Dürer.

Kiefer war tief beeinflusst von einem Gedicht, das jenen berühmten Vers enthält, der in das deutsche Bewusstsein der Nachkriegszeit
einging wie kaum ein anderer: „Der Tod ist ein Meister aus Deutschland". Der Dichter Paul Celan war ein Rumäne jüdischer Herkunft,
dessen Eltern von den Nazis in die Todeslager deportiert wurden.
Celan fand keinen seelischen Frieden und ging 1970 in den Tod. Sein
Gedicht *Todesfuge* war einer von ganz wenigen Versuchen, einen
dichterischen Ausdruck für das zu finden, was sich, wie viele meinten, der Sprache entzog. Für viele aber wurden der suggestive Rhythmus der Verse und die anspielungsreiche Bilderwelt samt dem Re-
frain, der das Blut gefrieren lässt, zu einer gelungenen poetischen
Darstellung der Schrecken der Vernichtung.

Schwarze Milch der Frühe wir trinken sie abends
wir trinken sie mittags und morgens wir trinken sie nachts
wir trinken und trinken
wir schaufeln ein Grab in den Lüften da liegt man nicht eng
Ein Mann wohnt im Haus der spielt mit den Schlangen der schreibt

der schreibt wenn es dunkelt nach Deutschland dein goldenes Haar
  Margarete
er schreibt es und tritt vor das Haus und es blitzen die Sterne er pfeift
  seine Rüden herbei
er pfeift seine Juden hervor läßt schaufeln ein Grab in der Erde
er befiehlt uns spielt auf nun zum Tanz

[...]

Schwarze Milch der Frühe wir trinken dich nachts
wir trinken dich mittags der Tod ist ein Meister aus Deutschland
wir trinken dich abends und morgens wir trinken und trinken
der Tod ist ein Meister aus Deutschland sein Auge ist blau
er trifft dich mit bleierner Kugel er trifft dich genau
ein Mann wohnt im Haus dein goldenes Haar Margarete
er hetzt seine Rüden auf uns er schenkt uns ein Grab in der Luft
er spielt mit den Schlangen und träumet der Tod ist ein Meister aus
  Deutschland

dein goldenes Haar Margarete
dein aschenes Haar Sulamith

Wird das Gedicht zu oft zitiert, läuft die Bilderwelt Gefahr, ihre Un-
verbrauchtheit zu verlieren, doch wenn man ihm zum ersten Mal
begegnet, ist die Kraft unverkennbar. Und unverkennbar ist der Meister aus Deutschland ein Mensch, der seiner Frau nach Hause schreibt
(sich nach ihr sehnt?), selbst wenn er seine jüdischen Gefangenen
quält und ermordet. Die Bilder sind, wie gesagt, anspielungsreich:
Sulamith heißt das Mädchen, das im Hohelied Salomonis besungen
wird; ihr dunkles Haar ist jetzt zu Asche verbrannt. Dagegen ist Mar-
garetes goldblondes Haar der Gipfelpunkt arischer Schönheit, doch
erinnert ihr Name auch an das von Faust nach seinem Teufelspakt
verführte Gretchen. (Und lässt ihr Haar auch an das der heineschen
Loreley denken, die den Rheinschiffer in den Tod lockt?) Gemahnen
uns die blitzenden Sterne an Kants Erstaunen über den „bestirnten
Himmel“? Oder an den Davidstern? Und dann ist da noch der galop-
pierende Rhythmus jenes Verses, der immer wieder anspielungsweise

in der deutschen Literatur auftaucht (und als Graffitto an Häuserwänden): *Der Tod ist ein Meister aus Deutschland.*

Mehr als jeder andere bedeutende deutsche Künstler war Anselm Kiefer von diesem Gedicht gefesselt (das übrigens Theodor W. Adornos Diktum, nach Auschwitz ein Gedicht zu schreiben, sei barbarisch, vielleicht nicht widerlegte, aber doch die Ausnahme von der Regel aufzeigt). In einer Reihe von Gemälden erkundete Kiefer die vielschichtigen Resonanzen des goldenen und des aschenen Haars, wobei er immer wieder auf reifes Korn als Bild für das goldene Haar zurückgriff und Stroh – bisweilen versengt – auf Leinwände brachte, die in ihrer Struktur schließlich eher Basreliefs glichen.

Paul Celan schrieb zwar auf Deutsch, war aber kein Deutscher. Zudem gehörte er auch als Jude, als Opfer, nicht der Gesellschaft der Täter an. Dass es für deren Kinder eine Herausforderung darstellte, sich mit dem „Dritten Reich" zu befassen, liegt auf der Hand. Eine Generation von Autoren, die, um noch einmal Kohls unglücklich gewählten Ausdruck zu zitieren, die „Gnade der späten Geburt" genossen – allerdings nicht immer spät genug geboren, um nicht doch noch in der Waffen-SS zu dienen, wie der größte unter ihnen, Günter Grass, in den 1990er-Jahren einräumen musste –, sahen sich dazu getrieben, über das Land zu schreiben, in dem der Tod tatsächlich zum Meister geworden war. Diese Beschäftigung konnte zur Besessenheit werden, weil die Schatten der Vergangenheit überall lauerten.

Heinrich Böll griff wiederholt das Thema der Zerstörung bürgerlichen Lebens in der NS-Zeit auf – vielleicht am bewegendsten in seinem Roman *Gruppenbild mit Dame* von 1972, in dem die einfache, ungebildete Leni Pfeiffer, eine Antiheldin, zwar während der Kriegsjahre erhebliche Schicksalsschläge erleidet, sich ihren Lebensmut aber nicht nehmen lässt und Liebesbeziehungen eingeht, auch wenn sie dadurch Gefahr läuft, Feindseligkeit zu provozieren und für lächerlich gehalten zu werden. Fast dreißig Jahre später wurde Martin Walsers Roman *Ein springender Brunnen* veröffentlicht (1998). Zu dieser Zeit war der Holocaust bereits in den Mittelpunkt des Bewusstseins der Deutschen vom Zweiten Weltkrieg gerückt. Walser zeichnet das gewöhnliche Leben in einer Kleinstadt am Bodensee zur Zeit des Nationalsozialismus und schildert eine von fern an Fontane erinnernde Normalität, deren geschichtlicher Hintergrund aber alles andere als normal war. Die Kritik bemängelte, dass jeglicher Hinweis auf den Holocaust fehlte – und Walser wurde schon kurz darauf in eine Kontroverse darüber verstrickt, ob für die NS-Zeit oder für ein durch sie in unauslöschliche Schuld geratenes Deutschland überhaupt Normalität beansprucht werden durfte. Bernhard Schlinks äußerst erfolgreicher Roman *Der Vorleser* erschien 1995. Sein zentrales Thema ist die Entdeckung der schrecklichen Geschehnisse, die Anerkennung der Schuld und die Schwierigkeit – vielleicht die Unmöglichkeit –, Vergebung anders zu finden als nur durch den Tod. (Schlinks Buch war der erste deutsche Roman, der den obersten Platz auf der Bestsellerliste der *New York Times* erreichte.)

Doch der Roman über die Erfahrungen in und mit der NS-Zeit, der mit Sicherheit überdauern wird, ist Günter Grass' *Die Blechtrommel*, 1959 veröffentlicht (und 20 Jahre später von Volker Schlöndorff zu einem preisgekrönten Film gemacht). Grass erzählt die Geschichte von Oskar Matzerath, dem Jungen, der sich weigert, erwachsen zu werden. Der Roman ist vielerlei: Allegorie, Polemik, Don-Quichotterie und eine Parodie des Bildungsromans*. Grass gelingt die fundamentale Kritik der deutschen Befindlichkeit im „Dritten Reich" (zum Teil gespiegelt in der Figur von Oskars Vater, gesehen durch die völlig ‚unarischen' Augen seines Sohns), aber auch in der von Materialismus, Amerikanisierung und Leugnung der Vergangenheit geprägten Nachkriegszeit. Oskars durchdringender Schrei und seine Blechtrommel begleiten ihn auf einer erratischen Reise, die ihn aus seiner Kindheit in einer zerfallenden Familie im Vorkriegsdanzig über Auftritte mit einer Zwergentruppe zwecks Truppenbelustigung im Krieg zur Flucht – wie viele Deutsche aus den Ostgebieten – in den Westen und dort ausgerechnet nach Düsseldorf führt (die Inkarnation der bundesrepublikanischen Erfolgsgeschichte?), wo er eine Karriere als Drummer in einer Jazzband beginnt. Die Reise endet schließlich in einer „Heil- und Pflegeanstalt", in die er für einen Mord eingewiesen wurde, den er wahrscheinlich gar nicht begangen hat. Diese seltsame Geschichte, eine Art albtraumhafter Travestie des Peter-Pan-Motivs mit Anklängen an Grimmelshausens *Simplicissimus*, wandte sich auf so ungemütliche wie unmissverständliche Weise an eine Gesellschaft, die Gefahr lief, sich in ihrem neuen Wohlstand und mit ihrer Vergangenheit allzu behaglich einzurichten. Viele reagierten empört auf die Veröffentlichung. Nichts in der deutschen Literatur der Nachkriegszeit war so kraftvoll und verstörend wie die Geschichte über den ewigen Jungen mit seinem Schrei und seinem lauten, unaufhörlichen Getrommel.

Und was ist zur Musik im Nachkriegsdeutschland zu sagen? Wie konnte die „deutscheste aller Künste" dem deutschen Geist beim Umgang mit der Vergangenheit helfen? In einer Hinsicht durch Eskapismus. Der deutsche *Schlager* verbreitete eine traditionelle, häufig ländliche Lebenserfahrung, die zeitlos und unberührt von den Geschehnissen der Geschichte schien und weder die Urbanität noch die Traumata des Krieges kannte. Natürlich war es nicht die Intention oder Aufgabe des Schlagers, die Menschen zu beunruhigen oder vor unbequeme Fragen zu stellen, vielmehr sollte er, ganz wie die amerikanische Country- und Westernmusik, eine urbane Gesellschaft an ihre Herkunft aus scheinbar einfacheren Zeiten erinnern, und er betrieb so die Idealisierung dessen, was längst entschwunden war. Die andere Seite der musikalischen Amerikanisierung bildete die Jazz- und Popmusik. Wenn der Schlager von Tradition und Kontinuitäten sang, die dahin waren, so waren Jazz und Pop modern, taugten aber auch nicht als Mittel zur Auseinandersetzung mit der Vergangenheit.

Oder erwartet man von der Musik zu viel, wenn man ihr eine solche Auseinandersetzung zumutet? Hatte Schopenhauer am Ende recht, wenn er in der Musik jene Kunstform sah, die den menschlichen Geist aus der bloßen Faktizität herausnahm? Wohl kaum: Selbst reine Instrumentalmusik kann sich – wie Dmitri Schostakowitschs *Leningrader Sinfonie* – mit Nachdruck in die Tatsachen des Lebens einmischen. Und Worte können mächtiger wirken, wenn sie

gesungen werden, wie deutsche Komponisten von Bach bis Wagner
gezeigt hatten – aber auch Benjamin Brittens ganz aus seinem leidenschaftlichen Pazifismus entstandenes *War Requiem* wäre hier zu nennen. So gab es in der russischen wie auch der englischen Musik ein-
drucksvolle Beispiele für eine Auseinandersetzung mit der Erfahrung
des Krieges. Gab es ein deutsches Äquivalent?

In dieser Hinsicht ist die Geschichte der deutschen Nachkriegs-
musik höchst aussagekräftig. In der klassischen Musik war die Zeit-
stimmung, wie anderswo auch, sehr verschieden von der ein halbes
Jahrhundert zuvor. Der von Arnold Schönberg begonnene Weg in
eine atonalen Tonwelt wurde fortgesetzt, in der Experimente mit musikalischen Strukturen, mit elektronischen und außermusikalischen
Klängen oder auch mit Stille, ohne traditionell musikalische Elemente wie Tonart oder Rhythmus, die Musik eher zu einer intellektuellen
als einer ästhetischen Erfahrung machten. Vor allem deutsche Komponisten wie etwa Karlheinz Stockhausen waren von diesen Möglichkeiten begeistert, und typischerweise wurde die musikalische Entwicklung von philosophischen Reflexionen begleitet: Theodor W.
Adorno, der so viel Einfluss auf Thomas Manns Roman *Doktor Faustus* genommen hatte, trat mit Entschiedenheit für eine Musik ein, die
die kompromittierten Pfade von Tonalität und persönlichem Ausdruck verließ – letztlich alles, was nach dem Romantizismus klang,
mit dem das „Dritte Reich" seine völkische Mission drapiert hatte.
Selbst Hindemith, der quasitonal komponierte und die Reichsmusikkammer und 1938 dann das Land verlassen hatte, wurde von Adorno
und anderen einer zu starken Bindung an die Vergangenheit bezichtigt. Schönberg, der Begründer der Atonalität, der 1933 aus Deutschland emigrierte, war nun von beherrschendem Einfluss auf die neue
Komponistengeneration.

Der Bruch mit dem Vergangenen, die Diskontinuität, wurde zum
übergreifenden Ziel. Zum Teil sollte so dem Bewusstsein von der
Stunde Null Ausdruck gegeben werden, die, wie gezeigt, die grundlegende Ideologie der DDR ebenso beeinflusste wie, auf ganz andere
Weise, die protestantische Nachkriegstheologie. Zum Teil wurde so

aber auch eine Rückbesinnung auf die geistige Unabhängigkeit der Musik betont. Hans Werner Henze, Deutschlands vielleicht bedeutendster Komponist der Nachkriegsepoche, beschrieb diese Musik als ein „politisch-ideologisches Vakuum, ein gesellschaftliches Neutrum, ein Geheimnis, das sich rationaler Erklärung entzieht". Musik sei die einzige Kunst, in der man nicht verurteilen oder verdammen könne. In dieser Weise lebt – in der Nachfolge Schopenhauers – die deutsche Neigung, über Musik zu philosophieren, in einer, wie es scheint, entwurzelten Welt fort.

Doch schon Schopenhauer hatte die besondere Macht der Musik in ihrer ästhetischen, nicht in ihrer intellektuellen Seinsweise gesehen. So kann denn kaum überraschen, dass nicht die Werke von Webern oder Stockhausen, nicht einmal die von Hindemith die Konzertsäle und Opernhäuser in den Wirtschaftswunderjahren der Bundesrepublik füllten (zu schweigen von denen der DDR), sondern das tradierte Repertoire sakraler und säkularer Provenienz von Bach bis Strauss. Auch Schönbergs Musik ist zu hören, wenngleich es die frühen Werke sind, die am meisten Resonanz fanden – die so offensichtlich von Mahler und Wagner beeinflussten *Gurrelieder* oder die ätherische Schönheit der *Verklärten Nacht*. Und von all den Nachkriegskomponisten war es vielleicht Henze, der eine dem deutschen Geist eher zugängliche Tonsprache entwickelte. Seine Vielfältigkeit ist beeindruckend: Henzes Musik kann tonal wie atonal klingen, integriert Jazz und neapolitanische Volksweisen und ist – trotz des oben zitierten Kommentars – häufig engagiert. Seine auf Kleists Drama *Der Prinz von Homburg* beruhende Oper ist eine deutliche Kritik am Militarismus und dem ihm zugrunde liegenden Pflichtethos. Henze verwendet traditionelle Harmonien für die Traumwelt des Prinzen und rau tönende serielle Techniken für die Militärmusik der realen Welt – die Botschaft ist nicht zu überhören.

Wohl nicht zufällig komponierte Henze auch ein bedeutendes Werk, das sich direkt mit dem „Dritten Reich" befasst: die *Sinfonia Nr. 9* für gemischten Chor und Orchester (1995–1997). Deutlich ist die Anspielung auf Beethoven und Schiller – beide engagierte Kriti-

ker in ihrer Zeit. Die Sinfonie, durchweg chorisch gehalten, ist eine
direkte Reaktion auf den brutalen Totalitarismus des NS-Regimes
und beruht auf Teilen des Romans *Das siebte Kreuz* von Anna Seghers
(1942 in den USA veröffentlicht). Der Roman erzählt die Leidens-
geschichte von sieben Menschen, die vor Kriegsausbruch aus einem
deutschen KZ geflohen sind. Nur einer von ihnen überlebt. Henze
widmete die Sinfonie den „Helden und Märtyrern des deutschen An-
tifaschismus". Die Sinfonie ist vielleicht ein würdiges Gegenstück zu
den bewegenden und schmerzlichen Reflexionen von Schostako-
witsch und Britten.

Aus der heutigen Rückschau wird die Geschichte einer Gesellschaft deutlich, die sich immer stärker ihrer Vergangenheit stellte.
Dieser Prozess war schmerzhaft und langwierig. Unzweifelhaft sind
viele ins Grab gesunken, ohne sich ihre Sünden der Untat oder Ta-
tenlosigkeit vor Augen geführt zu haben. Doch trotz aller Unvoll-
kommenheiten war die Sühneleistung für das Geschehene tiefer und
umfassender als in den meisten anderen Ländern, in denen das Böse
in der Erinnerung weiterlebt. Insbesondere ist der Kontrast zwischen
der deutschen Vergangenheitsaufarbeitung und dem Fehlen jeglicher
vergleichbarer Versuche in Japan oder Russland, die gleichfalls geschichtlichen Traumata aufzuarbeiten haben, augenfällig.

Seit der Zeit der deutschen Wiedervereinigung gab es weitere
Etappen der Vergangenheitsbewältigung. Die erste war das zunehmend dringlicher werdende Bedürfnis, über die deutsche Opfererfah-
rung nachzudenken – von Anfang an ein schwieriges Unterfangen.
Wie ist der Bombenkrieg der Alliierten einzuschätzen? Darüber
herrschte auch in Großbritannien keine Einigkeit, die Deutschen
aber konnten dazu mit Sicherheit nicht einfach den Richterstuhl moralischer Empörung erklimmen. Zudem gab es, wie der Schriftsteller
W. G. Sebald anmerkte, kaum literarische oder künstlerische Auseinandersetzungen mit dem Thema. Das Nämliche gilt für die Vertreibungen aus den Ostgebieten und das Verhalten der Roten Armee
im besetzten Deutschland. Obwohl die Tatsachen bekannt waren,
ging die Konzentration auf den Holocaust in Westdeutschland mit

der Weigerung einher, diese Verbrechen zu relativieren, weshalb man sich nur sehr zögernd mit der Frage befasste, in welchem Sinne auch die Deutschen Opfer gewesen waren. In Ostdeutschland wiederum war die Rote Armee offiziell die Befreierin und der Bevölkerung in Freundschaft verbunden, sodass die Auseinandersetzung mit Vergewaltigungen und Mordtaten tabu war. Insofern gab es vor der Wiedervereinigung auf beiden Seiten der Grenze keine wirkliche Auseinandersetzung mit diesem Aspekt der Vergangenheit.

Das änderte sich nach der Wiedervereinigung. Zum einen war es jetzt möglich, über die Ereignisse im Osten wahrheitsgetreu zu sprechen, zum anderen fühlte sich die Nachkriegsgeneration, die kein Bewusstsein persönlicher Schuld besaß, mit der Zeit immer weniger gehemmt, das zu erforschen, was ihr Land erlitten hatte. Ein Beispiel dafür ist Jörg Friedrichs zornige und detaillierte Beurteilung der Bombenangriffe in seinem Buch *Der Brand* (2004), in dem er die Alliierten bezichtigt, eine Kampagne kultureller *Vernichtung** Deutschlands durchgeführt zu haben. Mit eben diesem Wort hatte Hitler den Juden gedroht. Und in noch emotionalerer Weise bezeichnete Friedrich Piloten und Besatzung der Bomber als „Einsatzgruppen".

Insgesamt aber hat es wenig Beschäftigung mit dieser Form der Massenvernichtung gegeben – relativ wenig Bereitwilligkeit, die geistigen und moralischen Dimensionen des Geschehens und seine Auswirkung auf die Seele der davon betroffenen Individuen oder der deutschen Gesellschaft als Ganzer ins Auge zu fassen. Warum das so ist (oder war), erörterte W. G. Sebald in seinem Buch *Luftkrieg und Literatur* von 1999. Die detaillierte und methodische Beschreibung der Auswirkungen des Feuersturms in Hamburg weckt im Leser ein Gefühl der Übelkeit. Doch Sebalds eigentliches Thema ist die kollektive Amnesie, und er fragt sich, ob genau das ein für das Überleben und den späteren Erfolg in der Bundesrepublik notwendiger Unterdrückungsmechanismus war.

Ungeachtet dessen war Jörg Friedrichs Buch ein Bestseller, ebenso wie *Im Krebsgang* von Günter Grass über den durch Torpedobeschuss

verursachten Untergang der „Wilhelm Gustloff". Das mag darauf hin-
deuten, dass die von Sebald monierte Amnesie der Erinnerung
weicht. Vielleicht wird so ein Opfergefühl wiederbelebt, das diesmal
gerechtfertigt ist, weil der Zeitfaktor es leichter macht, dieses Gefühl
zu akzeptieren, ohne die Verbrechen der Nazis in irgendeiner Weise
zu relativieren oder gar zu leugnen. Angenehm überrascht aber müssen wir feststellen, dass die Furien des Ressentiments oder gar des
Rache- und Vergeltungsdrangs bislang recht ruhig geblieben sind –
ein weiteres Zeichen dafür, welche Strecke Deutschland auf seinem
Weg der Vergangenheitsbewältigung zurückgelegt hat.

Die Vergangenheitsbewältigung hat durch die Wiedervereinigung
noch andere Facetten bekommen. Sie hat es ermöglicht, die Wirklichkeit und die Geheimnisse der DDR ans Tageslicht zu bringen. Wohl
jeder wusste, welche Kluft zwischen Ideal – oder Ideologie – und
Wirklichkeit existierte. Doch nun stellte sich heraus, wie paranoid
die DDR-Führung geworden war – wie viele Akten die Stasi durch
Observierung der eigenen Bevölkerung gefüllt hatte. Unbehaglich
musste auch die Einsicht anmuten, wie viele Personen, darunter führende Mitglieder der Protestbewegung und der Übergangsregierung,
inoffizielle Mitarbeiter („IMs") der Stasi gewesen waren.

Literarische und filmische Werke der letzten Jahrzehnte beschäftigen sich mit dem Trauma der Teilung. Seit dem Mauerbau hat die
Künstlichkeit der Teilung nachdenkliche bis düstere Reflexionen über
die Auswirkungen hervorgebracht, die sich ergeben, wenn ein Teil
der Kultur von ihren Wurzeln abgeschnitten wird. Christa Wolfs 1963
erschiener Roman *Der geteilte Himmel* ist ein frühes Beispiel dafür.
Die Heldin weigert sich, ihrem Geliebten nach Westberlin zu folgen,
und wird zu ihrem Glück durch den Mauerbau von ihm getrennt. Sie
entschließt sich für die neue Gesellschaft, um deren Unvollkommen-
heiten sie weiß, die sie aber für die bessere Alternative hält. 1973
erschien – unvollendet und aus dem Nachlass – der Roman *Franziska
Linkerhand* von Brigitte Reimann, die bereits im Alter von 39 Jahren
an Krebs starb. Der Roman ist eine lange und vielschichtige Geschichte – mit Passagen großer lyrischer Schönheit – über eine junge

Frau, deren idealistische Ambitionen als Architektin mit den pragmatischen Zielen der realen DDR in Konflikt geraten und deren Suche nach Liebe unerfüllt bleibt. Diese Geschichte des Scheiterns eines Ideals, gespiegelt durch ein Scheitern in den menschlichen Beziehungen, wurde anfänglich stark zensiert und erst 1998 ungekürzt veröffentlicht. Sie ist ein ebenso trauriges wie feinfühliges Zeichen eines Glaubensverlusts.

Alles in allem bewahrte sich das kulturelle Leben in der DDR eine geistige Unabhängigkeit, die sich deutlich vom Würgegriff des „Dritten Reiches" abhob, doch litt es zunehmend an Sauerstoffmangel. Schließlich waren Wolf Biermanns beißende Satiren für die Obrigkeit zu viel und er wurde während einer Konzerttour durch Westdeutschland ausgebürgert. Die wachsende Kluft zwischen Ideal und Wirklichkeit, zwischen paranoider Kontrollsucht und dem wachsenden Teilungsschmerz, zwischen Drangsalierung der Nonkonformisten und der Sehnsucht nach Reisefreiheit und anderen Freiheiten – all dies brachte wachsende Gefühle der Vergeudung, Zorn und Schuld hervor, die nach einer Art Exorzismus verlangten.

Nach der Wiedervereinigung wurden Filme gedreht wie etwa *Goodbye, Lenin* – eine Satire – oder der sehr viel ernstere und düstere Film *Das Leben der Anderen*. Auch gab es Romane wie Uwe Tellkamps *Der Turm*, der die weitläufige Geschichte einer Intellektuellenfamilie und ihrer Freunde in Dresden vor der Wiedervereinigung erzählt. Er endet mit den Demonstrationen im Herbst 1989 und dem Gefühl einer ungewissen Zukunft. Ferner wurden wahre Geschichten publiziert, wie etwa Anna Funders zuerst auf Englisch erschienener Interviewband *Stasiland*, der einen Blick auf all jene wirft, die mit dem und für das Regime gearbeitet haben. Die Publizistin Anna Funder betrachtet die Ideale, die Kompromisse und die vom Eigeninteresse angestellten Berechnungen, die mit ihren unterschiedlichen Motiven das Leben dieser Menschen bestimmten. Und es gab die Konfrontation mit der persönlichen Vergangenheit – höchst bemerkenswert in Christa Wolfs *Stadt der Engel*. Dort beschreibt sie ihr Entsetzen und ihre Scham bei der Lektüre ihrer Stasiakte. Schmerz-

haft wurde sie an ihre Existenz als Informantin erinnert, die sie vergessen oder verdrängt hatte, als sie nach Biermanns Ausweisung zu
Ostdeutschlands vielleicht bekanntester Dissidentin wurde.

Doch liegt all diesen Bemühungen um Vergangenheitsbewältigung – der unvergleichlich harten Aufgabe, sich mit der NS-Vergangenheit auseinanderzusetzen, wie auch der weniger komplexen Notwendigkeit, die DDR-Vergangenheit aufzuarbeiten – ein wachsendes
Bedürfnis nach Normalität zugrunde: einer Normalität, die denen,
die als Erwachsene das „Dritte Reich" durchlebt hatten, ebenso wenig
vergönnt worden war wie ihren Kindern, den 68ern, die mit dem
Finger auf die Eltern zeigten. Das Bedürfnis nach einer Normalität,
die den Ostdeutschen auch nach der Wiedervereinigung nicht geschenkt wurde, einer Normalität, die die nächste Generation in Au-
genschein nahm, nicht als Rechtsanspruch, sondern einfach als –
Normalität.

Doch wird man Deutschland nicht erlauben, normal zu sein,
wenn das heißt, keine gewichtige Erwartung auf den Schultern zu
spüren – etwa so, wie Österreich ein normales Land geworden ist.
Deutschland fürchtet sich auch weiterhin vor seinem allmählich zu-
rückkehrenden Selbstbewusstsein. Auch weiterhin leidet es unter
einer Angst, die sich um Probleme der kürzer- und längerfristigen
Zukunft des neuen Deutschland im neuen Europa dreht.

Da ist zum einen Deutschlands führende Rolle in der Eurozone.
Auf diese Rolle ist das Land existenziell festgelegt, während sie zugleich den ewigen deutschen Albtraum der Geldentwertung herauf-
beschwört. Seit 1949 war die D-Mark für die Deutschen (im Westen
wie im Osten) fünf Jahrzehnte lang ein Symbol für Wertorientierung
und Stabilität, weil die einschneidende Erfahrung der Hyperinflation
der 1920er-Jahre wie auch des Währungszusammenbruchs nach
dem Zweiten Weltkrieg aus dem Bewusstsein der Bevölkerung nie
ganz verschwunden sind (was die Bundesbank zum Anlass genommen hat, ihre harte Haltung hinsichtlich der Geldpolitik während
der gesamten Existenz der D-Mark und dann im Vorsitz der Europäischen Zentralbank zu untermauern). In vielerlei Hinsicht hängt

die deutsche Einstellung zu Problemen der Eurozone damit zusammen und lässt sich dadurch erklären. Für die Deutschen sind das nicht bloße technische Finanz- oder Haushaltsprobleme, und sie reagieren auch nicht einfach auf die Arbeitsethik von Mittelmeerländern, vielmehr sind sie fortwährend tief beunruhigt durch Erinnerungen an zurückliegende Katastrophen (so wie die Wirtschaftskrise der 1930er-Jahre immer unter der Oberfläche des Bewusstseins der Amerikaner lauert).

Zum Zweiten scheint Deutschland sich entschlossener als jedes andere große europäische Land für eine ökologische Wirtschaft einzusetzen. Seine Reaktion auf die Atomkatastrophe von Fukushima 2011 war entschiedener und impulsiver (wie auch umstrittener) als anderswo – und unterschied sich gravierend vom Umgang mit dem Ereignis in Frankreich oder Großbritannien. Die alles beherrschende Furcht vor einer Atomkatastrophe und die fehlende Risikobereitschaft im Umgang mit der Atomkraft sind zumindest teilweise auf tief sitzende Erinnerungen an furchtbare Ereignisse zurückzuführen. Für die Deutschen bedeutet all dies, wie sonst nur für wenige Völker in Europa, eine unangenehme Erinnerung an die allgegenwärtige Gefahr von „ragnarök".

Zum Dritten machen sich die Deutschen – wie andere europäische Gesellschaften auch – Sorgen über die längerfristigen Folgen der demografischen Entwicklungen und offener Grenzen. Sie schauen auf ihre im Vergleich zum wachsenden Anteil von Immigranten an der Bevölkerung zu niedrige Geburtenrate und stellen jene Frage, die in früheren Jahrhunderten gestellt wurde, nunmehr als deren Verkehrung. Jene Frage lautete damals: Kann die deutsche Identität in Abwesenheit eines politischen Gemeinwesens in Sprache und Kultur gefunden werden? Und sie lautet heute: Kann sich die deutsche Identität einfach auf ein politisches Gemeinwesen mit bestimmten Grenzen stützen, während kulturelle und sprachliche Identität existenziell bedroht scheinen? Hat die kulturelle Identität einem *Verfassungspatriotismus** Platz gemacht? Oder anders gefragt: Ist Fichte durch Habermas ersetzt worden?[41] Oder hat, wie Arnulf Baring mit einem

Hauch von Bitterkeit bemerkte, Hitler zwar nicht den physischen, aber den geistigen Tod Deutschlands bewirkt?[42]

Natürlich sind solche Befürchtungen nicht auf Deutschland beschränkt, ebenso wenig wie die Besorgnis über die Auswirkung der Säkularisierung auf die Werte der Gesellschaft – vor allem der Jugend. Doch ist die Frage der Ursprünge für eine Gesellschaft, die sich aus dem Trauma der Stunde Null und der Teilung entwickelt hat, schwieriger zu beantworten. Alte Mechanismen sozialer Integration wurden durch die Erfahrung von Organisationen wie der Hitlerjugend (und unerfreulich ähnliche Organisationen in der DDR) nachhaltig beschädigt. Im Westdeutschland der 1960er-Jahre wurde die moralische Autorität der Elterngeneration viel grundsätzlicher infrage gestellt als in anderen westlichen Ländern zur damaligen Zeit. Auch haben sich die traditionellen Ausdrucksformen der Kultur abgeschwächt – zum Teil, weil das 20. Jahrhundert generell ein Zeitalter der Volksmassen ist, in dem moralische Autorität nicht mehr viel gilt, zum Teil, weil das Ansehen der kulturellen Autoritäten in Deutschland aufgrund ihrer kompromittierten Vergangenheit gelitten hat.

Unterdessen haben die lutherischen Kirchen als institutionalisierte Hüter einer religiösen Auffassung von Werten und Ethik auf ihre eigene Vergangenheit mit der Entscheidung für das politische Engagement reagiert. Sie haben aber auch an einer außerordentlich schwerfälligen Ausrichtung und Durchführung des Gottesdienstes festgehalten, die den Stimmungen und Interessen einer modernen, urbanisierten Generation kaum entgegenkommt. Der Pietismus als Manifestation des Seelenlebens ist so gut wie verschwunden. Dafür sind, wie in anderen europäischen Ländern auch, alle Arten von Alternativen in einer Art von Religionssupermarkt verfügbar. Doch bleiben für viele Menschen vermutlich die alten musikalischen Hauptwerke die wirksamste Seelenmedizin für die traditionellen Momente im religiösen Leben – Bachs *Weihnachtsoratorium* und *Matthäuspassion* oder Brahms' *Deutsches Requiem*, um nur einige Beispiele zu nennen. Für viele Deutsche bleibt die Musik das, was Schopenhauer über sie sagte. Das mag für das Innenleben in einem säkularisierten und entmythisierten Zeitalter genug sein oder auch nicht, doch ist es auf jeden Fall nicht genug, um einem umfassenderen Gefühl der Zugehörigkeit Kraft zu verleihen.

Alles in allem bleibt die *angst** des modernen Deutschland ein für das Land typisches Kennzeichen. Teilweise ist es eine Angst, die von vielen anderen Europäern geteilt wird, teils ist es aber auch eine besondere deutsche Angst: Ist nun, da es kein Opfergefühl als Katalysator für Angriffslust mehr gibt, auch ein Bewusstsein für historische Bestimmung geschwunden? Und droht damit Identitätsverlust? Auch so bleibt die Angst – als Horror vacui – erhalten. Aber es ist auch die Angst von Menschen, die einer geradezu altehrwürdigen deutschen Tradition folgen: dem angestrengten grüblerischen Nachdenken über die Bedeutung der Dinge. Diese Qual des Denkens verschiebt ihren Fokus allmählich von der Vergangenheit – von der Vergangenheitsbewältigung* – auf die Zukunft und mithin auf eine Reihe von Problemen, die ihre Häupter in einem säkularisierten, urbanisierten Europa erheben. (Auch Asiaten, die in einem ganz anderen geografischen Raum und kulturellen Umfeld leben, können davon betroffen sein, weil Säkularisierung und Urbanisierung sich global ausbreiten.) In diesem entscheidenden Sinn ist das vereinigte Deutschland des 21. Jahrhunderts schließlich auch auf dem Weg zur Normalität.

So bietet Deutschland eine Reihe von Lektionen für andere Staaten. Manche dieser Lektionen sind sehr spezifisch: Neben dem Deutschland des 20. Jahrhunderts gibt es noch weitere Länder, deren Beziehung zu den Nachbarn von einem Gefühl geprägt ist, in der Vergangenheit Opfer gewesen zu sein. Ein solches Land, sehr groß und global zunehmend einflussreich, ist China, das deutliche Parallelen zum Deutschen Kaiserreich mit seinem raschen Wandel und seiner Entwicklung zur Weltmacht aufweist. China ist sich der Tatsache bewusst, vom Westen unterdrückt worden und dann der brutalen Besatzung durch Japan ausgesetzt gewesen zu sein. Es durchlitt eineinhalb schreckliche Jahrhunderte, bis endlich Mao Zedong 1949 auf den Stufen zur Verbotenen Stadt verkünden konnte, dass das chinesische Volk sich erhoben habe. Und wie das deutsche Kaiserreich im

19. Jahrhundert nimmt nun China seinen Platz in der Welt ein. Und wie Deutschland damals entdeckt es mit neu erwachtem Stolz seine alte Kultur, nachdem sie in der Kulturrevolution lächerlich gemacht worden war. Natürlich lassen sich die Parallelen nicht unbegrenzt fortsetzen, doch sind die Herausforderungen deutlich erkennbar, die eine neue internationale Macht mit diesem historischen Hintergrund für sich und andere darstellen kann.

Ein anderes Beispiel bietet ein zwar kleines, aber entschlossenes und technologisch weit entwickeltes Land – Israel. Es hat ein so ausgeprägtes wie verständliches Opfergefühl entwickelt, was nicht verwunderlich ist angesichts dessen, was den Juden in Europa angetan wurde, und in Anbetracht der Tatsache, dass einige arabische Länder es gern von der Landkarte entfernt sähen. Israel sieht sich mit dem klassischen Risiko konfrontiert, dass eine aggressive Verteidigungshaltung (im Zusammenhang mit einer expansiven Siedlungspolitik) jene Feindseligkeit vermehrt, auf die es reagiert. Findet sich hier ein schwacher Widerhall ostpreußischer Mentalität – oder gar der Haltung, die das Kaiserreich gegenüber Frankreich an den Tag legte? Auch hier gilt: Es wäre provokativer Unsinn, die Parallelen zu weit auszuziehen. Doch eins ist sicher: Israel muss den Frieden mit den Nachbarn erst noch finden.

Andere Lektionen sind eher allgemeiner Art: Deutschland quält sich nicht nur mit dem Erbe des „Dritten Reichs", sondern beschäftigt sich auch mit dem universellen Einfluss von Urbanisierung und Säkularisierung und mit den universellen menschlichen Fragen nach Werten, nach Identität. Das Land, das sich zur zögernden Führungskraft des neuen Europa entwickelt, sieht sich mit Fragen konfrontiert, die Europa insgesamt betreffen, während der Kontinent seinen neuen, seinen an Bedeutung verlierenden Platz in der modernen Welt sucht. Tatsächlich ist in diesem Jahrhundert der Globalisierung die ganze Welt mit solchen Fragen konfrontiert. Es sind diejenigen Fragen, die sich für die Zukunft des neuen Deutschlands stellen und die zugleich für uns alle von Bedeutung sind. Ihnen wenden wir uns im nächsten Kapitel zu.

10. *Reluctant Meister:*
Die zögernde Führungsmacht

Nach drei Jahrhunderten, in denen die deutschen Lande das Spielfeld europäischer Machtpolitik waren, und einem weiteren Jahrhundert, in dem ein vereinigtes, sich wehrendes und zunehmend aggressives Deutschland sich auf der europäischen Bühne behaupten wollte – mit katastrophalen Folgen –, waren die Jahre von 1945 bis 1989 aus heutiger Sicht ein kurzes Zwischenspiel. Ein geteiltes Deutschland war aus eigenem Willen heraus politisch schwach und achtete auf die Wünsche seiner Nachbarn in Ost und West – mochten diese lautstark oder mit gedämpfter Stimme vorgetragen werden. Die Deutschen speisten ihre Energien in technische Exzellenz ein, und Westdeutschland war (zusammen mit Japan) der Wirtschaftsheld der westlichen Welt. Ostdeutschland war das Vorbild der kommunistischen Welt und ansonsten das Schoßhündchen der Sowjetunion.

Jetzt aber, in einem neuen Jahrtausend und eine Generation nach dem Mauerfall, wird die wiedervereinigte Bundesrepublik zur zögernden Führungsmacht in einem neuen Europa, zu einer Zeit allerdings, da Identität und Zukunft dieses Europas zu einer existenziellen Frage geworden sind. Die Frage nach der europäischen Identität stellt sich allen Europäern – auch den Briten, die nun dabei sind, die EU zu verlassen –, doch am dringlichsten der so unvermeidlichen wie zögernden Führungsmacht.

Seit Längerem schon ist Europa politisch wie ökonomisch auf dem Rückzug begriffen. Es ist nicht mehr jener energiegeladene, ehrgeizige und angriffslustige Kontinent der frühen Neuzeit, als die Portugiesen, die Spanier, die Holländer, die Franzosen und die Briten die Ozeane überquerten, um zu plündern, Handel zu treiben und Kolonien zu gründen. Es ist nicht mehr der Kontinent, dessen technisches Wissen und Können der chinesische Kaiser Qianlong abwies, als Lord

Macartney 1793 den Versuch unternahm, Handelsbeziehungen mit China anzuknüpfen. Es ist nicht mehr der Kontinent, auf dem ein aggressives Deutschland mit unglaublicher Brutalität versuchte, weite slawische Gebiete unter seine Kontrolle zu bringen und zu ‚germanisieren'. Und durch Europa verläuft nicht mehr die Frontlinie eines Kalten Krieges zwischen zwei Supermächten mit gegenseitiger und weltweit wirksamer vielfacher Vernichtungskapazität. Europa hat sich von seiner selbst definierten Rolle als Weltzentrum auf das zurückgezogen, was es vor dem 15. Jahrhundert gewesen war – ein Randgebiet der eurasischen Landmasse. Es bleibt fruchtbar, bevölkerungsreich und wohlhabend, doch es ist, was seine Identität und Zukunft angeht, grundlegend verunsichert.

Von all den oben genannten ehemaligen europäischen Großmächten verfügen nur Frankreich und Großbritannien über atomar bestückte Langstreckenraketen, und als permanente Mitglieder im Sicherheitsrat mit Vetomacht genießen sie noch die Erinnerungen an ihre einstigen Rollen als Weltmächte. Doch verfügen weder Frankreich noch Großbritannien über die Stärke für einen substanziellen militärischen Alleingang. Zudem haben unerfreuliche Erfahrungen in den Anfangsjahren des 21. Jahrhunderts wohl in beiden Fällen die Lust auf größere militärische Abenteuer wie auch die Fähigkeit dazu vermindert. Doch tatsächlich war Europa zu keinem Zeitpunkt seit dem Ende des Zweiten Weltkriegs in der Lage, eine eigenständige Militärmacht zu entwickeln. Ein Blick in die Zukunft zeigt, dass es dies auch gar nicht vorhat.

Auch in wirtschaftlicher Hinsicht ist Europa auf dem Rückzug begriffen. Nachdem es in der ersten industriellen Revolution im 19. Jahrhundert noch die führende Rolle innehatte, wanderte das Gravitationszentrum zu Beginn des 20. Jahrhunderts und vor allem nach dem Ersten Weltkrieg über den Atlantik in die USA, die nach den massiven Zerstörungen im Zweiten Weltkrieg zur vorherrschenden Wirtschaftsmacht aufstiegen und sich als solche fest etablieren konnten. Das bedeutete zumindest, dass (West-)Europa sich als Partner in einer transatlantischen Beziehung mit gemeinsamen Interessen, einem gemeinsamen Engagement für Demokratie und einem – in gewissem Maß – gemeinsamen ökonomischen Ansatz sehen konnte. Und die Wirtschaft wuchs in dem Maße, in dem die Länder Europas sich von den Zerstörungen des Kriegs erholten und ihren Bürgern einen bisher in dieser Größe und Breite nicht gekannten Wohlstand verschafften.

Dies aber war, wie sich herausstellte, nur ein Zwischenspiel. Seit dem Epochenbruch von 1989 hat der Aufstieg Asiens das globale ökonomische Gravitationszentrum erneut verschoben, diesmal in Richtung Osten. China hat sich wieder zur Großmacht entwickelt, und die Modernisierung und Urbanisierung vieler Länder in Asien – und zunehmend auch auf anderen Kontinenten, die zuvor von europäischen Kolonialmächten beherrscht wurden – stehen in scharfem Kontrast zu manchem Schlendrian in den alten Ökonomien Westeuropas. Selbst wenn die Europäer auf Erfolgskurs geblieben wären, hätte sich ihr Anteil am weltweiten Einkommen vermindert und sie hätten mit neuen Akteuren auf der Weltbühne verhandeln müssen. De facto jedoch ist die europäische Wirtschaftsleistung geringer geworden – was zum Teil an größeren Stressphänomenen in der Eurozone liegt, zum Teil aber auch daran, dass die globale Finanz- und Wirtschaftskrise, die 2008 ausbrach, die europäischen Länder in einer schwächeren Position traf als viele der aufstrebenden Länder, mit denen sie nun in einem härter gewordenen Wettbewerb stehen. Mithin hat die jüngste Krise die historische Verschiebung des ökonomischen Gravitationszentrums nach Fernost beschleunigt, und Europa muss nun darum kämpfen, in einem globalen Markt zu bestehen. Dieser Markt nämlich vernetzt sich immer weiter, und die asiatische Konkurrenz mit ihren ausgereiften Produkten weiß, was die Stunde geschlagen hat. China und die USA mögen einander abgeneigt sein, doch erkennen beide, dass Europa viel von seiner Bedeutung verloren hat.

Der Verlust an Marktanteilen war natürlich unvermeidlich. Er traf alle Frühentwickler, auch die USA und Japan. Es ist das Ergebnis der Umkehrung einer lange Zeit gültig gewesenen Norm: Vor dem

19. Jahrhundert entsprach der Anteil eines Landes an der globalen Produktion ungefähr seinem Anteil an der Weltbevölkerung. Damals hatte (wie heute) China die zahlenmäßig größte Bevölkerung weltweit, weshalb es um 1820 auch die größte Wirtschaft besaß. Das änderte sich mit dem Fortschreiten der industriellen Revolution, die es – zum ersten Mal in der Geschichte – einigen europäischen Ländern ermöglichte, wirtschaftlich mehr zu produzieren, als für die Versorgung der Bevölkerung notwendig war, und so wuchs deren Wirtschaftsleistung stärker als die Bevölkerung. Auf diese Weise konnten zuerst die Europäer, dann die Amerikaner und später die Japaner ihre Anteile am Weltmarkt enorm steigern. Auf dem Höhepunkt dieser Entwicklung repräsentierten die entwickelten Industriestaaten weniger als ein Fünftel der Weltbevölkerung, doch an die drei Viertel der weltweiten Produktion. Doch nun schließt sich die Lücke wieder, weil außer China noch viele weitere Länder in Asien und anderswo genau jenen Lebensstandard erreichen wollen, den die Europäer seit Längerem für selbstverständlich halten. Wenn der gegenwärtige Trend anhält, kann China 2020 vielleicht wieder die weltweit größte Wirtschaft besitzen. Diese Konvergenz ist, mit allem, was daraus folgt, die wichtigste Tatsache für die erste Hälfte des 21. Jahrhunderts.

Europas Reaktion auf diese neuen Wirklichkeiten – seine verminderte Bedeutung für die Weltwirtschaft, die jetzige Konkurrenzsituation und die daraus für Europas eigene Weiterentwicklung erwachsenden Herausforderungen – war nicht eben überwältigend. Zum einen wurde die Gemeinschaft durch die Komplikationen einer EU behindert, die nach dem Austritt Großbritanniens 27 Mitglieder hat und innerhalb der nächsten 20 Jahre vielleicht weit über 30 haben wird. Dabei ist ihre politische Konstruktion bestenfalls auf eine halb so große Gemeinschaft ausgerichtet, in der Wohlstand und Entwicklungsmöglichkeiten gleichmäßiger verteilt sind. Ihre schwerfälligen und dysfunktionalen Strukturen sind dringend reformbedürftig, doch dauert es quälend lange, bis ein den Wandel befürwortender Konsens erreicht ist. De facto wird ein radikaler Wandel, der den globalen Herausforderungen effizient und flexibel begegnet, wohl

nur infolge einer größeren Krise möglich sein. Zum anderen hat sich
bei der europäischen Bevölkerung unartikulierte Unzufriedenheit
ausgebreitet: Allzu häufig wollen die Menschen einer vorhersehbaren
Zukunft versichert sein, die es faktisch nicht gibt. Zugleich fühlen sie
sich von den Zentren der Macht weit entfernt. Zum Dritten hat sich
diese Stimmung verstärkt, weil es der Union an einer nicht nur erkennbaren, sondern auch starken Führung mangelt, die durch ein
demokratisches Mandat ausgewiesen wäre und so die Möglichkeit
hätte, nicht nur bittere Wahrheiten über Europas Platz in der sich
wandelnden Welt zu Gehör zu bringen, sondern auch Zukunftsvisio-
nen zu entwickeln. Das Ergebnis war eine dramatische Zunahme der
Stimmenanteile antieuropäischer Parteien bei Wahlen zum Europa-
parlament – am augenfälligsten in Frankreich und Großbritannien,
aber auch im Osten Europas.

Europa – und das ist der Grund für seinen schlechten Zustand –
leidet an einer fundamentalen Ungewissheit über das, was seine Identität betrifft. Diese Identitätskrise wurde durch den Aufstieg Asiens
noch verschärft, den Europa mit so viel Bewunderung wie auch mit
Nervosität verfolgte. Die Europäer sind von der Furcht geplagt, dass
die Asiaten sie herausfordern und schließlich überholen könnten.
Asien ist nicht mehr das Reservoir, das unbegrenzt so fleißige wie
billige Arbeitskräfte zur Verfügung stellt. Könnte die technische Entwicklung in Asien die Europäer gerade in jenen Bereichen besiegen,
auf die sie bislang so stolz waren? Die Befürchtung gibt es.

All diese Risiken nähren ein Gefühl der Unterlegenheit und der
Ungewissheit darüber, wer oder was wir Europäer wirklich sind. Viele
sind begeistert von, beispielsweise, Intellektuellen aus Singapur oder
China, die mit dem Argument auftrumpfen, dass ihre Gesellschaften
sozial integrierter, weniger individualistisch, langfristiger orientiert
und, ja, patriotischer sind als die eigensüchtigen, kurzfristig denken-
den und handelnden demokratischen Gesellschaften des Westens.
Fast jedes europäische Unternehmen, das strategisch international
ausgerichtet ist, intoniert das Mantra *go east* – auf nach Osten! Viele
leitende Manager stimmen – insgeheim oder ganz offen – mit der

asiatischen Kritik an den westlichen Gesellschaften überein. Und im Weiteren akzeptieren viele Europäer diese Kritik, selbst wenn sie vielleicht nicht so gerne mit den Amerikanern in einen Topf („westliche Demokratien") geworfen werden. Kurz gesagt, es gibt viel Anerkennung für das, was man den asiatischen Sonderweg nennen könnte, in Analogie zum deutschen Kaiserreich, das damals im 19. Jahrhundert ebenfalls ein Neuankömmling auf der Weltbühne war und Anspruch darauf erhob, einen eigenen Weg zu beschreiten.

Allerdings verzichtet dieser asiatische Sonderweg durchaus nicht auf die materialistischen Insignien des Westens – dazu muss man nur die Bedürfnisse der wachsenden Mittelschichten in den dortigen Regionen ins Auge fassen. Von McDonalds und Johnny Walker über Mercedes und Jaguar bis zu Popmusik und Markenmode scheint ihr Appetit auf die Kultobjekte des westlichen Lebens keine Grenzen zu kennen. Und statt der kulturellen Authentizität und Kreativität, die von Gesellschaften mit so alten und reichen Traditionen ausgehen könnten, hat es vielmehr die Verbreitung von Kitsch und Glitzerkram gegeben. Was insbesondere den alten Städten Asiens im Namen moderner Entwicklung angetan wurde, ist in vielen Fällen tragisch. Zukünftige Generationen werden sicher die Zerstörungen verfluchen – wie etwa den Verlust der alten Viertel von Peking und vergleichbare Verluste in vielen weiteren Großstädten Asiens. Mit einiger Berechtigung könnten wir also fragen, wie real der asiatische Sonderweg ist, wie dauerhaft, wie tief verwurzelt in der kulturellen Identität ihrer Gesellschaften er sein mag. In der Tat wird sich die politische Führung in immer mehr asiatischen Gesellschaften des geistigen Vakuums bewusst, das der Modernisierungswahn mit sich bringt.

Doch während einige der wichtigsten neuen Herausforderer Anspruch auf ihren eigenen Sonderweg erheben, ringen die Europäer mit sich selbst. Seit zwei Jahrzehnten existiert das neue Europa, doch worin liegt seine Identität im 21. Jahrhundert? Wenn sich diese Frage nicht beantworten lässt, ist zweifelhaft, wie Europa der asiatischen Herausforderung begegnen kann. Was hat es dieser neuen, globalisierten Welt zu bieten? Bedeutet „Europa" die Existenz von 27 unter-

schiedlichen Kulturen und somit von 27 unterschiedlichen Identitäten, von denen jede einzelne ihren Weg im globalen Konkurrenz-
kampf sucht? Oder gibt es auf irgendeiner Ebene grundlegende Gemeinsamkeiten für alle 27 Mitglieder, die ihnen eine gemeinsame
Vision ihres Platzes auf der Welt vermitteln? Gibt es, anders gesagt,
eine europäische Identität? Einen ‚europäischen Sonderweg‘?

Es mag verlockend sein, die Frage zu vermeiden, weil der Begriff
‚Sonderweg‘ geschichtliche Resonanzen besitzt. Doch sie lässt sich
nicht umgehen und die Antwort scheint auf der Hand zu liegen:
Nein, es gibt viel zu viele Unterschiede – vor allem der Sprache, aber
auch, und zum Teil als Ergebnis, ganzer Lebensweisen. Eine südita-
lienische Stadt ist nun einmal nicht mit einer norddeutschen zu vergleichen. Sprache, Erscheinungsform, Atmosphäre, Lebensweise sind
hier wie dort völlig anders. Diese Verschiedenheit ist umso augenfälliger im Vergleich mit der faden Ähnlichkeit der US-amerikanischen
Städte zwischen West- und Ostküste: die Steingewordenheit des amerikanischen Schmelztiegels.

Andererseits ließe sich sehr wohl behaupten, dass es eine europäische Identität gibt und dass die Verschiedenheit ein konstituierendes
Element dieser Identität ist – dass es genau dieses reiche, farbenfrohe
Kaleidoskop ist, von der irischen Westküste bis zu den griechischen
Inseln und von Malta bis Nordskandinavien und allem, was dazwi-
schenliegt –, dass es genau diese Vielfalt ist, die Europa ausmacht,
eine Vielfalt, die nicht nur geografischer, sondern auch sozialer und
kultureller Provenienz ist. Und ist dem so? Kann diese Vielfalt wirklich die Grundlage für eine Identität sein?

Vielleicht, wenn die Vielfalt das betrifft, was man soziale „Fär-
bung“ nennen könnte. Doch wenn dem so ist, haben wir gesehen,
wie diese Identität in den letzten Jahren mit dem Anwachsen interner
Migration von den östlichen in die westlichen Länder der Union unter Druck geriet. Identität auf der Grundlage von Vielfalt scheint zumindest ein gewisses Maß an gleich verteiltem Wohlstand zu erfor-
dern, während die Vergrößerung der EU in den letzten 20 Jahren zu
großer Ungleichheit geführt hat. Doch gibt es noch ein viel heikleres

Problem: Wenn nun die Vielfalt, auf die es ankommt, sehr viel tiefer liegender Art ist? Wenn es eine nicht nur lokalfarbige, sondern eine auf radikal unterschiedlichen Weltsichten beruhende Vielfalt ist – eine Vielfalt unterschiedlicher Metanarrative über Individuen, über das Wesen der Gesellschaft, über das Wesen und die Rolle des Staats? Wäre das nicht der Ausbildung einer gemeinsamen Identität im Weg? Würde das nicht jeden Anspruch auf einen europäischen Sonderweg untergraben?

Und ist es nicht genau das, was Europa charakterisiert? Gerade zwischen den drei größten Mitgliedsstaaten der Union existieren offensichtliche Unterschiede der Weltsicht, deren Ursprünge in ihre Geschichte eingebettet sind und die ihr Verhalten bis heute nachdrücklich beeinflussen. Die Briten sind geprägt durch einen von Locke und Hume ererbten Individualismus und skeptischen Empirismus, während die Franzosen Rationalismus mit einer Neigung zu elitärer Sozialtechnik verbinden, deren Tradition von Descartes über die *philosophes* der Aufklärung bis zur Französischen Revolution und Napoleon reicht. Und Deutschland? War Deutschland nicht immer die Heimat von Metaphysik und Romantik – das Land der „Dichter und Denker"? Das Land, in dem sogar die Musik, diese „deutscheste aller Künste", ihren eigenen Philosophen in Schopenhauer besaß, um ihre geistige Bedeutung in der Auseinandersetzung mit dem blinden Willen des Kosmos zu erklären?

Eines ist gewiss: Die Vorstellung einer gemeinsamen Identität und eines europäischen Sonderwegs führt in allen drei Ländern zu Unruhe. Die Briten mögen keine großen Systementwürfe und wahren seit Langem Distanz zu kontinentalen Verwicklungen. Die Franzosen mögen keine integrationistischen Absichten, wenn ihre eigene Weltsicht ebenso darunter leidet wie ihr Anspruch auf die Führungsrolle. In Paris auf dem Rondpoint Champs Élysées steht eine Statue von Charles de Gaulle mit einem Zitat des Generals, das die französische Sichtweise perfekt wiedergibt: „Il y a un pacte, vingt fois séculaire, entre la grandeur de la France et la liberté du monde" („Es existiert ein 20 Jahrhunderte alter Pakt zwischen der Größe Frank-

reichs und der Freiheit der Welt"). Was Deutschland betrifft, dessen
Größe und zentrale Lage immer für es selbst und die anderen ein
Risiko gewesen ist und das sich nun als Mittelpunkt eines neuen
Europa wiederfindet, so schreckt es schon vor der Idee einer Führerschaft zurück. Der deutschen Seele ist ein Abscheu vor allem einge-
brannt, was auch nur entfernt nach einer Wiederkehr des *Führer-
prinzips* aussehen könnte.

Soll das also bedeuten, dass es auf diesem grundlegenden Niveau
keine gemeinsame Identität gibt? Gibt es im Fall der drei größten
europäischen Länder (ganz abgesehen von den anderen) derart fundamentale Unterschiede der Weltsicht und damit der Identität, dass
die Bildung einer zusammenhängenden und bedeutungsvollen europäischen Identität keine Aussicht auf Erfolg hat? Davon gehen wir
nicht aus. Diese Differenzen sind nicht alles, was sich zum Problem
einer europäischen Identität behaupten lässt: „Europa" ist mehr als
nur eine geografische Bezeichnung, und die Europäer haben Gemeinsamkeiten, die stärker sind als jene zweifellos wichtigen Differenzen.
Selbst die Briten wissen, wie sehr sie sich von den US-Amerikanern
unterscheiden, und die Europäer sind sich – seit den ersten Jahren
der begeisterten kulturellen Amerikanisierung nach dem Krieg – in
zunehmendem Maß der transatlantischen Differenzen bewusst geworden. Zudem wird sich wohl niemand einer Täuschung über die
kulturellen Unterschiede zwischen Europa und Asien hingeben.

Die Europäer sind ohne Zweifel geografisch und historisch aneinander gebunden. Die Geografie hat zur Entwicklung gemeinsamer
Interessen und im Zusammenhang mit den geschichtlichen Fakten
zur Lancierung gemeinsamer Projekte geführt, die große Möglichkeiten eröffnen – aber auch große Risiken in sich bergen.

Die gemeinsamen Interessen sind deutlich und reichen weit über
das hinaus, was Europa an Einheit und Frieden erreicht hat (und was
die modernen Europäer vielleicht allzu sehr für selbstverständlich
halten). Europas Beziehungen zum großen Nachbarn im Osten waren
schon immer schwierig gewesen; der Kalte Krieg ist zwar beendet,
doch die russische Entschlossenheit, eine Einflusssphäre festzulegen,

in die weder EU noch NATO vordringen sollen, ist in den letzten Jahren immer deutlicher zutage getreten – am deutlichsten im Fall der Ukraine. Die Beziehung wird auch durch energiepolitische Probleme belastet: Europa benötigt Energie und ist strategisch abhängig von Lieferungen aus Russland, während Russland selbst wiederum riesige neue Märkte in China erschließt und deshalb in Zukunft möglicherweise von Einkünften aus Europa weniger abhängig sein wird.

Überdies mag der Energieverbrauch in Europa zwar von Land zu Land sehr verschieden sein, so aber nicht die notwendige Entwicklung einer ökologisch orientierten Wirtschaft. Alle Länder sehen sich vor diese Herausforderung gestellt, und es wäre absurd, wenn jedes Land sich einzeln dieser Aufgabe annähme. Und schließlich sind die unmittelbaren Nachbarn Europas im Süden und Südosten eine ständig sprudelnde Quelle von Unsicherheit und demografischem Druck; ihr Einfluss ist mittlerweile auf dem ganzen Kontinent spürbar. All dies und noch mehr bindet die Europäer in einer gemeinsamen historischen Bestimmung zusammen. Um den englischen Dichter und Prediger John Donne – nur ein wenig abgewandelt – zu zitieren: „Kein Land ist eine Insel, ganz für sich allein"[43]

Und was ist mit den gemeinsamen *Werten* Europas? In einer Hinsicht sind diese Werte den westlichen Demokratien – somit auch den USA – gemein und werden allzu oft von denen, die niemals ohne sie leben und für sie kämpfen mussten, für selbstverständlich gehalten. Doch in anderer Hinsicht gibt es wichtige und augenfällige Unterschiede – Unterschiede in sozialen Einstellungen und politischen Praxen. Erhebliche Unterschiede bestehen zwischen Europa und den USA auf vielen Gebieten – im Hinblick auf die soziale und geografische Mobilität; im Hinblick auf die Bedeutung religiöser Überzeugungen und Sitten; in Auffassungen über das Recht auf Privatleben, auf die richtige Organisation des Gesundheitswesens oder auf die Gesetze bezüglich Todesstrafe und Waffenbesitz. Das alles zeigt, dass das Gravitationszentrum amerikanischen Denkens und Handelns anders als das europäische geartet ist. (Es sollte auch die Briten daran erinnern, dass sie mehr mit ihren Nachbarn vom Kontinent gemein haben als mit ihren transatlantischen Freunden – eine Tatsache, die sie gerne übersehen.)

Die ersten Pläne zum Aufbau eines neuen Europas gab es schon zu Beginn der 1950er-Jahre. Es wurde eine langwierige Reise mit diversen Fehlstarts und Sackgassen. Vielleicht hätte sich damals, als eine Europäische Verteidigungsgemeinschaft (EVG) und eine Europäische Politische Gemeinschaft (EPG) erwogen wurden, eine Art Vereinigter Staaten von Europa bilden können. Churchill ventilierte ein solches Konzept bereits 1946 in einer Rede, wobei er jedoch eine britische Beteiligung gar nicht in Erwägung zog. Aber diese Vision war zur Nichtverwirklichung verurteilt, ob nun die Briten von der Seitenlinie aus ihren Beifall bekundet hätten oder nicht. Doch wird leicht vergessen, wie weit die Idee damals gedieh. Der Vertrag für die EVG wurde 1952 von eben jenen sechs Ländern unterzeichnet, die bereits die Montanunion gebildet hatten und später die Europäische Wirtschaftsgemeinschaft (EWG) gründeten. Die Planungen für die EPG sahen ein direkt gewähltes Unterhaus und ein indirekt von den nationalen Parlamenten gewähltes Oberhaus vor.

Aber das Projekt war gestorben, als das französische Parlament die Zustimmung zum EVG-Vertrag verweigerte. So nahm die Reise denn einen von ökonomischen Erwägungen bestimmten Verlauf, der von der Montanunion über einen gemeinsamen Markt und die EWG bis zur Europäischen Union führte. Auf diesem Weg wurde eine Reihe von Verträgen unterzeichnet, die für immer stärkere Integration sorgten. Aber was ist das Wesen dieses Projekts? Was sein Ziel? Diese Fragen legen die Divergenzen und die brüchige Identität Europas offen. An einem Ende des Spektrums stehen die Briten, für die die EU kaum mehr ist als eine Zollunion und ein gemeinsamer Markt. Am anderen Ende sind diejenigen, die eine wachsende politische und wirtschaftliche Integration auf der Grundlage eines auf Harmonie ausgerichteten sozioökonomischen Modells – mit der Eurozone als Kern – für so wünschenswert wie unvermeidlich erachten. Allerdings würde schon das von den Briten favorisierte Modell eine starke Union benötigen, weil die vollständige Einrichtung eines gemeinsamen Marktes eine sehr viel stärker auf Integration bedachte Führung der EU brauchte, als viele britische Euroskeptiker es wünschen. Nichtsdestoweniger ist die Differenz zwischen den beiden Enden des Spektrums groß: Ist Europa wenig mehr als ein Handelsblock, oder ist es tatsächlich das Projekt eines zunehmenden politischen Zusammenschlusses, das schließlich in die Vereinigten Staaten von Europa mündet?

In Wahrheit ist keines der alternativen Enden des Spektrums eine angemessene Beschreibung der EU, wie sie sich faktisch entwickelt, noch der Erwartungen der breiten Mehrheit der EU-Bürger. Keine der beiden Alternativen vermag die im Entstehen begriffene europäische Identität, wie immer sie beschaffen sein mag, zu fassen. Denn die Realität liegt irgendwo dazwischen – ist ein Moment sui generis: die Entwicklung von Regelungen für eine Praxis des Regierens, Verwaltens und Managens, die wachsende Gemeinsamkeiten ebenso zu berücksichtigen trachtet wie besondere Identitäten. Diese Vorgänge sind weltweit ohne Beispiel oder Parallele. Was sich da abspielt, ist schwer zu bestimmen und lässt eine ganze Reihe von Fragen darüber aufkommen, wie das de facto funktionieren soll. Welche Beziehungen zwischen Mitgliedstaaten oder Regionen zieht das nach sich? Wie sollte die Balance zwischen zentralisierenden, regionalisierenden und lokalisierenden Tendenzen beschaffen sein? Wie kann der demokratische Prozess darauf angelegt werden, dem Willen der Öffentlichkeit auf allen Ebenen – Union, Mitgliedsstaat, Region, lokale Ebene – angemessen Ausdruck zu verleihen? Und kann dieses im Entstehen begriffene Europa tatsächlich die Loyalität der Bevölkerung gewinnen?

Die Identitätskrise ist akut geworden. Die Absicht, eine „immer engere Union zwischen den Völkern Europas" zu erreichen, die von den Signatarstaaten des Vertrags von Lissabon 2008 bekundet wurde, wird heute in vielen Teilen Europas ganz offen infrage gestellt. Nur wenige glauben, dass diese Union eine ist, in der „Entscheidungen so offen wie möglich und so bürgernah wie möglich getroffen werden" – um die Wendungen im Vertrag zu zitieren, die direkt auf die Absichtserklärung folgen. Und nur wenige haben Vertrauen in die Herausbildung einer europäischen Identität, die wirklichen Halt in der Loyalität der EU-Bürger findet.

Identität ist immer etwas Zusammengesetztes. Sie kann viele Elemente enthalten: Geografie, Geschichte, Kultur, Sprache, gemeinsame Interessen und die Art und Weise, in der Gesellschaften sich regieren. Keines dieser Elemente ist für sich notwendig zur Konstituierung von Identität (so hatten z. B. die Juden die meiste Zeit ihrer Geschichte keine geografische Identität und die Schweizer haben keine gemeinsame Sprache) und keines ist für sich ausreichend (Sprache allein stiftet zwischen anglophonen oder hispanophonen Personen noch keine Identität). Bisweilen können diese Elemente – insbesondere die Geschichte – problematisch sein, sind aber, wie die Deutschen wissen, unvermeidbar. Und sie können sich, wie die Österreicher gezeigt haben, mit der Zeit verändern. Auch können Identitäten, die auf diesen verschiedenen Elementen beruhen, überlappen und sind nicht exklusiv. Gemeinschaften können sich zu unterschiedlichen Zwecken auf unterschiedliche Art und Weise definieren. In manchen Fällen ist das eine gelungene Mischung, vielfach jedoch eine Quelle möglicher oder tatsächlicher Spannungen. (Religiöse oder ideologische Zugehörigkeiten sind in Europa häufig als Infragestellung geografischer Loyalitäten aufgefasst worden – das gilt insbesondere für die Erfahrungen der Juden über viele Jahrhunderte hinweg, aber auch für die Katholiken unter Bismarck, auf andere Weise für den marxistischen Internationalismus im 20. Jahrhundert und jetzt zunehmend für viele muslimische Gemeinschaften).

Diese Komplexität ist dem deutschen Seelenleben vertraut, hat sie doch einen geschichtlichen Resonanzboden in den lang währenden und komplexen Gleichgewichtskräften des Heiligen Römischen Reichs. Deutschland ist ein Land, in dem die Menschen sich über lange Zeiträume hinweg als verschiedenen Schichten von Identitäten zugehörig gefühlt haben: Da gab es zunächst die überaus wichtige Heimat*, dann die Region und zugleich die deutsche Kultur*, die durch ihre Sprache definiert war. Heimat hat einen Klang und Nachklang, der sich mit der britischen Erfahrung kaum vermitteln lässt. Oft wurde „Heimat" gerade dann zum Fokus von Identität, wenn Menschen ihre Stadt oder ihr Dorf verlassen mussten – sei es aufgrund der Urbanisierung als Begleiterscheinung der industriellen Revolution, sei es unter den ganz anderen Umständen der Vertreibung gegen Ende des Zweiten Weltkriegs. Im modernen Deutschland schwindet die Kraft des Heimatlichen, hat sich aber in der Literatur und im Schlager* erhalten. Außerdem gibt es noch die Regionen mit ihren jeweiligen Identitäten und ihrer stolzen Geschichte – den Freistaat Bayern, den wiederhergestellten Freistaat Sachsen, die Freie und Hansestadt Hamburg usw. Das „Dritte Reich" wollte alle besonderen Identitäten in der NS-Staatlichkeit aufgehen lassen; ebenso versuchte es später die stark zentralisierte DDR. Doch das heutige Deutschland zeigt, dass der tradierte starke Regionalismus der deutschen Länder immer noch eine sprudelnde Quelle der Identität ist, die politische Bedeutung und Kraft mit sich führt.

Die Auseinandersetzungen, die Deutschland nach dem Krieg mit seiner Vergangenheit und im Rahmen der Wiedervereinigung führte, haben die Aufmerksamkeit darauf gelenkt, dass es eine deutsche Identität tatsächlich gibt, mag sie auch im 20. Jahrhundert vor wie nach der Stunde Null noch so komplex und problematisch gewesen sein. Vielleicht bleibt Deutschland auch in einer Führungsrolle sich selbst gegenüber misstrauisch, und es ist stärker daran gewöhnt, mit geschichteten und überlappenden Identitäten zu leben als manch anderes Mitglied der EU. Doch das ist etwas anderes, als keine eigene Identität zu besitzen. Auch Adenauers Westpolitik führte, wie gezeigt, nicht dazu, Deutschland die Identität abzusprechen. Und sicherlich ist jetzt, zweieinhalb Generationen danach, Deutschlands Identitätsbewusstsein stärker als je zuvor seit dem Ende des „Dritten Reichs".

Der Anholt Nations Brand Index, ein bekanntes Verzeichnis von „national brands", „nationaler Images", führt seit einigen Jahren Deutschland an zweiter Stelle hinter den USA. Bei diesem augenscheinlich überraschenden Resultat haben unterschiedliche Faktoren eine Rolle gespielt: der wirtschaftliche Erfolg und das Image von technischer Exzellenz, die Bewunderung von Ländern wie China für das deutsche Ingenieurswesen, die Anerkennung, die Angela Merkel in Europa und jenseits davon erfährt, der Erfolg der Fußballweltmeisterschaft 2014 sowie Berlin als neuer Magnet für und in Europa – um nur einige Momente zu nennen. Vielen Deutschen ist diese Identität noch nicht recht behaglich, doch ist sie als Tatsache unbestreitbar. Jürgen Habermas sieht die einzig akzeptable Identität oder Loyalität für das moderne Deutschland im Verfassungspatriotismus und er führt die USA und die Schweiz als überzeugende Beispiele für eine derartige nationale Identität an, die sich nicht auf Geschichte oder Ethnizität gründe, sondern auf gemeinsamen, in einer demokratischen Verfassung inkarnierten Werten. Aber das reicht nicht aus, denn die deutsche Identität ist mehr als das.

Die deutsche Erfahrung mit geschichteten und überlappenden Identitäten passt ganz ausgezeichnet zu der Realität des neuen Europas, das die unterschiedlichen Identitäten entfalten und wertschätzen muss, statt sie abschätzig zu beurteilen oder gar für nichtig zu erklären. Überdies wird dieses Deutschland, das viel größere Bereitschaft zeigt, Identität im Rahmen einer umfassenderen Wirklichkeit zu situieren, als die ungeduldig-pragmatischen Briten oder die cartesianischen Franzosen es können, nunmehr unvermeidlicherweise die zentrale Rolle bei der allmählichen Herausbildung des Phänomens namens ‚Europäische Union' spielen.

Unvermeidlich ist die Übernahme dieser Rolle seit der Wiedervereinigung. Noch als die Eingliederung des Ostens und die geistige wie kulturelle Bestandsaufnahme vor sich ging, hielt sich das neue Deutschland nicht lange damit auf, die Befriedigung über die Erfüllung des lang gehegten Traums von Wiedervereinigung zu genießen, sondern war bereits dabei, einen weiteren fundamental wichtigen Schritt ins Unbekannte zu wagen. Denn aus den außerordentlichen Ereignissen von 1989 war nicht nur ein neues Deutschland, sondern ein ganzes neues Europa hervorgegangen. Die Ausdehnung nach Osten würde das europäische Projekt ebenso verändern, wie es die Wiedervereinigung mit Deutschland tat. Das hatte gewichtige Folgen, denn die neue Union wollte die neu hinzugekommenen Länder des Ostens modernisieren und ihre Integration vorantreiben.

Diese Integration sollte hauptsächlich mittels zweier Vorzeigeprojekte betrieben werden, nämlich über den gemeinsamen Markt und die gemeinsame Währung (hinzu kamen substanziell aufgestockte Hilfsmittel für die regionale Entwicklung jener wirtschaftlich schwachen neuen Mitglieder, die 40 Jahre hinter dem Eisernen Vorhang zugebracht hatten). Der gemeinsame Markt beruht auf dem freien Austausch von vier Wirtschaftselementen: Güter, Dienstleistungen, Kapital und Arbeit. Er soll, vollumfänglich verwirklicht, jedem erlauben, Güter und Dienstleistungen aus allen Mitgliedstaaten der EU in alle Mitgliedstaaten zu verkaufen, und war und ist der zentrale Daseinszweck des ganzen Projekts. Die gemeinsame Währung wiederum war, wenig verwunderlich, von Anfang an sehr viel umstrittener: Manche hielten sie für eine notwendige Folge des europäischen Projekts, der sich neue Mitglieder nicht entziehen dürften. Anderen jedoch – vor allem den Briten – ging das einen integrativen Schritt zu weit. Im Endeffekt setzte sich das ehrgeizigere Vorhaben durch: Die Briten entschieden sich gegen den Euro, die Mehrheit aber trieb beide Projekte parallel voran.

Allerdings unterscheiden sich die Projekte sehr stark im Hinblick darauf, welche Politik und Integrationspraxis betrieben werden müssen, um Dauerhaftigkeit und Erfolg zu garantieren. Der gemeinsame Markt ist ein *work in progress* mit dem Vorteil, dass jede Ausweitung – von Gütern über Dienstleistungen bis zu Onlinegeschäften – zum Wertzuwachs beiträgt. Doch im *work in progress* liegt auch sein Nachteil: Die Geschwindigkeit dieses Fortschreitens lässt sich nicht erzwingen. Es ist mühselige Arbeit, die Hindernisse, die dem freien Austausch entgegenstehen, Sektor für Sektor wegzuräumen, weil man hier auf verbarrikadierte Interessen stößt, die ihren je eigenen Geltungsbereich schützen wollen. Der gemeinsame Markt ist überaus wichtig für die Fähigkeit der EU, Arbeitsplätze zu schaffen und in der globalisierten Konkurrenz mitzuhalten, aber der Fortschritt kam bisher nur mühsam voran.

In scharfem Gegensatz dazu ist die gemeinsame Währung alles oder nichts. Für Länder, die Mitglieder der Eurozone sind, erzwingt die gnadenlose Logik von Währungs- und Schuldenmärkten den Umgang mit fiskalischen und monetären Entscheidungsprozessen, die zur Auslaugung der Substanz nationaler Souveränität führen.

Das Streben nach einheitlicher Währung gewann schon vor der Vergrößerung der EU an Fahrt, zu einer Zeit, da die durch den Kalten Krieg bedingte Teilung Europas noch als dauerhaft erschien. Der erste konkrete Schritt wurde in den 1980er-Jahren getan, als man ein Europäisches Währungssystem mit einem Wechselkursmechanismus einführte. Das galt als Vorbereitung für eine gemeinsame Währung. Das Projekt war von Anfang an umstritten – für die Briten, weil sie im europäischen Projekt nur die Schaffung eines gemeinsamen Markts für den Handel sahen, und für die Deutschen, weil die gemeinsame Währung die Aufgabe der D-Mark bedeutete, deren Stärke und Stabilität als Quelle all dessen angesehen wurde, was sie seit dem Ende der 1940er-Jahre erreicht hatten.

Der britische Skeptizismus gegenüber dem Projekt war philosophisch (aufgrund einer tiefen Abneigung gegen Integration) und pragmatisch (viele meinten, dass eine gemeinsame Währung nicht schon am Anfang, sondern erst am Ende des Prozesses der Marktintegration stehen sollte). Das deutsche Dilemma war vielschichtiger. Nach dem Krieg waren alle Befindlichkeiten des deutschen Establishments integrationistisch orientiert: Angesichts der Schrecken des „Dritten Reichs" führte der Weg zur Vergebung über das europäische Projekt. Doch als den Deutschen klar wurde, dass sie ihre geliebte D-Mark würden aufgeben müssen, regte sich tief in ihrem Unbewussten der Dämon der Furcht vor der Hyperinflation. Nur ein Preis war es wert, dieses Opfer zu bringen: die Wiedervereinigung. Und das war der Tauschhandel, den Helmut Kohl in die Wege leitete: der Euro für die Wiedervereinigung. Schließlich einigten sich die vier Mächte darauf, der Wiedervereinigung und der Integration Berlins in die Bundesrepublik keine Steine in den Weg zu legen, während Deutschland im Gegenzug sein ganzes Gewicht für den Euro in die Waagschale warf. Mit dem 1992 unterzeichneten Vertrag von Maastricht wurde die Europäische Union gegründet und auf die gemeinsame Währung verpflichtet.

Es war vor allem dieses Projekt einer gemeinsamen Währung, das Deutschland die Rolle als Führungsmacht im neuen Europa sicherte. Hätte sich die europäische Integration anhand der Europäischen Verteidigungsgemeinschaft entwickelt, wäre Deutschland diese Rolle sicher nicht zugefallen. Und der gemeinsame Markt kannte keine konsistente Führung durch die Institutionen der EU (obwohl von den führenden Mitgliedstaaten die Briten ihn am virtuosesten beherrschten) – weshalb seine Entwicklung auch so schleppend verlief. Aber die Eurozone wurde (und wird) unzweideutig von jenem Land beherrscht, das ihr bei Weitem stärkstes Mitglied ist. Und der Wachhund der Eurozone, die Europäische Zentralbank (EZB), hat von der Bundesbank deren Rigorosität wie Glaubwürdigkeit übernommen. Deutschland wurde durch die Eurozone gestärkt, Frankreich geschwächt und die Briten hatten sich davon ausgeschlossen. So hat sich Deutschland auf ein Projekt eingelassen, das einerseits einen wirtschaftlichen und monetären Rahmen bietet, andererseits aber existenzielle Bedeutung für die deutsche Selbstwahrnehmung im 21. Jahrhundert hat. Die Auswirkungen dieses Projekts werden so tief greifend und dauerhaft sein wie die der Gründung der Bundesrepublik 1949 oder der Wiedervereinigung.

Allerdings haben sich diese Auswirkungen noch nicht völlig konkretisiert. Als Hauptbeitragszahler hat Deutschland in zunehmendem Maß die Führungsrolle in der Eurozone übernommen und damit auch die vorherrschende Rolle in der EU insgesamt. Diese Verschiebung des Gravitationszentrums ist allgemein sichtbar. Sie ist für Frankreich nicht einfach zu verkraften und für Großbritannien eine Herausforderung. Frankreich übte von Beginn des europäischen Projekts an die politische Vorherrschaft aus, die sie nun jedoch verloren hat; Großbritannien wäre als treibende Kraft für dringend notwendige Reformen und Offenheit begrüßt worden – und das nicht nur von einem Deutschland, das sich in der Rolle der Führungsmacht unwohl fühlt. Doch war Großbritannien zu unschlüssig, ob es diese Aufgabe übernehmen sollte.

Die Einführung des Euro war in technischer Hinsicht ein Erfolg; aber schon in den ersten Jahren wurde die Schwäche des Stabilitätspakts sichtbar – jenes wenig griffigen Mechanismus, der bewirken sollte, dass die Mitglieder der Eurozone fiskalisch verantwortlich handelten –, als nicht nur Frankreich, sondern auch Deutschland selbst die Vereinbarungen missachtete. So konnte es nicht überraschen, dass auch schwächere Staaten diesem Beispiel folgten. Im System bauten sich allmählich Unausgewogenheiten und Belastungen auf, die durch die Finanz- und Wirtschaftskrise von 2008 brutal zutage gefördert wurden. Seitdem sind die Regierungen der Mitgliedsländer vorwiegend damit beschäftigt, die Eurozone zu stabilisieren und zu stärken: durch schmerzhafte, den schwächeren Wirtschaften auferlegte Sparprogramme, durch kostspielige finanzielle Sanierungsmaßnahmen seitens der stärkeren Wirtschaften (allen voran Deutschland) und durch intensive Bemühungen, wirksame fiskalische Kontrollmaßnahmen einzuführen und einen durch die Finanzkraft der EZB gestützten Bankenverbund zu schaffen. Für die Glaubwürdigkeit der EZB war das der bisher schwierigste Test.

Auf den Euro richtet sich eine (auch von anderen europäischen Ländern geteilte) *German angst*, brachte die Krise doch die größten Belastungen für Deutschland seit der Weltwirtschaftskrise der 1930er-Jahre mit sich. Deutschland selbst profitierte vom Euro: Die deutsche Industrie konnte in einer Währung Handel treiben, die im Wert viel niedriger stand, als es eine unabhängige D-Mark gewesen wäre. Doch litten zu viele Mitgliedstaaten zunehmend unter dem gegenteiligen Problem, und in dem Maße, wie die Krise um sich griff, wurden auch die Belastungen immer offensichtlicher und spürbar. In Deutschland führte das zu (nicht allzu heftigen) Ressentiments im Hinblick auf die Rolle als Zahlmeister und zu Bestürzung angesichts der Angriffe aus einigen Mittelmeerländern, die meinten, Deutschland habe die Maske fallen lassen und sich als rohrstockbewehrter Lehrmeister gezeigt (wobei die Karikaturisten unvermeidlicherweise mit Hakenkreuzen und Hitler-Schnurrbart arbeiteten). Viele haben – nicht nur in Deutschland – das Ableben des Euro vorhergesagt oder darauf gehofft.

Tatsächlich aber war der Hang und Drang zum Euro niemals nur die technische Angelegenheit einer Finanzunion. Es ging immer – vor allem bei den deutschen Befürwortern – um einen wesentlichen Schritt auf einem Weg, dessen Ziel nicht nur die monetäre, sondern eine immer umfassendere Integration war, die ein für alle Mal von der blutbefleckten Vergangenheit des Kontinents wegführen sollte. Auch für die Franzosen ist die Eurozone der Kern des neuen Europa – ungeachtet offenkundiger Differenzen zwischen Frankreich und Deutschland darüber, wie sich dieses Bekenntnis auf Politik und Regierungsführung auswirken soll.

Nach jeder Krise in der Eurozone sind die Mitgliedstaaten unter zunehmend sichtbarer Führung durch Deutschland enger zusammengerückt, um die Zone zu einem stabilen Wirtschaftsraum zu entwickeln, in dem eine kohärente Haushalts- und Finanzpolitik betrieben wird. Viele haben darin eher ein Dahintreiben erblicken wollen als eine klar erkennbare Strategie – eine Flickschusterei, bei der die Mitglieder einer Schiffsbesatzung gleichen, die bei rauer See ein Leck zu dichten sucht. Doch zielt das am tatsächlichen Geschehen vorbei. Ein Zurück auf diesem einmal eingeschlagenen Weg gibt es nicht.

Aus technischer Sicht ist die zunehmende Integration der Eurozone eine Einbahnstraße; doch auch grundsätzlicher betrachtet, wäre es für Deutschland existenziell unmöglich, sich aus einem Projekt zurückzuziehen, dessen Scheitern das ganze seit 1949 gewirkte Gewebe der europäischen Integration zerfasern lassen würde. Und was für Deutschland gilt, gilt zumindest auch für die Gründungsmitglieder des ursprünglichen europäischen Projekts – die Signatarstaaten der Römischen Verträge – und aller Wahrscheinlichkeit nach auch für die übrigen Mitglieder der Eurozone. Der Preis für deren Aufrechterhaltung ist hoch: schmerzhafte Anpassungsprozesse in den schwächeren, finanzielle Unterstützung seitens der stärkeren Wirtschaften. Beides ist höchst unpopulär. Doch muss der Preis gezahlt werden, weil es eine praktische Alternative so wenig gibt wie eine existenzielle. Und das stärkste Land wird auf diesem Weg die zögernde Führungsmacht sein – auf diesem Weg, der Deutschland für immer verändern wird.

Genau so verhält sich Deutschland zur Führungsrolle – es zögert, es sucht sie nicht, noch greift es gar danach. Es ist die Führerschaft eines Landes, das fest in diese neue Europäische Union von Nationen eingebettet ist und dessen Rolle ihm hauptsächlich durch die Wirtschaft auferlegt wurde, nicht durch irgendein Bewusstsein historischer Bestimmung. Diese zögernde Führerschaft ist meilenweit entfernt von jener Vorherrschaft, die Kaiserreich und „Drittes Reich" im Europa der Jahrzehnte bis zum Ende des Zweiten Weltkriegs anstrebten. Deutschland zögert zum einen, weil viele Deutsche der Rolle als Zahlmeister ablehnend gegenüberstehen, zum anderen aber aus einem tieferen Grund – die deutsche Seele ist nach wie vor höchst empfindlich im Hinblick auf alles, was Erinnerungen an die vom „Dritten Reich" ausgeübte Führerschaft betrifft. Das Zögern war bisweilen so greifbar, dass (ausgerechnet!) der polnische Außenminister Radosław Sikorski. sich genötigt fühlte, Deutschland öffentlich zu drängen, seine Position und Verantwortung zu akzeptieren und die von Europa benötigte Führerschaft zu übernehmen. So haben sich die Zeiten geändert.

Es war bis vor Kurzem eine auf die politische Ökonomie begrenzte Führerschaft. Deutschland hatte bisher keinerlei Bereitschaft erkennen lassen, in der Welt der internationalen Beziehungen eine strategische Rolle der Art zu spielen, die Großbritannien und Frankreich für selbstverständlich halten. Die Bundeswehr hat bei NATO-Aktionen außerhalb von Kerneuropa (und auch in Afghanistan) eine, wenn auch untergeordnete, Rolle gespielt, dafür aber hat sich Deutschland im UN-Sicherheitsrat 2011, als es darum ging, Luftangriffe auf Libyen zu autorisieren, der Stimme enthalten – ein deutliches Zeichen für die Zurückhaltung in internationalen Beziehungen: Deutschland will nicht folgen, geschweige denn führen. Nur im Fall der Ukraine hatte Deutschland deutlich erkennen lassen, bei der

Formulierung einer entschiedenen Reaktion auf Russlands aggressives Verhalten die Führung zu übernehmen (immerhin handelt es sich um eine Region, in der sowohl unangenehme historische Nachklänge wie auch eine gegenwärtige Abhängigkeit in Sachen Energie ein extrem vorsichtiges deutsches Engagement angeraten erscheinen lassen).

Dennoch wird, was die EU-Politik und vor allem das makroökonomische Management angeht, Deutschlands Führungsrolle immer augenfälliger. Das hat natürlich erhebliche Auswirkungen auf die EU und die Mitgliedsstaaten. Die EU muss die Dinge am Laufen halten, während sich die Eurozone stabilisiert und konsolidiert und weitere Anstrengungen unternommen werden, um den Ausbau des gemeinsamen Marktes voranzutreiben. Von den großen Mitgliedstaaten sieht Frankreich einer beunruhigenden Zukunft entgegen, während Großbritannien schließlich eine Entscheidung erzwungen hat, der es ein halbes Jahrhundert lang ausgewichen ist.

Für Deutschland dagegen sind die Auswirkungen leichter zu akzeptieren, wenn auch nicht weniger weitreichend. Prima facie scheinen sie die neu erworbene Identität Deutschlands aufs Spiel zu setzen – und das zu einem Zeitpunkt, da Deutschland eine stabile geografische Identität und das friedliche Zusammenleben mit den Nachbarn genießt (und dieser Friede ist so gefestigt, dass ein Konflikt mit den Nachbarländern undenkbar ist). Aber die Lektion einer tausendjährigen deutschen Geschichte ist, dass Deutschlands Identität eher locker mit seiner Existenz als politisches Gemeinwesen zusammenhängt. Außerdem hat die Erfahrung der Stunde Null und ihrer Folgen eine tiefe Abneigung gegen jede nationalistische Auffassung von Identität hinterlassen. Mithin ist die Aussicht auf ein allmähliches Hineinwachsen in einen größeren Zusammenhang für die Deutschen psychologisch weniger bedrohlich als für Frankreich. Tatsächlich könnte es in mancherlei Hinsicht sogar eine Erleichterung sein. Die Deutschen werden diesen Weg sehr viel unbeschwerlicher finden, als die Briten es taten oder die Franzosen es müssen.

Wie also wird die Struktur des neuen Europa am Ende beschaffen sein? Seit seinen Anfängen in den 1950er-Jahren hat sich das Projekt nicht gemäß einem festen Plan, sondern in eine Richtung entwickelt, über die nicht immer Einigkeit bestand, für die aber jede Menge Improvisation benötigt wurde. Das wird in Zukunft nicht viel anders sein. In gewisser Weise gleicht die Entwicklung der EU dem Bau einer jener großen Kathedralen des mittelalterlichen Europas: Wer immer den Grundstein legte, wusste, dass er die Vollendung des Bauwerks nicht erleben und der Plan sich mit den kommenden Generationen weiterentwickeln würde. Einige dieser Kathedralen stürzten zusammen, weil das Vorhaben zu ehrgeizig gewesen war. Einige blieben (wie der Kölner Dom) über Hunderte von Jahren unvollendet, andere für immer. Viele brachten die Städte, die sich an den Bau wagten, fast zum Bankrott (genau dieses Schicksal befürchten einige britische Euroskeptiker für die EU). Viele aber wurden zu etwas vollendet, was wohl selbst die kühnsten Vorstellungen der Grundsteinleger übertroffen hätte.

So geht es auch mit dem europäischen Projekt. Die Europäer sind seit 60 Jahren mit dem Bau beschäftigt: Er hat sich mit der Zeit entwickelt, wird aber noch etliche Zeit brauchen bis zur Vollendung, die wir nicht mehr erleben werden.

Die Metapher hat noch einen weiteren Aspekt: Zu viele von diesen Kathedralen stehen jetzt praktisch leer, werden bestenfalls von asiatischen Touristen besucht. Das gemahnt uns wieder an das Identitätsproblem, dem sich die Europäer konfrontiert sehen. Die geografische Identität steht dieser Tage in diversen Ländern zur Disposition. Woraus besteht das Vereinigte Königreich? Und was heißt es, britisch zu sein? Solche Fragen sind auch in anderen Mitgliedstaaten ins Zentrum der gegenwärtigen Politik gerückt. Spanien und Belgien seien als Beispiele genannt. Deutschland mag diese Probleme nicht haben, aber Identität ist nicht nur Sache der Geografie, sondern auch der Geschichte – und zu ihr hat Deutschland ein recht kompliziertes Verhältnis. Doch ungeachtet solcher geografischen und historischen Komplexitäten, ist es klar, dass Europa vor einer gewaltigen Herausforderung steht, die an das Fundament rührt: vor der Annahme einer

immer enger zusammenrückenden Union. Das viel diskutierte demokratische Defizit hat in praktisch allen Mitgliedstaaten beträchtliche
Ausmaße angenommen. Die politischen und intellektuellen Eliten
beobachten das Wachstum verschiedener Formen eines rechtsgerichteten Nationalismus mit Entsetzen.

Wird Europa angesichts dieser Probleme in der Lage sein, den
neuen asiatischen Mächten als flexibler und starker, wirtschaftlich
und kulturell konkurrenzfähiger Wettbewerber entgegenzutreten?
Die Antwort ist nicht klar. Könnte die Kathedrale in sich zusammen-
fallen? Könnten ihre Erbauer bankrottgehen?

Die deutsche Antwort ist – im Großen und Ganzen – eindeutig:
Der Bau dieser Kathedrale ist das Risiko und den Kampf wert. Und an
dieser Antwort haben auch die Krisen und Herausforderungen der
letzten Jahre nichts geändert. Die deutsche Antwort auf die Frage
nach der Identität lautet: Die Europäer haben in der Tat einen gemeinsamen Weg, auch wenn er schwierig zu bestimmen ist und sie
ihn nur als einen von den Wegen anderer Kulturen verschiedenen
kennen; sie haben bedeutende Werte gemeinsam, die sie von anderen
unterscheiden, und insofern haben sie der Welt viel zu bieten. Auch
würden die Deutschen anführen, dass Europas Wirtschaft über die
entsprechende Vielfalt und Konkurrenzfähigkeit verfügen muss, um
auf dem globalen Markt erfolgreich zu sein – und das lässt sich gemeinsam besser erreichen als im Einzelkampf. Ja, die Kathedrale ist
den Kampf um sie wert.

Wird die deutsche Führerschaft, zögernd, wie sie ist, in diesem
Kampf bestehen? Es gibt daran diverse Zweifel. Die demografische
Entwicklung, so heißt es, wird der Wirtschaft schaden, weil die Gesellschaft überaltert; die Abhängigkeiten auf dem Energiesektor bleiben eine dauerhafte Bedrohung, weil das Land die politische – und
wohl auch unumkehrbare – Entscheidung getroffen hat, alle Atom-
kraftwerke abzuschalten; die deutsche Wirtschaft ist zu stark abhängig von Investitionsgütern und der Pkw-Produktion, um ihr hohes
Niveau langfristig halten zu können, selbst wenn diese Produkte genau das sind, was die Welt im Augenblick begehrt; Deutschland wird

es irgendwann satthaben, die schwächeren Mitglieder der Eurozone zu unterstützen (und will vielleicht gar die geliebte D-Mark zurück);[44] die deutsche Politik verliert möglicherweise jene Stabilität, die seit Gründung der Bundesrepublik ihre herausragendste Eigenschaft gewesen ist, sodass das Land sich wieder mit sich selbst beschäftigt. Und so weiter.

Tatsächlich ist Deutschland mit einigen neuen Risiken konfrontiert. Die demografische Entwicklung schließt nicht aus, dass Deutschland binnen einer Generation nur noch das dritt- oder viergrößte Land in Europa ist (überholt von Frankreich und Großbritannien und – je nachdem, wie die Antwort auf eine andere historische Frage ausfällt, der Europa sich gegenübersieht – der Türkei). Aber dadurch wird die Wirtschaftsstärke, die Deutschlands Position definiert, noch nicht geschwächt. Es wird auch den chinesischen Blick auf Europa nicht verändern: China ist weniger an der Union selbst interessiert als an dem, was einzelne Länder zu bieten haben, und erblickt auch für die absehbare Zukunft in Deutschland den wichtigsten strategischen Partner. Es gibt zwar Risiken (z. B. die möglichen Folgen einer Schwächung oder Umwälzung der chinesischen Wirtschaft für Europa im Allgemeinen und Deutschland im Besonderen). Aber die wahrscheinlichste Zukunftsaussicht lautet, dass Deutschland weiterhin in einem zunehmend integrierten Europa die Vorherrschaft hat.

Es hat Spekulationen gegeben, dass als Ergebnis dieser Entwicklungen die EU wie ein neu erstandenes Heiliges Römisches Reich aussehen wird. Das wechselseitige Spiel der Kräfte in der Union wäre dann eine Wiederkehr der Interaktionsmuster, die sich im Mit- und Gegeneinander von Kurfürsten, Reichsstädten und der Kirche in der vorreformatorischen Zeit herausgebildet hatten (was oder wer wäre dann aber das Äquivalent des Kaisers?). Und vielleicht gleicht die integrierte Eurozone mit Deutschland als Zentralmacht der Dominanz der Habsburger in den späteren Jahrhunderten des Heiligen Römischen Reichs.

Allerdings haben solche Parallelen nur sehr begrenzten Wert.

Abgesehen davon, dass man diese beiden politischen Gemeinwesen –
die EU und das Heilige Römische Reich – am besten als Gestalten sui
generis betrachtet, unterschätzt die Parallele das Ausmaß, in dem die
Union auch weiterhin das politischen Leben ihrer Mitglieder beeinflusst. Die Geschichte des Alten Reichs zeigt die allmähliche Fragmentierung zentraler Autorität (wobei man diesen Trend nicht über-
bewerten und das fortgesetzte Funktionieren des Rechtssystems noch
im 18. Jahrhundert nicht übersehen sollte). Doch dürfte das nicht das
Schicksal der EU im Allgemeinen und der Eurozone im Besonderen
sein.

Einen Aspekt aber hat die EU auf jeden Fall mit dem Heiligen
Römischen Reich gemein: Mitgliedstaaten der EU werden auch weiterhin ihre je eigenen Ziele verfolgen und ihre internationalen Beziehungen und Einflussbereiche pflegen. So werden insbesondere Großbritannien und Frankreich ihre Außenpolitik eigenständig betreiben
und sich das Recht auf unabhängige Streitkräfte (wiewohl mit
schwindender Effektivität) vorbehalten. Ferner werden einzelne Mitglieder sich auch weiterhin am internationalen Markt betätigen – zumindest als Wirtschaftspartner für die schnell wachsenden Ökonomien von Ländern in anderen Weltteilen –, wobei sie sich häufig
auf ältere Verbindungen beziehen (so wie Spanien auf Lateiname-
rika). Jedenfalls gibt es, marktterminologisch gesprochen, kein Anzeichen dafür, dass die EU eine Handelsmarke *(brand)* darstellte, die
den Marken der einzelnen Ländern überlegen wäre oder sie gar ersetzen könnte. Insbesondere wird Deutschland sich auch weiterhin pro-
fitabel zu vermarkten wissen.

All dies muss den Historiker an das eigenwillige Verhalten der
Mitglieder des Heiligen Römischen Reichs im 18. Jahrhundert erinnern – insbesondere ist da an Preußen unter Friedrich dem Großen
zu denken. Doch selbst diese Analogie ist von nur begrenzter Bedeutung, weil es zwischen der EU und dem Reich in seinem letzten Jahrhundert eine grundlegende Differenz gibt: Damals wurde das seit
Luthers Zeiten wachsende Bewusstsein einer deutschen Identität zunehmend in die Forderung nach politischer Identität transformiert,

während es heute kein Anzeichen für eine gemeinsame europäische Identität gibt, die sich so weit entwickelt, dass die EU als Ganzes zur vorherrschenden europäischen Identität auf der Weltbühne werden könnte. Die Europäer des 21. Jahrhunderts sind sich vielleicht einer gemeinsamen kulturellen Geschichte und gemeinsamer Werte bewusst, ohne dass der Eindruck entstünde, diese Werte könnten zur Bildung einer „nationalen" Identität – gewissermaßen à la Fichte – auf europäischer Ebene beitragen. Weder begünstigen noch behindern die europäischen Strukturen oder das im Entstehen begriffene institutionelle Gefüge für die Eurozone die Manifestation einer stärkeren europäischen Identität.

Es gibt also keine starke, elementare europäische Identität, was bei europäischen Intellektuellen viel Erstaunen und Besorgnis hervorgerufen hat. Jürgen Habermas hat, neben vielen anderen, die Schwäche transnationaler öffentlicher Diskussionen und Debatten beklagt. Irritierenderweise haben sich nationale Identitäten als höchst lebenskräftig erwiesen, und überdies scheint eher eine transatlantische Öffentlichkeit zu existieren als eine europäische (einfach gesagt, hat es einen großen Appetit auf alles Amerikanische gegeben). Manche sind realistisch genug, diese Tatsachen zu akzeptieren und darüber hinaus infrage zu stellen, ob die Entwicklung einer europäischen Identität in einer zunehmend globalisierten Welt überhaupt ein sinnvolles Ziel sein kann.

Tatsächlich ist schwer erkennbar, wie dieses Ziel überhaupt erreicht werden könnte, ist doch die einzige vernünftigerweise sichere Grundlage für eine europäische Identität in einem säkularisierten und multikulturellen Zeitalter – nämlich die Aufklärung – per definitionem kein europäisches Alleineigentum.

Eine europäische Identität kann, ungeachtet ihrer christlich dominierten Geschichte, nicht mehr auf *Religion* beruhen: Alle europäischen Gesellschaften werden zunehmend säkularisiert und die meisten sind darüber hinaus multireligiös. Eine Parallele zu dieser Orientierung bietet weder die mittelalterliche Einheitlichkeit des Christentums noch das *cuius regio eius religio* des Augsburger Religionsfriedens, sondern das spätere Römische Reich, von dem es bei Edward Gibbon hieß: „Die verschiedenen in der römischen Welt herrschenden Kulte galten sämtlich dem Volk als gleich wahr, den Philosophen als gleich falsch und der Obrigkeit als gleich nützlich."[45]

Auch eine auf *Sprache* beruhende Identität dürfte für Europa nur schwer durchzusetzen sein. Ein realistischer Kandidat wäre zweifellos das Englische als Lingua franca – nicht nur in der Welt der Wirtschaft und Politik, sondern auch in Bezug auf Bildung und Forschung. Das Deutsch dürfte da keine Chancen haben. Der Vorrang des Englischen wird auch den Rückzug der Briten aus der EU überdauern, denn Englisch ist die Lingua franca nicht nur Europas, sondern der Welt. Lässt sich aber Identität auf einer Lingua franca aufbauen? Wahrscheinlich nicht: Eine solche Sprache kann die Sprache der Zivilisation* werden, aber nicht die der Kultur*.

Wie dem auch sei: Europa besitzt grundlegende Werte, die aus der Aufklärung stammen. Die Aufklärung wiederum verdankt viel dem christlichen Renaissancehumanismus – worauf einer von Europas profiliertesten heutigen Denkern hingewiesen hat, nämlich Joseph Kardinal Ratzinger, der spätere Papst Benedikt XVI. (der erste deutsche Papst seit fast eintausend Jahren). Aber Europas Verpflichtung auf Rationalismus, Demokratie und Menschenrechte ist per definitionem etwas, was die Europäer als universell ansehen: Diese Werte sollen keinesfalls allein für Europa oder im Gegensatz zu anderen Identitäten stehen. Der katholische Theologe Hans Küng hat die mögliche Universalisierung dieser Werte in seine Bemühungen um ein „Weltethos" einbezogen, als er untersuchte, was die Weltreligionen an moralischen und sozialen Einsichten gemeinsam haben.

Um das Problem anders zu akzentuieren: Es ist möglicherweise unvermeidlich, dass eine europäische Identität sich auf einen Verfassungspatriotismus der Art gründen muss, wie ihn Habermas und andere befürworten, während andere, komplexere Identitäten, die auf Geschichte, Kultur und Sprache beruhen, weiterhin nationale, regionale oder lokale Zugehörigkeiten und Anhänglichkeiten bestimmen. Den Deutschen ist eine solche Vielschichtigkeit aus ihrer Geschichte vertraut.

Das bedeutet nicht, dass für Deutschland und die Deutschen die Frage nach der Identität leicht zu beantworten wäre. Schon vor der riesigen Einwanderungswelle von 2015 hatte das Land in der entwickelten Welt nach den USA die zweitgrößte Anzahl von Migranten aufgenommen. Sie machen einen ebenso großen Anteil an der Bevölkerung aus wie die Zugewanderten in Frankreich und Großbritannien, doch hat in Deutschland eine sehr viel geringere Zahl von Migranten die deutsche Staatsbürgerschaft angenommen. Das resultiert zumindest teilweise aus einem deutschen Staatsbürgerschaftsrecht, das (anders als in Frankreich und Großbritannien) den Besitz einer doppelten Staatsbürgerschaft erschwert. Diese Einschränkung, die vor allem Deutschlands große und gut etablierte türkische Gemeinschaft betrifft, steht in gewissem Widerspruch zur Bereitschaft der Deutschen, mit und in vielschichtigen Identitäten zu leben. Dem liegt natürlich das tief sitzende und tradierte Bewusstsein zugrunde, dass die deutsche Identität in die Geschichte, Kultur und Sprache eines Volks mit kontinuierlicher Abstammung eingelassen ist – und die Identität hat diese Form wenigstens zum Teil angenommen, weil es lange Zeit keine geografisch bestimmte Einheit gab. Das bleibt ein neuralgischer Punkt: Angriffe bis hin zum Mord, verübt von Neonazis gegen Migranten, haben berechtigte Empörung hervorgerufen. Auf solche Übergriffe wird auch deshalb besonders empfindlich reagiert, weil derartige Geschehnisse die Furcht vor den Dämonen des „Dritten Reichs" schüren – obwohl andere Länder in Europa ebenfalls unter dem Rechtsradikalismus zu leiden haben. Die Formbarkeit der deutschen Identität hat aber auch ihre Grenzen. Sie kann die Vielschichtigkeit geografischer und kultureller Identität leichter akzeptieren als Einwanderer in die deutsche Kultur* – was Frankreich und Großbritannien, ungeachtet ihrer Differenzen, leichterzufallen scheint.

Unterdessen verändert sich die außereuropäische Welt: Die Vernetzung durch das Internet schreitet ebenso voran wie die Verlagerung des Weltwirtschaftszentrums von West nach Ost und von Nord nach Süd. Deutschland wird sich in zunehmendem Maße in dieser größer werdenden Welt auf der Grundlage dieser vielschichtigen Identität europäischer, deutscher, regionaler und lokaler Provenienz engagieren.

Für die Handelsnation Deutschland eröffnen diese Veränderungen Möglichkeiten. Im Mittelalter waren die deutschen Lande von Handelswegen durchzogen. Städte wie Leipzig, Nürnberg und Augsburg waren bedeutende Wirtschaftszentren und wurden reich. Die Hanse dominierte, angeführt von Hamburg und Lübeck, den Handel im Ostseeraum. Später dann, als die Atlantikrouten befahren wurden, verschob sich das Wirtschaftszentrum auf die entsprechenden Anrainerländer. Doch trieb es die Deutschen weiterhin, wenn auch aus anderen Gründen, in die weite Welt, wie sich an den Reisen und Arbeiten von Georg Forster, Alexander von Humboldt und Heinrich Schliemann erkennen lässt. Das Kaiserreich unter Wilhelm II. fühlte sich nicht nur in Europa, sondern auch durch die britische Vorherrschaft auf den Ozeanen eingeengt. Aber das ist alles Geschichte; im 21. Jahrhundert kennt die Bereitschaft der Deutschen, als Touristen oder Geschäftsleute die Welt zu bereisen, keine Beschränkungen mehr; sie sind auch auf Messen und Ausstellungen international fast allgegenwärtig. Die deutschen Handelsmessen bleiben (wie die Exporte) für Deutschlands Anteil an der weltweiten Produktion über alle Maßen wichtig. Und diese Erfahrungen repräsentieren eine Kontinuität, die nicht nur bis ins Kaiserreich, sondern sogar bis ins Mittelalter zurückreicht.

Das bedeutet auch, dass Deutschlands Identität nicht nur in Europa, sondern auch weltweit so relevant ist wie bisher. Zwar ist der Handel wichtig und Deutschlands Geschicklichkeit darin unbestritten, doch gibt es noch einen tieferen Grund, weshalb wir fragen müssen, was die deutsche Kultur in dieser schönen neuen Welt, die nicht mehr uni- oder bi-, sondern multipolar ist, und in diesem Europa mit seinen vielschichtigen Identitäten bedeuten kann. Obwohl die technische Könnerschaft mit ihren tiefen kulturellen Wurzeln auch in absehbarer Zukunft noch eine herausragende Eigenschaft der deutschen Identität sein wird, bleibt sie die Identität einer Kultur*, nicht nur einer Zivilisation*. Sicherlich hat sie sich seit der Stunde Null radikal gewandelt – Deutschland ist nicht mehr Germania und wahrlich nicht darauf versessen, die Vergangenheit heiligzusprechen. Zudem wird Deutschlands Identität (möglicherweise für das Land selbst, aber sicher für die übrige Welt) nicht mehr primär durch die Sprache bestimmt. Doch gibt es weiterhin Verbindungen mit der Vergangenheit, die über einen Verfassungspatriotismus hinausreichen.

Es gibt nun drei bezeichnende Charakteristika der deutschen Identität, die für die allgemeinmenschliche Erfahrung von dauerhafter Bedeutung sind. Alle drei sind aus der deutschen Kultur erwachsen, wie sie sich in den ruhmreichen und tragischen Geschehnissen der letzten Jahrhunderte entwickelt hat.

Zuerst ist da die klassische Musik. Sie ist vermittelbarer als die Literatur und typischer für Deutschland als seine bildende Kunst, weshalb sie in der ganzen Welt bekannt ist und gespielt wird. Überall in den asiatischen Ländern, von Konzerttouren internationaler Orchester bis zur Hintergrundmusik in *shopping malls*, gefällt die deutsche Musik dem menschlichen Ohr. Wohl wird die Musik nicht mehr für die deutscheste der Künste oder ihr Wertekanon für maßgebend gehalten, wie es deutsche Musikwissenschaftler noch im 19. Jahrhundert annahmen. Und nach Richard Strauss dürfte sich kaum behaupten lassen, dass deutsche Kompositionen die neuere klassische Musik dominieren – von Jazz und Popmusik ganz zu schweigen. Doch wird man niemals müde werden, die Werke der klassischen Epochen zu hören: Von der Perfektion Bachs bis zur Wendigkeit Mozarts, von der Leidenschaft Beethovens und dem Lyrizismus Schuberts über die herbstliche Schönheit von Brahms und die wagnersche Grandeur bis zum frühen Strauss und zu Schönberg wird die deutsche Musik weiterhin Konzerthallen, Opernhäuser und die Radioprogramme füllen. Die Musik ist auch ein Mittel zur Verbreitung der deutschen Sprache und ihrer Denkweisen – von Bachs Vertonung lutherischer Kirchenlieder über Beethoven-Schillers „Ode an die Freude" bis zu

Schuberts Vertonung von Goethe-Gedichten und Wagners Liebes-
musik in *Tristan und Isolde* verleiht die Musik der Sprache eine un-
verlierbare Resonanz.

Das zweite Moment ist die deutsche Philosophie. Immer und
überall werden die Menschen sich mit dem Problem von Bedeutungen und Werten beschäftigen, und eine immer stärker vernetzte Welt
wird dazu über eine steigende Vielzahl an Quellen verfügen. Asiens
Drang zur Modernisierung hat zunächst die Überbewertung technischer Bildung gefördert; jetzt aber wächst die Einsicht, dass dadurch eine lediglich an materiellen Werten orientierte Lebensweise
ohne Sinn für gemeinsame Verpflichtung zur Vorherrschaft gelangt.
Je mehr Menschen sich mit den damit zusammenhängenden Fragen
auseinandersetzen, desto wahrscheinlicher ist es, dass sie nicht nur in
ihrer eigenen Kultur und deren Geschichte nach Antworten suchen,
sondern auch nach Europa blicken, wo die ersten modernen Gesellschaften entstanden. Und dabei werden sie auf die deutsche Tradition
stoßen und ihre Lebendigkeit, Tiefe und dauerhafte Relevanz erkennen: Kants zentrale Fragestellungen werden für die geistige Diskussion in allen Kulturen ebenso fruchtbar sein wie das Denken von
Hegel bis Heidegger. (Und sicher wird die Zeit kommen, da die Welt
die traumatischen Erfahrungen der sozialistischen Gesellschaften
gründlich genug verarbeitet hat, um zu einer ausgewogenen Ein-
schätzung jenes anderen großen deutschen Denkers zu kommen,
der das 20. Jahrhundert so stark beeinflusst hat.) Und auch zeitgenös-
sische deutsche Denker sind von erheblichem Einfluss, besonders,
wie bereits erwähnt, auf die Debatten über Identität – so etwa Jürgen
Habermas, aber auch Theologen wie Joseph Kardinal Ratzinger und
Hans Küng.

Drittens gibt es als direktes Resultat der Stunde Null das Wissen
von dem Bösen und das Versprechen der Vergangenheitsbewältigung. Es handelt sich dabei nicht nur um die Geschichte einer besonderen Versöhnung nach einer einzigartigen moralischen Katastrophe
– zumindest sollte es nicht so sein. Das „Dritte Reich" war zweifellos
grauenhaft. Doch die Notwendigkeit, mit dem Schrecklichen um-

zugehen und die Vergangenheit zu überwinden, ist – und das gilt für Gesellschaften wie für Individuen – eine universelle Angelegenheit. Kein Land hat dies aufrichtiger getan als Deutschland. Es ist ein schmerzhafter Prozess, aber es gibt keinen anderen Weg, um Vergebung zu erlangen. Und andere Länder können davon lernen. Die Liste ist lang, doch seien mit Japan und Russland zwei Beispiele genannt, wo das Fehlen einer offenen und rückhaltlosen Vergangenheitsbewältigung weiterhin die Beziehungen zu den Nachbarländern vergiftet und auch die seelische Weiterentwicklung ihrer eigenen Gesellschaften verhindert. (Vielleicht gibt es noch weitere Länder, die ihrer Vergangenheit ehrlich entgegentreten sollten. So ließe sich zweifellos anführen, dass Großbritannien sich niemals auf angemessene Weise mit jenen Einstellungen und falschen Verhaltensweisen auseinandergesetzt hat, die zum irischen Debakel führten und bis heute die nationale Identität beeinträchtigen.) Natürlich ist der mittlerweile sechs Jahrzehnte während Prozess der Vergangenheitsbewältigung nicht reibungslos verlaufen – das ist bei derartigen Vorgängen ohnehin unmöglich. Doch hat Deutschland der Welt damit ein wertvolles Geschenk gemacht.

Und schließlich ist da noch Faust …

11. Verklärung und Apotheose?

Wenn es etwas in der deutschen Literatur gibt, was den Anspruch erheben könnte, Weltkulturerbe zu sein, dann sicherlich Goethes *Faust*. Diese so deutsche Geschichte, die tief in der historischen Vergangenheit und im Mythos der Deutschen wurzelt, ist zum Thema für uns alle geworden. Wir haben gesehen, wie Faust auf der Suche nach Erlebnissen und Befriedigung, für die er mit dem Teufel sich einzulassen bereit ist, rastlos durchs Leben eilt. Wir haben das Böse gesehen und das Leid, das es verursacht (wofür Gretchen das Symbol ist). Wir haben gesehen, wie zweideutig der Augenblick von Fausts Selbsterkenntnis ist. Doch was ist mit seiner mysteriösen Verklärung und Apotheose in der Schlussszene dieses außerordentlichen Werks, am Ende einer langen geistigen Reise?

Faust als eine Art Allegorie der deutschen Erfahrung zu interpretieren, hieße, seinen Sinn und Zweck, der für die *conditio humana* von universeller Bedeutung ist, zu entstellen und zu trivialisieren. An Germania verschwendete Goethe keinen Gedanken. Und doch kann das Drama, bei aller Ambiguität, wenn auch nicht als Allegorie, so doch als eine Art Metapher, als eine Erzählung über Deutschland gelesen werden – seine Vergangenheit, seine Gegenwart und Zukunft –, weil Faust in letzter Hinsicht eine universelle Gestalt und die deutsche Geschichte von universeller Bedeutung ist.

Auf dem Höhepunkt – Fausts Apotheose – wird er in letzter Minute vor den Dämonen der Hölle gerettet, nicht, weil er Gutes getan, sondern, weil Mephistopheles es wohl versäumt hat, Fausts Hoffnung auf jenen einen Moment vollkommener Befriedigung zu erfüllen, der die Grundlage des Teufelspakts war. Als die Engel Faust auf zum Himmel führen, ist der alte Gott, der zu Beginn dort weilte, verschwunden. Statt Verurteilung und Verdammnis findet Faust freund-

liche Vergebung und Erneuerung, als der Geist Gretchens, der er im
ersten Teil so übel mitgespielt hat, seine Errettung verkündet:

Vom edlen Geisterchor umgeben,
Wird sich der Neue kaum gewahr,
Er ahnet kaum das frische Leben,
So gleicht er schon der heiligen Schar.
Sieh, wie er jedem Erdenbande
Der alten Hülle sich entrafft
Und aus ätherischem Gewande
Hervortritt erste Jugendkraft.
Vergönne mir, ihn zu belehren,
Noch blendet ihn der neue Tag.

Und dann folgen jene letzten geheimnisvollen Verse, die bei den Gelehrten zu endlosen Analysen und Interpretationen geführt haben:

Alles Vergängliche
Ist nur ein Gleichnis;
Das Unzulängliche,
Hier wird's Ereignis;
Das Unbeschreibliche,
Hier ist's getan;
Das Ewig-Weibliche
Zieht uns hinan.

Für Goethe ist die stürmische männliche Identität durch ihr fortwäh-
rendes aggressives Streben zerrissen: Faust ist der Archetyp des unablässig getriebenen Mannes, der durch seinen unersättlichen und
gnadenlosen Ehrgeiz von seinen Wurzeln losgerissen wurde. So kann
er in einer der am häufigsten zitierten Stellen der deutschen Literatur
ausrufen: „Zwei Seelen wohnen, ach!, in meiner Brust". Die Errettung
aus dieser brüchigen Identität, aus all dieser ruhelosen Spannung und
Versuchung kann nur durch die Ganzheit, durch Harmonie, Akzeptanz und das Mysterium geschehen, das Goethe im Weiblichen verwirklicht sah. Die Schlussverse sind die Vision einer Art von Verklärung, in der alle Aggressivität fortfällt. Faust wird in eine höhere

Wirklichkeit geführt, in der sein Geist zum ersten Mal Ruhe finden kann.

Etwas in diesen Versen entspricht nicht nur der Erzählung von Deutschland, wie es jetzt im 21. Jahrhundert ist, sondern der ganzen menschlichen Gesellschaft. Natürlich ist die Annahme, das neue Deutschland habe ein vollkommenes Gleichgewicht erreicht, unsinnig. Doch hat das Land auf seinem Weg eine Reise unternommen, die in gewisser Weise die Entdeckung der Wahrheit hinter Goethes Parabel von der *conditio humana* darstellt. Vom 19. Jahrhundert an verfiel Deutschland jener gequälten faustischen Selbstüberhebung: Es war eine Gesellschaft mit überaus männlichen Eigenschaften, die im „Dritten Reich" ihren schrecklichen Höhepunkt erreicht. Doch das neue Deutschland ist verändert und kann sich, als wäre es vom Tageslicht geblendet, häufig nicht eingestehen, wie radikal die Veränderung ist. Wenn es ein gewisses Maß an Reife und Ganzheit erreicht hat, dann zum Teil auch deswegen, weil es aus dem furchtbaren Trauma mit deutlich mehr von jenen Eigenschaften hervorgegangen ist – darunter auch Ausgewogenheit –, die Goethe dem Weiblichen zuschrieb.

Das Thema ist universell, weshalb die Geschichte des deutschen Reisewegs für alle Gesellschaften in der globalisierten Welt von Belang ist. Natürlich ist die Parabel nicht vollkommen – auch deshalb, weil Goethes *Faust* mit diesem Mysterium sich vollendet, während Deutschlands Geschichte weder vollendet noch vollkommen ist – denn nichts in der Realität ist es. Dessen ungeachtet ist sie bemerkenswert und von universeller Bedeutung. Und sie geht weiter.

Anmerkungen

[1] Es sei darauf hingewiesen, dass „Nation" in diesem Zusammenhang keine politische Einheit im modernen Sinn bedeutet, sondern sich auf eine gemeinsame kulturelle und sprachliche Identität bezieht. Das Heilige Römische Reich Deutscher Nation kannte keine klar gezogenen Grenzen, keine offizielle Verfassung, kein stehendes Heer.

[2] Vgl. etwa Johannes Fried, *Canossa. Entlarvung einer Legende. Eine Streitschrift* (Berlin 2012).

[3] Es liegt eine gewisse Ironie darin, dass Friedrich II. kurz vor der Thronbesteigung 1740 seinen vom Denken der Aufklärung inspirierten *Anti-Machiavell* veröffentlichte, in dem er den rücksichtslosen Machtgebrauch verurteilte, den Niccoló Machiavelli in seiner berühmten Abhandlung *Il principe* (1513; dt. *Der Fürst*) gerechtfertigt hatte. Als König legte Friedrich dann eine Rücksichtslosigkeit an den Tag, die Machiavelli bewundert hätte.

[4] Der Ausdruck stammt von Christopher Clark, *Preußen: Aufstieg und Niedergang, 1600–1947*, München 2007 (*Iron Kingdom: The Rise and Downfall of Prussia, 1600–1947*. London 2006).

[5] Vgl. etwa Niall Ferguson, *Der falsche Krieg: der Erste Weltkrieg und das 20. Jahrhundert*. Stuttgart 1999. (*The Pity of War: 1914–1918*. S. 395–397. London 1998).

[6] Mit seinem 1945 erstmals in London erschienen Buch *The Course of German History* exponierte sich A. J. P. Taylor als einer der allerersten Vertreter der These vom ‚deutschen Sonderweg'.

[7] Der Historiker und Journalist William Lawrence Shirer veröffentlichte sein Buch *The Rise and Fall oft he Third Reich* 1960 (deutsch unter dem Titel „Aufstieg und Fall des Dritten Reichs" erstmals 1961). 1961 erschien von ihm *The Rise and Fall of Adolf Hitler*.

[8] Vgl. insbesondere die äußerst einflussreiche Untersuchung von David Blackbourn und Geoff Eley, *The Peculiarities of German History: Bourgeois Society and Politics in Nineteenth Century Germany* (Oxford, New York 1984).

[9] In einem Gespräch mit Dr. Anneliese Poppinga 1962.

[10] Die Hervorhebung stammt von Schiller.

[11] Es ist in diesem Zusammenhang von erheblicher Bedeutung, dass die Weimarer Republik 1919 im Weimarischen Nationaltheater ausgerufen wurde, einem symbolträchtigen Ort, dessen Wahl die Bedeutung der *Kultur** für

die neue, auf einer republikanischen Verfassung beruhende Identität hervorheben sollte.

[12] Die King-James-Bibel beruht in großen Teilen auf der Übersetzung von William Tyndale, die nur etwas später als Luthers Text entstand: um 1526.

[13] Eine der Hauptfiguren in Thomas Manns Roman *Der Zauberberg*, der Italiener Settembrini, ruft im vierten Kapitel aus: „Bier, Tabak und Musik […] Da haben wir Ihr Vaterland!"

[14] A. d. Ü.: Die Zeile *costing not less than everything* stammt aus Teil V des Gedichts „Little Gidding", dem letzten im Zyklus *Four Quartets*.

[15] Einige Denker und Künstler des 19. Jahrhunderts, die zu einem lebendigen katholischen Glauben (zurück)fanden, seien hier beispielhaft aufgeführt: Friedrich Schlegel und seine Frau Dorothea (die Tochter von Moses Mendelssohn), Clemens Brentano, Joseph von Eichendorff und Franz Liszt.

[16] Martin Schmidt zufolge ist dies das wichtigste Prinzip des Pietismus (vgl. seinen Artikel über Pietismus in der Enzyklopädie *Religion in Geschichte und Gegenwart*, 5. Aufl., Tübingen 1961).

[17] A. d. Ü.: Zitiert nach der von Friedrich Beißner herausgegebenen „Kleinen Stuttgarter Ausgabe" (Stuttgart 1965), Bd. 2, S. 159.

[18] Der Belt, die Meerenge zwischen der Spitze von Jütland und der dänischen Insel Fünen, sollte ungefähr die nördlichste Grenze der deutschen Gebiete bilden.

[19] Aus: *Zur Geschichte der Religion und Philosophie in Deutschland*, Drittes Buch, Paris 1833, auf Deutsch erstmals erschienen in „Der Salon. Zweiter Band", Hamburg 1934, Düsseldorfer Heine-Ausgabe Bd. 8/1, Hamburg 1979, S. 229.

[20] Kant bezeichnete damit das dem Verstand unzugänglich bleibende Jenseits der Wahrnehmung von Erscheinungen – die Welt, wie sie ihrem Wesen nach ist.

[21] Allein das Schwert ist sieben Meter lang. Auf der Klinge steht die Inschrift: *Deutsche Einigkeit: meine Stärke. Meine Stärke: Deutschlands Macht.*

[22] Görings Rede am 30. Januar 1943 im Ehrensaal des Reichsluftfahrtministeriums im Wissen um das bevorstehende Schicksal der 6. Armee.

[23] Christabel Bielenberg, *The Past is Mayself*, London 1968. – Übersetzung des Zitats von M. Haupt.

[24] Dietrich Bonhoeffer, *Nachfolge*. – Siehe dazu auch: Christabel Bielenberg, *Als ich Deutsche war, 1934–1945. Eine Engländerin erzählt.*

[25] 2001 wurde das Stück von István Szabó unter dem Titel *Taking Sides – Der Fall Furtwängler* verfilmt.

[26] Die Äußerung eines freundlichen alten Herrn von 94 Jahren, der eine lange und ausgezeichnete Karriere als Musiker absolviert hat.

[27] Diese Geschichte wurde dem Autor anlässlich eines Besuchs der lutherischen Kirche in Kaliningrad, vormals Königsberg, 2013 berichtet.

[28] Michael Frayn: *Copenhagen.* Uraufführung 1998. Dt. Ausgabe: *Kopenhagen.* Stück in zwei Akten. Göttingen 2002. Übersetzung des Zitats von M. Haupt.

[29] So stellte es die „Moskauer Deklaration" vom 1. November 1943 dar.

[30] Über die Vergleichszahlen betreffend die deutsche und britische Produktion von Kampfflugzeugen vgl. Max Hastings, *All Hell Let Loose: The World at War 1939–1945* (London 2011), S. 89–90.

[31] „Slowly the poison the whole bloodstream fills" – William Empsons berühmter Vers aus seinem Gedicht „Missing Dates" von 1940.

[32] Die Autobiografie von Rudolf Höß, der 1947 auf dem Gelände des ehemaligen Konzentrationslagers Auschwitz hingerichtet wurde, erschien in Auswahl auf Deutsch erstmals 1958: Rudolf Höß, Martin Broszat (Auswahl und Einleitung): Kommandant in Auschwitz (München 1958, zuletzt 2006).

[33] Gitta Sereny, *Into that Darkness: From Mercy Killing to Mass Murder* (London 1974). Übersetzungen der zitierten Passagen von M. Haupt. Dt. Ausgabe: *Am Abgrund – Gespräche mit dem Henker. Franz Stangl und die Morde von Treblinka* (München 1995).

[34] Macbeth, III, 4 (Übers. Schlegel/Tieck). „I am in blood / Stepp'd in so far that, should I wade no more, / Returning were as tedious as go o'er."

[35] Ihre Geschichte wird u. a. in Ian Burumas Buch *Wages of Guilt* von 1994 (dt.: *Vergangenheitsbewältigung in Deutschland und Japan*) erzählt. 1990 verfilmte Michael Verhoeven ihre Erfahrungen unter dem Titel *Das schreckliche Mädchen* – der Film wurde mehrfach ausgezeichnet.

[36] Im Original *Hitler's Willing Executioners* (London 1996).

[37] *Ordinary Men. Reserve Police Batallion 101 and the Final Solution in Poland* (New York 1992; dt. Ausgabe 1993).

[38] Eine Anspielung auf den Titel von Christopher Clarks einflussreichem Buch *The Sleepwalkers: How Europe Went to War in 1914* (London 2013; dt.: *Die Schlafwandler. Wie Europa in den Ersten Weltkrieg zog.* München 2013).

[39] Karl Barth, Zur Genesung des deutschen Wesens. Ein Freundeswort von Draußen (Stuttgart 1945).

[40] Einige Wochen nach der Tragödie von Fukushima hörte der Autor in Berlin eine Predigt, die sich hauptsächlich mit den Gefahren der Atomkraft beschäftigte – am Ostersonntag.

[41] Habermas hat den Begriff zwar nicht geprägt, aber popularisiert. Er besagt, dass politische Identität auf gemeinsamen Werten beruht (wie etwa dem Engagement für die liberale Demokratie), nicht auf einer gemeinsamen Geschichte oder Ethnizität.

⁴² In einem Gespräch mit dem Autor.

⁴³ „No man is an island entire of itself; every man is a piece of the continent, a part of the main" (Kein Mensch ist eine Insel, ganz für sich allein; jeder Mensch ist ein Stück vom Kontinent, ein Teil des Festlands.) Aus John Donnes Meditation XVII in *Devotions on Emergent Occasions* (1624).

⁴⁴ Das war eine zentrale Forderung der neu gegründeten Partei „Alternative für Deutschland" (AfD), die bei den Bundestagswahlen von 2013 aus dem Stand fast die 5-Prozent-Hürde genommen hätte, mittlerweile aber ganz andere Themenfelder bedient und sich selbst zu erledigen scheint.

⁴⁵ Edward Gibbon, *Verfall und Untergang des römischen Imperiums* (Darmstadt 2016), Bd. I, Kapitel II, S. 61.

Ausgewählte Bibliografie

Bei den im Folgenden angeführten Titeln handelt es sich nicht um eine umfassende Liste von Publikationen zum weitgespannten Thema des deutschen Phänomens – wie sollte das auch gehen? Aber es ist eine Liste von Büchern, die ich gerne gelesen habe – als Amateur, ohne Anspruch auf akademisches Spezialistentum, auf meiner Entdeckungsreise durch ein Land und eine Kultur, die dem menschlichen Geist so viel zu geben imstande gewesen sind.

Wilhelm Amann, *Heinrich von Kleist* (Berlin 2011).

Celia Applegate und Pamela Potter (Hg.), *Music and German National Identity* (Chicago 2002).

Arnulf Baring, *Es lebe die Republik, es lebe Deutschland!* (Stuttgart 1999).

Geoffrey Barraclough, *Die mittelalterlichen Grundlagen des modernen Deutschland* (Weimar 1953. *The Origins of Modern Germany*. Oxford 1946).

Karl Barth, *Zur Genesung des deutschen Wesens: ein Freundeswort von draußen* (Stuttgart 1945).

Antony Beevor, *Berlin 1945 – das Ende.* (München 2002. *Berlin: The Downfall 1945*. London 2002).

Frederick Beiser, *German Idealism: The Struggle Against Subjectivism 1781–1801* (Cambridge, Mass. 2002).

Frederick Beiser, *Hegel* (London/New York 2005).

Richard Bessel, *Germany 1945: From War to Peace* (New York 2009).

Christabel Bielenberg, *Als ich Deutsche war, 1934–1945. Eine Engländerin erzählt* (München 1969 u. ö. *The Past is Myself*. London 1968).

David Blackbourn und Geoff Eley, *The Peculiarities of German History: Bourgeois Society and Politics in Nineteenth-Century Germany* (Oxford/New York 1984).

Tim Blanning, *The Pursuit of Glory: Europa 1648–1815* (London 2007).

Tim Blanning, *The Romantic Revolution* (London 2012).

Ruth-Alice von Bismarck und Ulrich Kabitz (Hg.), *Brautbriefe Zelle 92. 1943–1945* (München 1992).

Wolfgang de Boer, *Hölderlins Deutung des Daseins* (Frankfurt/M. 1961).

Dietrich Bonhoeffer, *Nachfolge* (Gütersloh 2002; Erstausgabe 1937).

Thomas Brady, *German Histories in the Age of Reformations, 1400–1650* (Cambridge 2009).

Martin Brecht, *Martin Luther* (Stuttgart 1987).

Christopher Browning, *Ganz normale Männer: Das Polizei-Reservebataillon 101 und die „Endlösung" in Polen* (Reinbek b. Hamburg, 7. Aufl. 2013. *Ordinary Men: Reserve Police Battalion 101 and the Final Solution in Poland*. New York 1992).

Wibke Bruhns, *Meines Vaters Land: Geschichte einer deutschen Familie* (München 2004).

Ian Buruma, *Erbschaft der Schuld: Vergangenheitsbewältigung in Deutschland und Japan*. (Reinbek b. Hamburg 1996. *Wages of Guilt*. London 1994).

Christopher Clark, *Wilhelm II. – die Herrschaft des letzten deutschen Kaisers* (München 2008. *Kaiser Wilhelm II: A Life in Power*. Harlow 2000).

Christopher Clark, *Preußen – Aufstieg und Niedergang 1600–1947* (München 2007. *Iron Kingdom: The Rise and Downfall of Prussia, 1600–1947*. London 2002).

Christopher Clark, *Die Schlafwandler. Wie Europa in den Ersten Weltkrieg zog* (München 2013. *The Sleepwalkers: How Europe Went to War in 1914*. London 2013).

Edward Crankshaw, *Bismarck: Biographie* (München 1998. *Bismarck*, London 1981).

Kerstin Decker, *Heinrich Heine: Narr des Glücks* (Berlin 2005).

Niall Ferguson, *Der falsche Krieg. Der Erste Weltkrieg und das 20. Jahrhundert* (Stuttgart 1998. *The Pity of War: 1914–1918*. London 2012, erstmals 1998).

Adam Fergusson, *Das Ende des Geldes: Hyperinflation und ihre Folgen für die Menschen am Beispiel der Weimarer Republik* (München 2011. *When Money Dies: The Nightmare of the Weimar Inflation*. London 1975).

Fritz Fischer, *Griff nach der Weltmacht: Die Kriegspolitik des kaiserlichen Deutschlands, 1914–1918* (Düsseldorf 1961).

Fritz Fischer, *Krieg der Illusionen: Die deutsche Politik von 1911 bis 1914* (Düsseldorf 1969).

David Fraser, *Frederick the Great* (London 2000).

Ute Frevert, *Gefühlspolitik: Friedrich II. als Herr über die Herzen?* (Göttingen 2012).

Johannes Fried, *Canossa: Entlarvung einer Legende. Eine Streitschrift* (Berlin 2012).

Jörg Friedrich, *Der Brand: Deutschland im Bombenkrieg 1940–1945* (München 2003).

Mary Fulbrook, *Anatomy of a Dictatorship: Inside the GDR 1949–1989* (Oxford 1995).

Mary Fulbrook, *German National Identity after the Holocaust* (Cambridge 1999).

Mary Fulbrook, *Ein ganz normales Leben. Alltag und Gesellschaft in der DDR* (Darmstadt 2008. *The People's State. East German Society from Hitler to Honecker*. New Haven 2005).

Timothy Garton Ash, *Ein Jahrhundert wird abgewählt – Aus den Zentren Europas 1980–1990* (München 1990. *We The People: The Revolution of '89*. Cambridge 1990).

Daniel Goldhagen, *Hitlers willige Vollstrecker: Ganz normale Deutsche und der Holocaust* (Berlin 1996. *Hitler's Willing Executioners: Ordinary Germans and the Holocaust*. London 1996).

Nicholas Goodrick-Clarke, *Die okkulten Wurzeln des Nationalsozialismus* (Wiesbaden 2004. *The Occult Roots of Nazism*. London 2004).

Robert William Gutman, *Richard Wagner: Der Mensch, sein Werk, seine Zeit* (München 1970. *Richard Wagner: The Man, his Mind and his Music*. London 1968).

Paul Guyer (Hg.), *Kant and Modern Philosophy* (Cambridge 2006).

Jürgen Habermas, *Ach, Europa: Kleine politische Schriften XI* (Frankfurt/M. 2008).

Wolfgang Hädecke, *Theodor Fontane* (München 1998).

Sebastian Haffner, *Anmerkungen zu Hitler* (München 1978).

Max Hastings, *Armageddon: The Battle for Germany 1944–1945* (London 2004).

Ian Kershaw, *Hitler: 1889–1945* (München 2009. *Hitler*. London 2009).

Ian Kershaw, *Das Ende: Kampf bis in den Untergang; NS-Deutschland 1944/ 45* (München 2011. *The End: Hitler's Germany 1944–1945*. London 2011).

Hannsjoachim W. Koch, *Geschichte Preußens* (München 1980).

Joachim Köhler, *Wagners Hitler: Der Prophet und sein Vollstrecker* (München 1997).

Hans Kundnani, *Utopia or Auschwitz: Germany's 1968 Generation and the Holocaust* (New York 2009).

Volker Leppin, *Martin Luther* (Darmstadt 3. Aufl. 2017).

Erik Levi, *Mozart and the Nazis: How the Third Reich Abused a Cultural Icon* (New Haven 2010).

Vejas G. Liulevicius, *The German Myth of the East* (Oxford 2009).

Georg Lukács, *Goethe und seine Zeit* (Bern 1947; 2., erw. Aufl. Berlin 1950).

Diarmaid MacCullough, *Reformation: Europe's House Divided 1490–1700* (London 2003).

George MacDonald Ross und Tony McWalter (Hg.), *Kant and his Influence* (London 2005).

Giles MacDonogh, *After the Reich: From the Liberation of Vienna to the Berlin Airlift* (London 2007).

Margaret MacMillan, *Die Friedensmacher: Wie der Versailler Vertrag die Welt veränderte* (Berlin 2015. *Peacemakers: the Paris Peace Conference of 1919 and its Attempt to End War*. London 2003).

Margaret MacMillan, *The War that Ended Peace* (London 2013).

Golo Mann, *Deutsche Geschichte des 19. und 20. Jahrhunderts* (Frankfurt/M. 1958).

Richard Marius, *Martin Luther: The Christian Between God and Death* (Cambridge, Mass. 1999).

Dorothee Markert, *Lebenslänglich besser: Unser verdrängtes pietistisches Erbe* (Norderstedt 2010; Books on Demand).

Eric Metaxas, *Bonhoeffer: Pastor, Agent, Märtyrer und Prophet*. Bearb. von Rainer Mayer (Holzgerlingen 2013. *Bonhoeffer: Pastor, Martyr, Prophet, Spy*. Nashville 2010).

Nancy Mitford, *Friedrich der Große* (Frankfurt/M. 1976. *Frederick the Great*. London 1970).

Jürgen Moltmann, *Der gekreuzigte Gott: Das Kreuz Christi als Grund und Kritik der christlichen Theologie* (Gütersloh 2002).

Hans Mommsen, *Alternative zu Hitler: Studien zur Geschichte des deutschen Widerstands* (München 2000).

Herfried Münkler, *Die Deutschen und ihre Mythen* (Berlin 2009).

Herfried Münkler und Marina Münkler, *Die neuen Deutschen: Ein Land vor seiner Zukunft* (Berlin 2016).

Bill Niven (Hg.), *Germans as Victims* (Basingstoke 2006).

Hannah Pakula, *An Uncommon Woman: the Empress Frederick* (London 1996).

Peter Paret, *Clausewitz und der Staat: Der Mensch, seine Theorien und seine Zeit* (Bonn 1993. *Clausewitz and the State: The Man, his Theories and his Times*. Oxford 1976).

Andrew Pettegree (Hg.), *The Reformation World* (London 2000).

Terry Pinkard, *Hegel's Dialectic: The Explanation of Possibility* (Philadelphia 1988).

Joachim Radkau, *Max Weber: Die Leidenschaft des Denkens* (München 2013).

T. J. Reed, *Mehr Licht für Deutschland: Eine kleine Geschichte der Aufklärung* (München 2009).

T. J. Reed, *Thomas Mann: The Uses of Tradition* (Oxford 1974).

John Richardson, *Heidegger* (New York 2012).

John Röhl, *Wilhelm II.: Der Aufbau der persönlichen Monarchie 1888–1900* (München 2001. *Wilhelm II: the Kaiser's Personal Monarchy, 1888–1900*. Cambridge 2004).

Rüdiger Safranski, *Romantik: Eine deutsche Affäre* (Frankfurt/M. 2009).

Theodor Schieder, *Friedrich der Große: Ein Königtum der Widersprüche* (München 2002).

Heinz Schlaffer, *Die kurze Geschichte der deutschen Literatur* (München/ Wien 2003).

Bernhard Schlink, *Vergangenheitsschuld* (Zürich 2007).

W. G. Sebald, *Luftkrieg und Literatur* (München/Wien 1999).

Gitta Sereny, *Am Abgrund – Gespräche mit dem Henker. Franz Stangl und die Morde von Treblinka* (München 1995. *Into that Darkness: From Mercy Killing to Mass Murder*. London 1974).

Gitta Sereny, *Das deutsche Trauma: eine heilende Wunde* (München 2002. *The German Trauma: Experiences and Reflections, 1938–2001*. London 2000).

William L. Shirer, *Aufstieg und Fall des „Dritten Reiches"* (Köln 1961. *The Rise and Fall of the Third Reich*. New York 1960).

Brendan Simms, *Kampf um Vorherrschaft: Eine deutsche Geschichte Europas 1453 bis heute* (München 2014. *Europe: The Struggle for Supremacy, 1453 to the Present*. London 2013).

Stephen Spender, *European Witness* (London 1946).

Alexander Stahlberg, *Die verdammte Pflicht: Erinnerungen 1932 bis 1945* (Berlin 1987).

Jonathan Steinberg, *Bismarck: Magier der Macht* (Berlin 2012. *Bismarck: A Life*. Oxford 2011).

Fritz Stern, *Kulturpessimismus als politische Gefahr: Eine Analyse nationaler Ideologie in Deutschland* (Bern 1963. *The Politics of Cultural Despair: A Study in the Rise of Germanic Ideology*. Berkeley 1961).

Michael Tanner, *Wagner* (London 1996).

A. J. P. Taylor, *The Course of German History* (London 1945).

A. J. P. Taylor, *The Struggle for Mastery in Europe 1848–1918* (Oxford 1954).

John E. Toews, *Hegelianism: The Path Towards Dialectical Humanism* (Cambridge 1980).

William Urban, *The Teutonic Knights: A Military History* (London 2003).

Marie Vassiltchikov, *Die Berliner Tagebücher der „Missie" Wassiltschikow, 1940–1945* (Berlin 1987. *The Berlin Diaries 1940–1945*. London 1985).

Rudolf Vierhaus, *Deutschland im Zeitalter des Absolutismus (1648–1763)* (Göttingen 1985).

Johannes Wallmann, *Der Pietismus* (Göttingen 2005).

Helen Watanabe-O'Kelly, *Beauty or Beast? The Woman Warrior in the German Imagination from the Renaissance to the Present* (Oxford 2010).

Alan Watson, *Die Deutschen – wer sind sie heute?* (Berlin 1993. *The Germans: Who Are They Now?* London 1994).

Peter Watson, *Der deutsche Genius: Eine Geistes- und Kulturgeschichte von Bach bis Benedikt XVI.* (München 2010. *The German Genius: Europe's Third Renaissance, the Second Scientific Revolution and the Twentieth Century.* New York 2010).

C. V. Wedgwood, *Der Dreißigjährige Krieg.* (München 1967. *The Thirty Years War.* London 1938).

Eric D. Weitz, *Weimar Germany: Promise and Tragedy* (Princeton 2007).

Joachim Whaley, *Das Heilige Römische Reich Deutscher Nation und seine Territorien.* 2 Bde. (Darmstadt 2014. *Germany and the Holy Roman Empire.* Oxford 2012).

Peter Wilson, *Die Tragödie Europas. Eine Geschichte des Dreißigjährigen Krieges* (Darmstadt 2017. *Europe's Tragedy: A History of the Thirty Years War.* London 2009).

Michel Winok, *Madame de Staël* (Paris 2010).

Julian Young, *Schopenhauer* (New York 2005).

Julian Young, *Friedrich Nietzsche: A Philosophical Biography* (Cambridge 2010).

Register